JN147166

オモニがうたう竹田の子守唄

在日朝鮮人女性の学びとポスト植民地問題

山根実紀
Yamane Miki

山根実紀論文集編集委員会編

インパクト出版会

二〇一二年六月四日、山根実紀さんは逝きました。
「活動家であり、研究者」との自己規定そのまま、差別や貧困の問題に全存在を賭けて対峙し、他者、とりわけ在日朝鮮人や部落民女性の「沈黙」を聴き、彼女らとの「出会い」の可能性を追求し、身を削る内省の中から言葉を紡ぎ続けた二九年の生涯。心身の不調で中断した学業を再開し、京都朝鮮学校襲撃事件の傍聴支援や、識字運動の場にも足を運び、そこで得た出会いを力に、浮き沈みを繰り返しつつも前に向けた歩みを始めた矢先の出来事でした。

約半年後、一周忌の集いを企画するために集まった私たちは、その間、月命日を悼む中で上がっていた追悼出版に取り組むことを確認し、二〇一三年六月二日、同志社大学で催した「山根実紀さんの歩みを語り合うつどい」で、参加してくださった方々に、遺稿集出版について発表しました。

編纂に取り組む中で、私たちは彼女の取り組んだ課題の広さと深さに改めて驚きました。その闘いの記録は年表にも刻まれています。思わず「なぜそこまで」と口にするほど、彼女は目の前の「不正」を看過せず、全身全霊でコミットしていました。

活動家としての起点は、学部生時代の研究テーマでもあったフェアトレードでしょう。大学院進学後はそこから女性野宿者を取り巻く問題、日朝友好、朝鮮学校支援、レイシストグループとの対峙、大学講師の雇い止めにも関わります。日本軍「慰安婦」問題や、パレスチナや沖縄を考える集会でも、裏方を務めていた姿を私たちは覚えています。

そして研究者としての足取りは、本著の副題である「在日朝鮮人女性の学びとポスト植民地問題」

の研究者としてのものです。夜間中学や識字学級に通う在日朝鮮人や部落民女性への聴き取りや、作文の分析を軸に、民族や階級、性差が重層的に絡み合う「複合差別」の問題や、人間関係を固定化させる学校という制度、さらには「教え」「聴く」者たちの関係性、教師の権力性、主体を問う論考は、類似テーマを研究する人たちにとっても貴重な「入門書」たりえるものです。多岐に渡る彼女のテーマ性を一冊に収めるのは無理があります。一同で検討した結果、本書は院生時代以降の論考やエッセイに絞り込む方針にしました。

したがって本書は、遺された者が彼女の思い出を語る追悼集ではなく、あくまでも研究者の論集です。発表時期は彼女が在日朝鮮人女性や夜間中学に出会い、京都・改進地区での聴き取りを始めた二〇〇七年から死後の二〇一三年まで。時期が近接しており、構成要素や展開には重複感もありますが、彼女が手放さなかった「もどかしさ」の源や、「朝鮮」と関わる個人的契機などが極めて率直に語られた箇所などがあり、あえて掲載しています。

時系列なので問題意識の変化も明白です。識字学校生への聴き取りや作文を通じ、「複合差別」の形成過程を実証、彼女たちにとっての「学び」の意味を思考した段階から、旧植民地出身者が「抑圧者」の言語を「学ぶ」ことへの問題提起を経て、彼女は目の前の女性たちの語りが学校という制度、教師と生徒という関係性に規定されていることに拘ります。彼女の「語り」は彼女が本当に「言いたいこと」なのか？　そうでないとすれば、彼女たちの「主体性」を侵害しているのは何なのか？　それは学校制度や教師の権力性だけなのか？　私たちの「問いかけ」それ自体が彼女たちの主体を蹂躙しているのでは――。「問う」側の主体を問い直す営みは、自らの主体を問い詰め、ともすればハルモニたちの学ぶ喜びや主体性を視野の外に遠ざけてしまうほど激しいものでした。苛立ちは時に、「教える側」に対する「裁断」の形をとって噴出します。

論考の間には、同時期に雑誌などへ寄稿した短文や集会でのアピール文を挿みました。当時の問題意識が学術論文とは違った形で表れている文章です。各部の冒頭には編集委員による解題を載せ、執筆の背景や著者の状況などを記しました。また、指導教員だった駒込武が「主体性」をキーワードに彼女の研究を総括する解説を記したほか、彼女の研究と密接に関係する日朝友好、朝鮮学校支援について板垣竜太が補っています。そして彼女の研究の軸である「ジェンダーとレイシズム」については岡真理が「あとがきにかえて」で書いています。

彼女の姿勢は、学部生時代に立ち上げたサークル「JIT～自分の生き方への問いかけ～」の名称が物語っています。問いの「矛先」は必ず自らに向け、「消費」や「順応」に徹底して抗う。その様は読んでいて辛いのも確かですが、内省を通じて他者との「出会い」を求めた彼女の「呼びかけ」は、レイシストグループの人々にも向けられていました。彼女の軌跡をたどってください。「他者なき世界」を志向するこの日本社会の病理が底なしに露呈する今、彼女の「誠実」を世に送り出すことには大きな意味があると考えています。遺稿集出版の発表から六年を経ての刊行は、何より彼女に申し訳ない思いで一杯ですが、敢えて言えば私たちにはその時間が必要だったのだとも思います。本書を手にしたみなさまが、本書を通じて彼女と出会い（直し）、彼女が遺した問いを引き継ぎ、彼女が夢みた世界を分かち持つ契機になれば幸いです。

二〇一七年一二月五日

山根実紀論文集編集委員会を代表して　中村一成

オモニがうたう竹田の子守唄　在日朝鮮人女性の学びとポスト植民地問題

目次

I

オモニがうたう竹田の子守唄

改進地区の「おかあちゃん」との出会い

［解題］

初出は、『同和問題研究資料 高瀬川を歩くV――京都南部における社会的排除』（龍谷大学同和問題研究委員会、二〇〇七年三月三一日）。同じ研究資料には、本田次男「野宿者と社会的排除――きょうと夜まわりの会の活動」、前野こころ「京都・女性野宿者との出会いから――野宿という「選択」を左右するもの」などが掲載されている。著者は、「竹田の子守唄」の由来と役割にそくして、被差別部落に生きる女性と在日朝鮮人女性のあいだの生活空間・体験の共有について語っている。この論文の執筆よりも前、二〇〇六年九月から著者は京都の夜間中学（京都市立洛友中学二部学級）に学習補助ボランティアとしてかかわりながら、そこに学ぶオモニからの聞き取りを始めていた。この時の経験が、その後の夜間中学研究の出発点となっている。

（駒込）

一　はじめに

私が部落問題や在日朝鮮人問題に関心を持ったのは、母が被差別部落と朝鮮人集住地区に隣接した地域で生まれ育ったからだ。母が育った地域は、神戸市の三大被差別部落の一つ新生田川流域である。現在の住所からもそれほど離れていない。一九〇〇年代に、神戸市の貧民追放政策は、市の中心部から貧民を締め出し、被差別部落の周辺地域へと押し付けていった。新生田川流域に生活困窮者の集住地域が形成され、「新川スラム」と呼ばれるようになった。一九二〇年代頃から、植民地から移住した朝鮮人が、仕事と住宅を求めて「新川スラム」に流入し、スラムはさらに肥大化した。母は朝鮮人ではなかったが、戦後の貧しさ故に、朝鮮人の老女からバラックを借りて、祖父と二人で暮らしていた。朝鮮人集住地区での生活に違和感を持っていなかったが、中学校に入学したころ、日本人であることに気づいた。さらには「部落民」でもない、というもどかしさに悩んだ。私は母のような苦労を感じずに育ったので、そのもどかしさを理解できない。しかし、部落問題や在日朝鮮人問題にどう向き合うべきなのか、母の語りから何かを感じたのかもしれない。

大学に入って京都で下宿生活を始めて、京都市最大の被差別部落である崇仁地区も「新川スラム」地域と同様、在日朝鮮人集住地区である東九条地域と隣接していることを知った。それ以来、被差別部落と在日朝鮮人との関係が気になり始めた。

二〇〇六年六月、『京都新聞』(1)の記事に、市立郁文中学校二部(夜間)学級に通う、在日朝鮮人高齢者と、部落解放同盟改進支部の女性部との交流会が紹介されていた。二部学級の生徒たちが、文化祭で被差別部落をテーマにした創作劇を発表し、劇中歌に「竹田の子守唄」の元唄を選曲したという。子守娘たちの辛さや、貧しい生活をうたった「竹田の子守唄」は、改進地区に伝承されてきた。夜間中学の生徒たちは、その唄の歌詞に、かつての自分の姿を映し出し、この曲で自己を表現しようとしていた。

部落問題と朝鮮人問題は、運動や研究などにおいても、別個の問題として切り離されがちである。しかしながら、問題の相違はあるにしても、両者は生活空間ないし体験を共有し、社会構造における共通点を持ち合わせている。本稿では、長らく分断され続けてきた二つのマイノリティ集団の女性たちが、「竹田の子守唄」を通じて果たした「出会い」を描いてみたい。

二 「守り子唄」の誕生

子守唄は、民俗学、音楽社会学、郷土史などの分野で多角的に研究されている。先行研究によれば、うたい手・目的・内容の点から、子守唄は三種類に分類できる。母親あるいは子守が子供を寝かしつける時にうたう「寝かせ唄」、物心のついた子供が起きている時にあやすためにうたう「遊ばせ唄」、子守奉公に出された娘たちが生活の辛さや、自らを慰めるためにうたった「守り子唄」である。先の二つが、母（子守）が子にうたう典型的な子守唄というイメージであるのに対し、三つ目の「守り子唄」は子守唄本来のものとは異なり、子供を寝かしつけるには馴染まない。学校に行けず家族の口減らしのために子守に出された少女たちが、奉公先への不平不満や、泣き止まない子供へのいらだちなどや嘆きを唄に込めている。

子守の需要が高まったのは、江戸時代末期から明治時代である。それまでは、子守をするのは一般に母親や乳母など大人たちの仕事であった。「寝かせ唄」や「遊ばせ唄」はそれ以前の古くから存在していたと思われる。赤松啓介によると、「徳川末期から、明治初期にかけて、めざましく商品経済が発展した結果、子守を雇用しようとする中小地主や商人たち、及び給与所得者などの新しい中間層が形成された。また地方では維新後の徹底した堕胎禁圧によって、人口も急速に増大したため、子守に対する需要が激増した」(2)という。下層階級の家庭が、安価な労働力として娘を供給するという構造が形成され、貧しい農村娘は都市へ奉公に出された。その頃から、歌詞に嘆きや反抗の意が込められた子守唄が全国で作られた。民謡をアレンジした簡単な七七七五調の同じような唄が各地で発見されている。子守たちが置かれた状況は全国的に共通していたに違いない。

一方、前述の「新川スラム」では、貧困のために少女たちは身売りした。妊娠しても、避妊も中絶も子供を育てることも出来ないため、生まれた赤ん坊をわずかな値で売った。買った人もまた安価で売り飛ばし、結果的に赤ん坊は満足に食物を与えられずに死亡するという「もらい子殺し」が激増した(3)。

子守は日本人だけではなかった。植民地朝鮮から渡ってきた女性も、子守を体験している。学校にも行けずに、兄弟姉妹や、親戚及び近所の子の子守だけでなく、奉公にも駆り出された。その場合、「女中」同様、子守以外に家事労働全般を担わされた。筆者が行ってきた夜間中学の在日朝鮮人女性への聞き取りでも、子守体験について多くの証言があった。その一つは、ある在日朝鮮人一世の作文である(4)。九歳の時、父親と姉二人で日本に渡り、半年もたたないうちに奉公に出た。茶碗洗い、子守、留守番、玄関掃除、おしめ洗いなどと働かされ、学校に行かしてくれなかったという。

一九二一年の大阪毎日新聞の記事には、「出稼ぎの朝鮮婦人を日本家庭に入れて女中《ママ》として働かせたい」(5)といった見出しがついている。これは大量の朝鮮人女性の働き口の確保と同時に、不景気の中、低賃金で「欲張らない」朝鮮人女性を雇いたいという日本人の思惑と、「内鮮融和」の一環で日本家庭に朝鮮人女性が入り込むことを融和団体「朝鮮職業婦人救済會」が推進したことによる。

一九四七年に北原白秋が編纂した『日本伝承童謡集成　第一巻　子守唄篇』は、各県別に子守唄を集大成し、それ以前に出版されたどの類書よりも、量と質ともに資料的価値の高いものである。編纂校訂責任者藪田義雄は、後記で本集成をこのように位置づけている。

「まさに子守唄全集と称すべく、われわれの心のふるさとがこれらの唄の種々相に顕れてゐる。これこそ日本民族の血脈を象徴するものであると言っても過言ではあるまい」(6)

「敗戦後の今日、われわれは厳しい現実に眼を逸らすことなく、この現実のうへに立って改めてわれわれの祖国を再認識しなければならない時に遭遇してゐる。われわれは今後いかに生くべきか、かうした問題を解決する鍵は民族の発祥に遡り、その淵源を温ねることである」(7)

「『日本伝承童謡集成』こそは日本民族永遠の郷愁であり、またその母胎である」(8)

こうした評価のもと藪田は、「寝かせ唄」は性質的にも量的にも子守唄の中核を形成し代表するものであり、「守り子唄」は子守唄本来の性質からは「傍へ外れたもの」(9)と指摘している。しかし『京都府紀伊郡誌』「児女の遊戯に関する歌」(10)という章を見ると、掲載された子守唄のほとんどが、「守り子唄」であった。したがって「寝かせ唄」が子守唄の中心であったかどうかは、疑わしいだろう。

三　竹田の子守唄とは

「竹田の子守唄」は、フォークソング・グループ「赤い鳥」が、一九七一年に東芝音楽工業(現:東芝EMI)から発売し、大ヒットした。しかし、多くの視聴者の感動を呼んだこの曲は、次第にテレビやラジオから聴こえなくなる。この曲が、被差別部落のものだと判明したからである。しかし放送禁止歌の判断基準とされている日本民間放送連盟の「要注意歌謡曲一覧表」(11)に、掲載されたわけではない(12)。当時のプロデューサーのなかには、唄の背景まで取り上げたドキュメンタリー番組を制作した人もいたらしい。被差別部落に対する偏見イメージが、「同和絡みのものは放送しない」と放送業界では暗黙の了解になっていたようだ。「竹田の子守唄」はどんな唄で、どのようなところでうたい継がれてきたのだろうか。

「竹田の子守唄」の故郷は、京都市伏見区竹田の被差別部落改進地区にある。改進地区史をまとめた『むこうにみえるは(改訂第二版)』(13)によれば、現在の「改進コミュニティセンター」がある竹田狩賀町は、江戸時代には野田村と呼ばれていた。伏見城の築城及び城下町の建設に伴って、伏見町の丹波橋筋に居住していた被差別民を、この地に政策的に移住させ、伏見奉行所の管轄下に置いた。

「京都から伏見町へ到る竹田街道にも、また鳥羽方面から伏見町にはいる丹波街道にも至近な地で、被差別民の集落は主要な街道の出入り口に設けるという、江戸時代の城下町を建設する法則によく適した場所」(14)であった。もとより七瀬川の遊水地であったこの地域は、一六一一年の高瀬川の開削で、南北に流れる高瀬川に東西に流れる七瀬川が直角に交わったことで、少量の雨でも洪水に見舞われるようになった。一八七一年(明治四年)には、京都府の旧穢多村等の行政村編入によって、野田村は竹田村に編入された。

「竹田の子守唄」がうたわれるようになった時期は、正確には分からないが、改進地区に残る一番古い女性の証言によると、明治の終わりにはうたっていたという。その頃の村の生活は厳しく、男性は安定しない日雇いの土方や職工に従事し、女性は鹿の子絞りや、草履作りに従事し、幼女は生活を助けるために子守に出ていた。改進地区では、「女性は外へは出さない」という意識が強く、奉公という形で長期間村を離れることはなかったようだ。同地区旧家出身の男性は「部落だから、一般のところではなかなか雇ってもらえなかったのではないか」と言う。確かにその影響があるかもしれない。

自分の家族の子守をするか、地区内の富裕層の子供の子守をして、家計を助けた。五歳から一〇歳くらいまでの少女にとっては、子守の仕事は辛いものであった。主人の仕事を邪魔しないように、寒い外で赤ん坊を負ぶってあやすこともあった。寺や神社では同じような境遇の子守たちが集まり、泣き止まない赤ん坊への怒りや、主人への不平不満や、嘆きを込めて子守唄が口ずさまれた。決まった節や歌詞があるわけでなく、子守たちの体験や日常の思いを次々と歌詞にしていった。それが誰かの「持ち唄」になるわけでもなく、彼女たちの共有財産になっていくのであった。そして、一〇歳前後になると一人前の稼ぎ手として、鹿の子絞りを手伝うようになる。

昭和の初めまでは被差別部落の外でも子守の姿が見られたが、次第にその姿が減少していった。にも関わらず、被差別部落では「守り子唄」が絶えず聴かれたようであった。大阪の被差別部落を訪ね歩いた多田恵美子によると、子守の消滅には被差別部落の内外で約二〇年の差があると言う(15)。大阪での聞き取りによると、被差別部落の周辺地区から子守奉公に出ていた少女たちは、一九二〇年代には紡績工場の女工に組み込まれていった。『女工哀史』(16)に見られるように、労働条件は劣悪な環境だったが、賃金の支給や宿舎が設けられており、子守よりも有利な条件だった。

しかし、被差別部落の少女たちはそこには雇われず、生活を助ける口減らしとしての子守は続けられ、子守唄も残ったのだという。このことからも、根深い部落差別があったことが分かる。また、先述した朝鮮人の女中奉公も、同時期であったところからすると、社会的弱者が不利な労働に従事していたことは明らかである。私たちが聴く「竹田の子守唄」は、こうした重くのしかかる歴史を背景とした怒りや嘆きを込めた小さな抵抗の唄だったのである。

竹田の子守唄（元唄）

部落解放同盟改進支部女性部　採譜・編曲

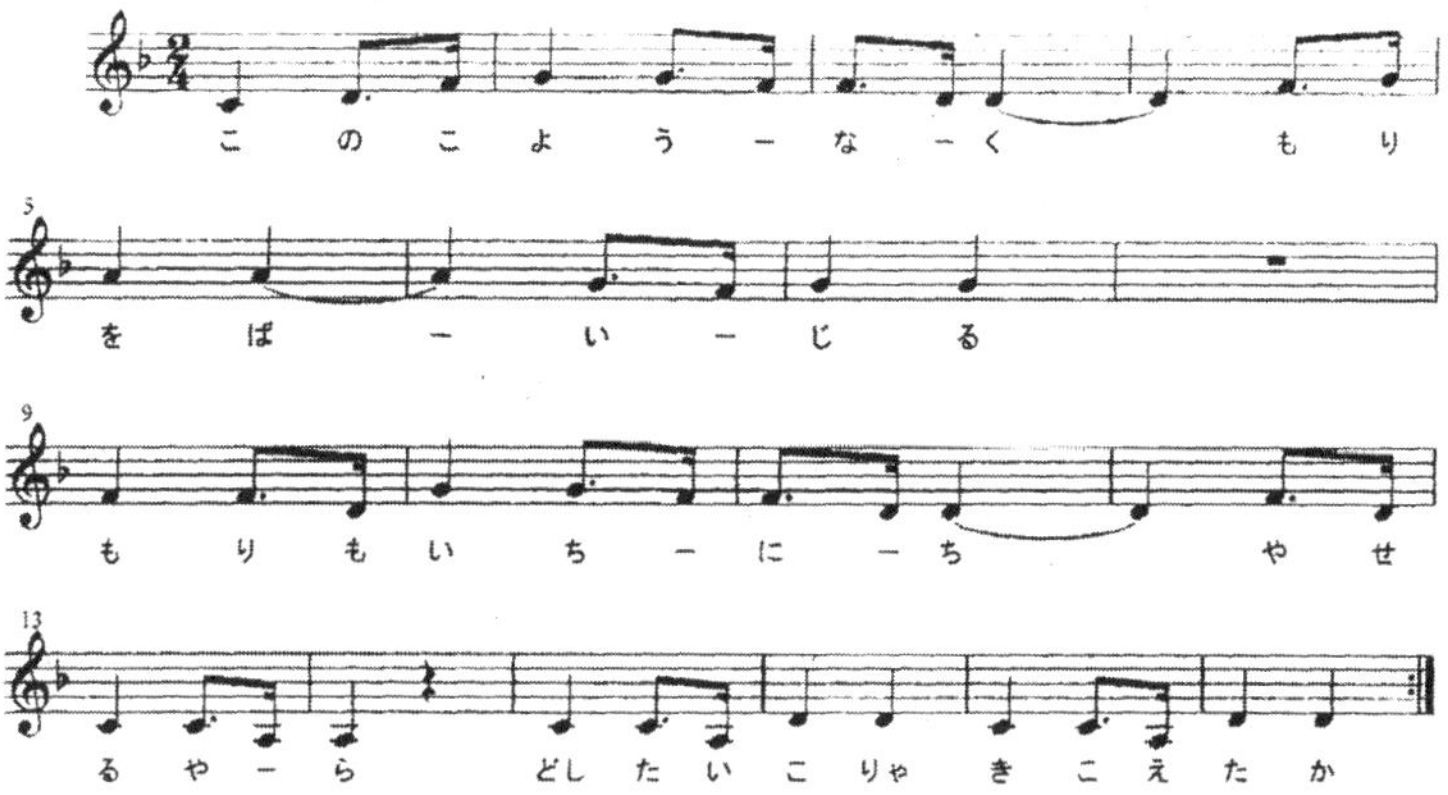
こ の こ よ う ー な ー く も り
を ば ー い ー じ る
も り も い ち ー に ー ち や せ
る や ー ら どし た い こ りゃ き こ え た か

この子よう泣く　守りをばいじる
守りも一日　やせるやら
どしたいこりゃきこえたか

ねんねしてくれ　背中の上で
守りも楽なし子も楽な
どしたいこりゃきこえたか

ねんねしてくれ　おやすみなされ
親の御飯がすむまでは
どしたいこりゃきこえたか

ないてくれなよ　背中の上で
守りがどんなと思われる
どしたいこりゃきこえたか

この子よう泣く守りしょというたか
泣かぬ子でさえ　守りやいやや
どしたいこりゃきこえたか

寺の坊さん　根性が悪い
守り子いなして　門しめる
どしたいこりゃきこえたか

守りが憎いとて　破れ傘きせて
かわい我が子に　雨やかかる
どしたいこりゃきこえたか

来いよ来いよと　こま物売りに
来たら見もする　買いもする
どしたいこりゃきこえたか

久世の大根めし　吉祥の菜めし
またも竹田のもんばめし
どしたいこりゃきこえたか

足が冷たい　足袋買うておくれ
お父さん帰ったら買うてはかす
どしたいこりゃきこえたか

カラス鳴く声　わしゃ気にかかる
お父さん病気で寝てござる
どしたいこりゃきこえたか

盆が来たかて　正月が来たて
難儀な親もちゃうれしない
どしたいこりゃきこえたか

見ても見あきぬ　お月とお日と
立てた鏡とわが親と
どしたいこりゃきこえたか

早よもいにたい　あの在所越えて
向こうに見えるは　親のうち
どしたいこりゃきこえたか

© 部落解放同盟改進支部

（出所）「第12回ふしみ人権の集い」プログラム、ふしみ人権の集い実行委員会事務局、2007年2月、13頁

四　子守唄と女工唄

工業化の初期段階では、被差別部落の女性は工場に雇われなかった。しかし、労働力不足によって次第に被差別部落出身者や、朝鮮半島、沖縄からも労働力を求めることになる。ここにも「女工唄」なる仕事唄が出現した。彼女たちの過酷な労働や、生活の苦しさ、主任への不平不満など、「守り子唄」とほとんど変わらない日常がうたわれている。女工は子守の新しい姿だった。子守たちを待ち構えていたのは、一日中眠ることのない機械の守りである。子守唄と女工唄の節が同様の七七七五調であることや、双方に「相通ずるものが多いのは、このような出身と環境との共通を証明する所以であろう」(17)、と赤松啓介は指摘している。

日本人女工の生活は克明に「女工哀史」に伝えられているが、そこには確かに朝鮮人女性も存在していた。朝鮮人女工を取り巻く環境は、日本人女工と同様、いやそれ以上に苛酷なものであった。家計を支えるために、郷里から異国に渡り、必死に働き続けても賃金は手元に残らない。劣悪な労働条件に加えて、虐待などその日常は悲惨であった。朝鮮人女性たちも、怒りや嘆きを込めて、さまざまな日本語の女工唄や朝鮮語の女工唄をうたった。日本人女工の女工唄と、限りなく近い歌詞になっていることにすぐに気がつく。

「親友われらは情けなや　故郷隔てて旅の空　辛い宿舎に入れられて　朝は四時半に起こされて、五時が鳴ったら食事して　二番合図に身拵《みごしら》え　三番なったら工場にて　主任部長さんに睨《にら》まれて、見廻りさんに使われて　ああ情けなやこのわれら　共に悔《くや》むよ来年の」

これは、『女工哀史』に紹介される「女工小唄」（女工唄）の一部である。故郷を離れて、ここで働ければ安定すると思っていたが、自分に甲斐性がないが故に騙されたのだと嘆いている。

「さあ、わたしたち女工たちよ　一日の生活《くらし》をつづろうよ　夜中も夜中の真夜中の深い眠りについたとき　起床のうるさい音に驚き目ざめ　頭の毛梳《と》かしつ顔を洗い　食堂にいけば　食べられない御飯に味噌汁かけ　流しこむようにして工場いけば　ほこりが白い山のように立ちのぼり　電灯を陽として　山のようなハタを抱えて　時間がきて宿舎に帰れば　親のいない空部屋に入ることの悲しさよ」(18)

この唄は、朝鮮民謡の節まわしでうたわれた朝鮮語の女工唄である。朝鮮人女工の苛酷な生活を自身で励ましながらも、悲しみを抑えきれない思いが伝わってくる。

日本人女工と朝鮮人女工は、共に苛酷な生活を強いられ、賃金格差があったわけではない。しかし、朝鮮人女工には、古い機械が押し付けられて効率が悪くなるように仕組まれていた(19)。条件を別にすることで、労働者の連帯を妨げ、分断する思惑があったと思われる。この女工唄にも見られるように、彼女たちの生活体験は共有されていた。

五　「竹田の子守唄」交流の取り組み

夜間中学は、公立の夜間中学及び二部（夜間）学級を指す。一九四七年に新学制が発足したが、生活の困窮で働かなくてはならないが故に長期欠席して、義務教育を修了できなかった人たちが通っている。二〇〇五年四月現在、全国に八都府県三五校あるが、京都では郁文中学校二部（夜間）学級が府内唯一の夜間中学である。生徒の平均年齢は六七歳、韓国・朝鮮籍生徒が七五％を占め、全体の六二％は戦前からの在日朝鮮人になる(20)。生徒はほぼ在日朝鮮人高齢者であり、圧倒的に女性生徒が目立っている。彼女たちは、幼い頃、朝鮮半島から渡って来ざるを得ず、日本で厳しい生活を強いられてきた。生活を支えるために、兄弟姉妹の子守や家事手伝い、奉公に出るものもあれば、女工や土方として働くものもいた。当然学校には行けなかった。このような状況は各地にみられ、日本語の読み書きが十分でない在日朝鮮人のオモニたちが、全国の夜間中学で学んでいる。

不就学の生徒のための夜間中学の増設運動など、教師の熱心な取り組みによって、現在の夜間中学が成り立っている。夜間中学はマイノリティへ配慮されており、民族名が名乗りやすい環境づくりや、民族文化と触れる機会を設けるなど、彼らの存在を尊重したものになっている。また授業内容も、なるべく生活実態から離れないように教材を工夫するなどしている。時には、読み書きの練習も兼ねて、自分史を綴る試みが行われ、自分の人生を見つめ直す作業が行われている。夜間中学の日常は、自らが何者かを問うような空間になっている。

郁文中学校二部（夜間）学級では毎年文化祭が開催されている。二〇〇六年は、「日之出の絵本製作実行委員会」が製作した『おたまさんのおかいさん』という大阪市東淀川区の被差別部落日之出地区の生活を描いた絵本を、劇化しようということになった。この物語は、被差別部落に生きる「おたまさん」の人情味溢れる人柄や、支え合って生きてきた村の人々の生活を、明るくいきいきと描いている。この絵本には、郁文中学に通う生徒たちと同じような生活体験が描かれており、劇化することで自らの歴史をも表現する試みであった。「ふしみ人権の集い」で改進支部の女性たちのコーラスを聴いていた二部学級のある生徒の提案で、劇中歌に「竹田の子守唄（元唄）」が選曲された。この唄を合唱するにあたり、改進支部女性部が学校に招かれ、唄を通じての交流が始まったという。

二部学級の担当教諭である大濱冬樹氏は、「子守を実際やってきた人もいるし、互いの生活史を確認していきたいのです。交流を始めてみたら、（ご近所さんで）日常では出会っていたのに、互いに夜間中学で学んでいたり、活動していたということを、交流会で初めて分かったということもありました。人々がばらばらにされてしまっているように思うのです。今まで本当に生徒さん同士が出会えてつながっていく場がつくられていたのだろうかと、悔しい思いがします。この交流で、共感し合えるところが多く、生徒さんたちはいきいきしているようでした。」と交流会に込められた思いを語ってくれた。

二部学級の生徒であるオモニにお話を伺った。オモニは六人兄弟の長女で、父親が従事する織物業の手伝いや、病弱な父と母の代わりに家事や子守をしていた。学校には行ったり行かなかったりしたため、卒業証書を受け取った記憶がないという。学校に行けば「朝鮮、キムチ臭い」といじめられた。学校にほとんど通えていないため、読み書きがままならなかった。それでも母親がかわいそうにと思って、教会で行われた週に一度の識字教室に通わせてもらったおかげで、朝鮮語の読み書きがある程度できるのだ、と誇らしげに語ってくれた。

『おたまさんのおかいさん』については、「自分が貧しいときも、おたまさんもね、貧しい中でも、生きてきはったんやなあって思ってね。おたまさんが仲良くね、おかゆさんを近所の人にふるもうたりしてるんみて、ああやっぱ昔こういうのあったなーって、思います。今はなかなかこういうのないでしょー。昔は、向こう三軒両隣仲良かったんですもんねー。近所にたくさん朝鮮の人がよーけいたんですよ。別にそこだけに固まってたわけじゃない思うけどね、こういう下請けの仕事やっている人、ほとんどが朝鮮の人やったからね」と「おたまさん」の村と朝鮮人集住地区を重ね合わせて、その空間に郷愁のようなものを感じているようだった。

「竹田の子守唄」の歌詞については、「私は奉公こそしてないけども、辛い思いもね、自分の家の子供とかは、愛情があるからね、気持ちは違うはね。でも人の子見ててね、遊びに行きたいとかいう気持ちはありましたけどね。けして私、親に無理言わない子でしたからね。私、養家の立場分かってる子でしたよ。一八歳で親同士のお見合いで結婚したとき、母親がね結婚ささなあかんけど、お前が出ていったら、どうして生きていこう言うたくらいですよ。一生懸命助けてたんですよ。そんな生活してたんです」

改進支部女性部との交流については、「いいことしているなーて思いましたわ。私らは私らで学校寄せてもろて、いい経験させてもろてね。入学したからこそね、劇も出来て、よろこんでるんですよ」と出会えたことの喜びで、さらに刺激されたひと時であったようだ。

改進支部女性部のある女性は、二部学級との交流について、「大濱先生から一度二部学級に来てほしいんやけど、って言っていただいたんです。それで二部学級に行かしていただいて、私も学校行けなかったし、藤森中学の夜間学級（一九六九年に廃止）に通ってたから、ほんまやったらそこにいたはずなんですよ。教室の雛壇みたいなところでうたわせてもらったけど、私は皆さんと一緒の場所でうたいたかった。だから、次は、壇を降りて一緒にうたいました」と思い返していた。女性部の中にも、実際に子守を経験して、学校に行けず夜間中学や識字教室で学んだという人もおり、交流会では二部学級の生徒への激励の言葉がかけられたという。

また、その女性は「私は、在日の人とも手を携えて頑張っていきたいという思いなんです。世の中にアメリカだったら黒人差別とか今だにありますけど、そういう人たちとも一緒に頑張っていかなあかんと思うんです」と力強くこの交流会の意味を語ってくれた。女性部のコーラスをサポートしている外川正明氏も、「なぜもっと早くにこういう出会い方が出来なかったのだろうか、やっと私たちは出会うことが出来た」

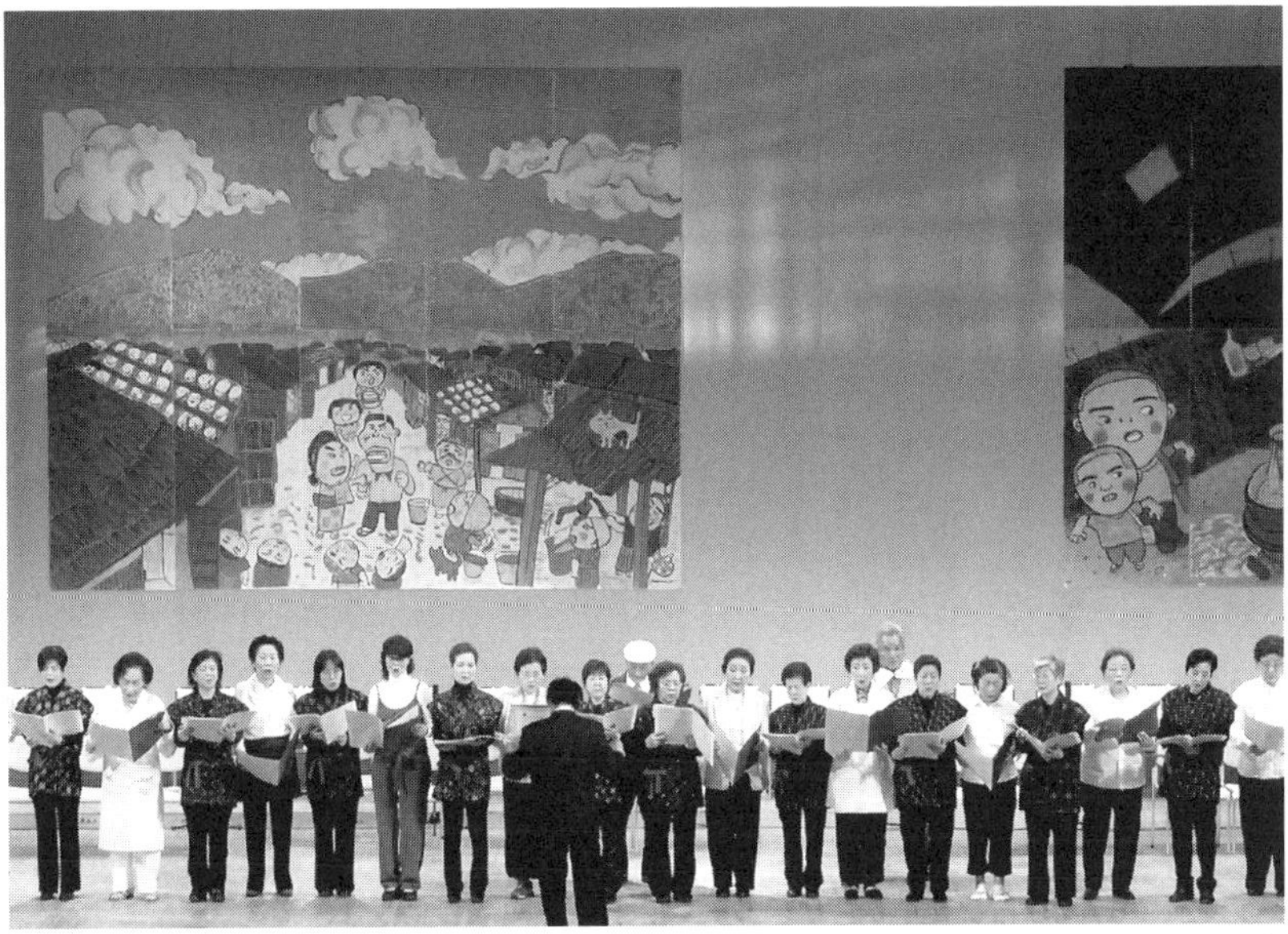

（写真）郁文中学校二部学級生徒による記念公演『おたまさんのおかいさん』で郁文中学校二部学級生徒と改進支部女性部とが合唱する「竹田の子守唄」（2007年2月17日、於第38回部落解放研究京都市集会）写真提供・中山和弘氏

と、喜んでいた。このように子守唄や生活体験を通して両者の絆が深まっていった。

二〇〇六年九月一三日の夜、いよいよ文化祭が催された。生徒たちが一生懸命練習してきた『おたまさんのおかいさん』の台詞にそれぞれの思いを込めた。子守時代の「おたまさん」の「学校に行きたいよ」というセリフは、会場中に響き渡った。劇中歌の「竹田の子守唄（元唄）」のほか、最後は朝鮮の童謡「故郷の春」を全員朝鮮語で合唱した。会場には、改進支部女性部も駆けつけ、大成功のうちに最後の幕を閉じた(21)。

二〇〇七年二月一七日には、第三八回部落解放研究京都市集会の記念公演で、二部学級の生徒による『おたまさんのおかいさん』を、今度は京都会館第一ホールの大舞台で上演した。生徒たちは一七日に向けて、さらに気合を入れて毎日のように練習に励んできた。今回も、改進支部女性部との合唱が実現した。

「竹田の子守唄」をきっかけに、点と点が少しずつ線で結ばれていくような、そんな確かな可能性を感じさせてくれる。

六　おわりに

明治以降、日本は王政復古すなわち天皇制を復活し、いわゆる国家神道が国民に強制された。明治天皇は被差別部落解放令を出したが、実態は変わったわけではない。天皇の対極にいた被差別部落民への差別は、明治以降も厳しいままであった。これは新たな「階級制度」であった。また、天皇を中心に日本は帝国主義、植民地主義に基づいて、アジアを侵略していった。朝鮮人は生活や文化、言葉を奪われてきた。日本の敗戦による解放後も、戦後責任が果たされぬまま、ポスト植民地問題として「負の遺産」は受け継がれている。部落差別もまた、いまだに解決されていない。

かつてこの「竹田の子守唄」に込められた想いは、「守り子」たちのささやかな抵抗であった。彼女たちの姿が消えてしまった今でも、その娘や孫たちがうたい継ぎ、次代に残していった。こうした営みもまた、歴史を刻むための「抵抗運動」であるといえよう。

「竹田の子守唄」を通じて夜間中学に通うオモニとの交流が始まった。オモニたちは女性部のうたう姿に感動し、共感し、勇気づけられた。彼女たちの出会いは、新たなスタート地点である。

私たちは、抵抗の唄をうたい継ぐ彼女たちの姿と、女性部とオモニたちの「出会い」をどのように受け止め、向き合っていくべきだろうか。彼女たちマイノリティを分断してきたのは、私たちマジョリティのほうではないか。また、部落問題や在日朝鮮人問題から目を逸らしてきたのは誰かが、問われていると思う。

謝辞
二部学級との出会いを導いてくださった外川正明氏には、本稿の校正までお手を煩わしてしまった。二部学級の小林教頭、大濱冬樹氏には、インタビューに多大な協力をしていただいた。また、二部学級の生徒さん、改進支部女性部の方々、皆さんにも感謝の意を表したい。

参考文献

安保則夫『ミナト神戸　コレラ・ペスト・スラム——社会的差別形成史の研究』学芸出版社、一九八九年六月。

赤坂憲雄『子守り唄の誕生』講談社学術文庫、二〇〇六年一月。

近現代資料刊行会企画編集『日本近代都市社会調査資料集成六　神戸市社会調査報告書一六　昭和二年（三）』近代資料刊行会、二〇〇三年一一月。

高橋美智子『日本わらべ歌全集一五　京都のわらべ歌』柳原書店、一九七九年一二月。

玉野井麻利子「抵抗としての子守唄——近代日本における国家建設と子守のサブ・カルチャーについて」、脇田晴子、S・B・ハンレー編『ジェンダーの日本史　下——主体と表現　仕事と生活』東京大学出版会、一九九五年一月、五一九—四一頁。

土方鉄『差別への凝視』創樹社、一九七四年三月。

渡辺富美雄、松沢秀介編『子守歌の基礎的研究』明治書院、一九七九年三月。

柳田國男「民謡の今と昔」『柳田國男全集第四巻』筑摩書房、一九九八年三月。

松永伍一『子守唄の人生』中公新書、一九七六年二月。

註

(1) 二〇〇六年六月一五日付、『京都新聞』。

（2）赤松啓介『女の歴史と民俗』明石書店、一九九三年、九九頁。
（3）賀川記念館、伊関氏からの聞き取りによる（二〇〇六年八月一七日）。
（4）神戸市立丸山中学校西野分校二〇〇五年度文集『にしの』兵庫県夜間中学校教育振興会、神戸市立丸山中学校西野分校、二〇〇六年。
（5）一九二三年四月二六日付、『大阪毎日新聞』。
（6）藪田義雄「後記」、北原白秋編纂『日本伝承謡集成　第一巻　子守唄篇』三省堂、一九七四年九月（改訂新版）、三七八頁。
（7）前掲書、三八二頁。
（8）前掲書、三八三頁。
（9）前掲書、三七八―七九頁。
（10）紀伊郡役所伏見町役場編『京都府紀伊郡誌』臨川書店、一九七二年、一〇三頁。
（11）「要注意歌謡曲指定制度」が一九五九年に発足、八三年廃止。
（12）藤田正『竹田の子守唄――名曲に隠された真実』解放出版社、二〇〇三年、四八頁。
（13）NPO人権ネットワーク・ウェーブ21『むこうにみえるは（第二版）』二〇〇三年四月。
（14）前掲書、九頁。
（15）ただえみこ『唄で命つむいで――部落のおばあちゃん、母、そして私』青木書店、二〇〇〇年一月、五五―五六頁。
（16）細井和喜蔵『女工哀史』岩波書店、一九五四年七月、四一一頁。
（17）赤松啓介、前掲書、七四頁。
（18）金賛汀『朝鮮人女工のうた――一九三〇年・岸和田紡績争議』岩波書店、七七―七八頁。
（19）前掲書、八一―八八頁。
（20）京都市立郁文中学校二部（夜間）学級『平成一八年度二部夜間学級の概要』二〇〇六年五月現在。
（21）二〇〇六年九月二一日付、『毎日新聞』。

投書

在日朝鮮人への人権意識とマスコミの権力性

〔解題〕初出は、『週刊金曜日』二〇〇七年三月三〇日（六四八号）。この頃の朝鮮学校との関わりについては、本書所収の「山根実紀と日朝運動」三〇四頁を参照。（板垣）

朝鮮民主主義人民共和国によるミサイル実験および核実験から、日本政府は独自の制裁措置を採り、在日朝鮮人に対する締め付けもより一層厳しいものになっている。

昨年七月から「万景峯92号」の入港禁止措置によって在日朝鮮人の祖国の往来が阻止され、また、外国人登録証「朝鮮」表示の在日朝鮮人の再入国許可制限によって第三国への移動の権利さえ剥奪された。

在日朝鮮人関連施設への直接的な攻撃も立て続けに行なわれている。朝鮮総聯施設に対する固定資産税減免措置の取り消し、そして総聯機関に対する強制捜索の数々。

本誌三月九日号で、「朝鮮総聯に対する異常な弾圧」が掲載され、正直安心している。マスコミは無批判に情報を垂れ流し、一方的な報道を続けてきた。批判的視点で書かれた記事は、今回が初めてではないだろうか。

私は、昨年一二月と今年二月に京都の学生を中心に抗議デモに参加しているが、一般市民の反応は一回目と二回目とでは明らかに異なっていた。ビラを露骨に拒否したり、罵倒してくる人さえもいた。

この数ヵ月の間で、どれだけ民意が変動したかがよく分かる。マスコミの影響力というのは大きい。その影響力をどこにどのように向けるかによって、マスコミは偉大な権力ともなりうる。公安や警察と癒着しているならば、確信犯である。

しかし、本誌に記事が掲載されたからといって手放しに喜んではいられない。記事に取り上げられていた事件は昨年一一月のものと今年二月のものであり、この三月になってやっと掲載された。

この期間に、どれだけの朝鮮学校の児童たちが暴行・暴言・嫌がらせにあっただろうか。それを今まで黙認してきた本誌の社会的責任も自覚するべきではないだろうか。

活動報告

カムサハムニダ　감사합니다

［解題］FACE Project『ふぇいす』第一号（二〇〇七年七月一日）に掲載。この団体結成前後の流れについては、本書所収の「山根実紀と日朝運動」三〇四頁を参照。（板垣）

二〇〇七年四月三〇日（月・祝）、FACE Project主催初企画『劇団タルオルム公演―4・24の風』が大盛況に終わりました。たくさんの方が支えてくださったおかげで、このような素晴らしい企画を実現することができたことを大変嬉しく思います。心から感謝申し上げます。また報告が延びてしまったことを深くお詫びいたします。

FACE Projectは、京都の日本人学生を中心に二〇〇七年一月に結成されました。朝鮮学校との関わりから、日本人の問題としてどのように〝向き合って〟いかなければならないのか、もっと〝顔の見える関係〟を広く創れないか、と数人の学生の声から立ち上がりました。朝鮮学校フィールドワークや学習会、行事への参加、バスケ部コーチを通じての交流など、微力ながらも私たちの抱える課題に取り組みつつあります。特に〝向き合うこと〟のきっかけ創りとして、今回、一九四八年の阪神教育闘争をテーマにしたマダン劇『4・24の風』を企画しました。マダン劇は朝鮮半島の大衆文化であるのと同時に、役者を観客が取り囲み一体感を創出する演劇形態であります。参加型の要素を持ち合わせたマダン劇は、ある種、観客はその〝主役〟になれるわけです。これは、私たちが課題とする〝自分の問題として考えること＝主体的に考えること〟とまさに合致していました。そこに描き出される朝鮮学校の歴史と、突きつけられる現状に、私たちはどのように向き合わなければならないのか。劇中の「朝鮮人はまだ闘っている？」というセリフ、阪神教育闘争当時の写真と何ら変わっていない昨今の風景、それらに私たちはどのように応答していけばいいのか。FACE Projectメンバーをはじめ、多くの方にとって、考えるきっかけになったのではないかと思います。

イベント企画時から準備、そして当日の運営まで、反省点は多々ございます。たくさんの方にご迷惑をおかけいたしました。しっかりと総括もし、今後の活動に生かして参りたいと思います。FACE Projectはこれからもじっくりと足元を固めて基盤を作り、しかしながらフットワークも軽く、学生ならではの活動を展開していきたいと思います。今後とも末永くよろしくお願いいたします。

II

夜間中学に学ぶ在日朝鮮人女性

作文とライフヒストリーにみるポスト植民地問題

［解題］

二〇〇八年一月に龍谷大学に提出した修士論文。指導教員は、田中宏教授。本論文において、高齢の在日朝鮮人女性が洛友中学二部学級の七割以上を占める事実に着目したうえで、過去二八年間の作文集やインタビュー分析に基づいて、在日朝鮮人女性は、民族差別や生活苦、さらに女に学問は不要というような価値観のために教育機会から疎外されて、植民地期はもちろん、戦後においても不就学・非識字を余儀なくされてきたのであり、家事や仕事がひと段落した年齢になってようやく夜間中学という学びの場を見出したことをあきらかにしている。なお、「ポスト植民地」という言葉は、政治的支配としての植民地支配が終わったのちにも、支配構造は継続性と連続性をもって暴力を現存させている事態を指すものとして用いている。この論文でも夜間中学という学びの場を見出せてよかったということに止まらず、なぜそこで学ぶ言葉が、同化や序列化の手段ともなる日本語なのかという問いを提起している。

（駒込）

一章　研究の目的

一―一　問題の所在

本研究の課題は、植民地時代に学齢期を過ごした在日朝鮮人(1)女性の不就学・非識字を規定した諸要因を明らかにし、それが、解放後の生活をどのように左右したのか、つまりポスト植民地主義的状況(2)を、民族・階級・ジェンダーの重層的差別との相互関係から考察することにある。本研究の対象とするのは、あらゆる初等教育機関からの疎外、および日本語と朝鮮語の習得機会からも疎外され、高齢になって夜間中学で学ぶ在日朝鮮人女性であり、単に政策や統計などを分析するだけでなく、彼女たちの具体的な経験に基づいて考察した。なお、夜間中学が義務教育未修了者を対象とすると同時に、識字教育的な側面もあることから、本研究では就学・識字(3)を並べて論じることにしたい。また、在日朝鮮人にとって本来識字とは、日本語だけでなく朝鮮語の識字をも含んでいるが、夜間中学では日本語学習が前提となっている。従って現在に至って、何故日本語の学習をするのか、ポスト植民地主義批判の観点から、日本語の識字についての問いが発せられなければならないということも念頭に置き、本研究の課題をすすめたい。

植民地支配によって、渡日を余儀なくされた在日朝鮮人の教育については、数多くの論考があるし、不就学の問題についても言及されている。しかし、とりわけ女性が、差別や貧困、戦争、ジェンダーなどのさまざまな諸条件により教育機会へのアクセスを阻まれてきたことに関して論じるものは皆無に近い。不就学は圧倒的に女性に押し付けられていたのに、不可視の存在にされてきた。

一九二〇年代までに男女とも就学率が九九％を達成している(4)日本において、その残りの僅か一％に割り振られた不就学は、日本社会では社会的マイノリティと見なされる。識字問題については、旧文部省は解決ずみだという見解を示している(5)。しかし一方で、在日朝鮮人に関しては、一九三七年の京都市在住の六歳以下を除く在日朝鮮人の教育程度は、男性は五九％、女性は八六％が「教育無きもの」として扱われている(6)。在日朝鮮人の、特に渡日一世・二世の女性にとっては、不就学は常態化しており、その意味で在日朝鮮人社会では数の上でマジョリティであった。就学機会は、日本の教育政策によって左右されることもあって、民族間の矛盾・格差が重要な問題であることは言うまでもないが、本格的に皇民化教育が強行される時期の不就学を把握するためには、階級やジェンダーによる相互作用についても重要な分析軸となってくる。そして、この時期の不就学・非識字体験は、後の生活面での困難、社会的序列化の権力関係へと巻き込まれ束縛されていく。しかし、日本学校の教育機会にアクセスできたとしても、同化教育に晒されなければならなかった。

朝鮮語について言えば、日本社会での生活上の困難は感じられないとしても、皇民化政策による自民族の言葉や文字の否定は、民族の尊厳を深く傷つけることになる。そのことは植民地時代における一時的な問題ではない。解放直後の民族教育運動は、奪われた言葉と文字を取り戻すために立ち上がったが、日本の公権力による弾圧が繰り返されてきた。そうした状況は、朝鮮語を次世代に継承することを困難にし、在日三世・四世代のアイデンティティを脅かすまでに至っている。

植民地支配下においては、就学／不就学、識字／非識字はどちらも暴力性を含むものだったと言える。一九四五年以降は、解放前に教育を受けられなかった者も少し受けた者も、戦後の混乱の中、引揚船を待つ者、家計を支えて働く者など学校どころではなかった。その負担は特に女性が担わされた。それ故、日本語の読み書きが出来ないことは、日常生活上の不便を強いられ、また朝鮮語の会話、読み書きが出来ないことは、あまりにも屈辱的なことであった。このように植民地主義の暴力性は、解放後もとりわけ在日朝鮮人女性の生活に大きな影響を及ぼし、継続していると考えねばならない。

このような在日朝鮮人女性の不就学・非識字を可視化するためには、民族・階級・ジェンダーによる諸要因の相互関係を分析することが必要不可欠である。これまで、男性と女性の二項対立で全ての女性を同等に扱うジェンダー観では、民族や階級など複合的差別構造下に置かれる女性たちを理解することはできない、という「批判的フェミニズム」(7)の立場をとりたい。

よって本研究では、夜間中学に学ぶ在日朝鮮人女性を対象に、不就学・非識字過程の追跡、そしてその影響を考察することによって、日本の植民地支配がいかに在日朝鮮人女性の生活に影を落とし、その構造がいかに継続しているのか、民族・階級・ジェンダーという複合的視点によって、経験に即して明らかにしたい。

一―二　先行研究

(1)　夜間中学と在日朝鮮人

夜間中学に関する研究は、これまで多くの論考が存在している。教育研究者だけでなく、夜間中学の教員による実践報告も数多い。研究動向としては、増設運動が盛り上がった一九七〇年代までがピークであったと言える。それは、成立当初の夜間中学の特殊性や、法的地位の不安定性が、研究課題を規定しており、夜間中学の実態や存在意義を訴える論考に集中していた。

田中勝文(8)は、一九七〇年代から在日朝鮮人生徒が増加し始めると特徴付けており、本研究もその時間軸として一九七〇年代以降を対象とする。一九七〇年代の研究では、夜間中学の役割や教育のあり方を問うようになってきた（9）。しかし、一九七〇年代初期は在日朝鮮人に目を向けたものはほとんどない。

最近では、教育実践の立場から夜間中学に注目し、対象として在日朝鮮人に焦点を当てるものも増えてきた。棚田洋平は、学会発表で、先述したような文部省の見解を指摘した上で、非識字者の存在を主張している（10）。非識字者の実態把握に、夜間中学の在籍生徒のデータを用いて、一九六〇年代末までは日本人が多かったのに対し、一九七〇年代からは在日朝鮮人女性、新渡日外国人が増えていると実証した。教育実践を展開する際にも、非識字者とは「だれ」かということを実態として把握する必要があるとした。一方、翌年の論文では、ある夜間中学で行われている生徒の自己確認・自己確立を意図した「表現」の授業実践に注目し、成人マイノリティ教育の方法や技術の特徴を明示した（11）。しかし、実際には観察対象者がほとんど在日朝鮮人女性であり、「キムチ」や「祖国」など在日朝鮮人だからこそ遭遇する経験が語られているにも関わらず、普遍的な「被抑圧者」の教育実践として論が展開されている。夜間中学に通う生徒は、確かに多様化しているが、だからこそ彼／彼女たちが「だれ」なのか、あるいは「だれ」にとっての教育なのか、ということが個別具体的に語られなければならないのではないだろうか。

また、徐阿貴《ソアキ》（12）は「対抗的な公共圏」という社会学的な視点から、民族差別と民族分断など幾重にも分断された在日朝鮮人女性が夜間中学という公的な機関に集い、彼女たちの対抗的な公共圏形成過程と、夜間中学の独立運動を通じての主体の構築について考察している。夜間中学が非識字からの解放だけでない、こうした重要な役割を果たしていることを提示している。本研究とも重なる論考であるが、夜間中学の独立運動という、全国的にも特殊な事情からして、直ちに他の夜間中学に適用するのは難しいと思われる。しかし、在日朝鮮人女性の置かれた状況を把握し、夜間中学での経験が主体構築にどのような役割を果たしたのかを考察する重要な論考であろう。

このように、夜間中学をさまざまな視角から捉えようという試みは進んでいるが、夜間中学が「だれ」

にとってどういう役割を果たすのか、あるいは夜間中学の教育が「だれ」にどういう意味を持ち得るのか、という問題意識は希薄である。学校や識字の意味は、それぞれが置かれている立場や状況によって、異なってくるので、重要な課題だ。元夜間中学生・高野雅夫は著書の中で、文字は「空気」であり、「生きるための武器」だと主張した(13)。彼は、朝鮮半島からの引揚の戦争孤児で、二〇代で夜間中学と出会い、「文字を奪い返した」。確かに、教育を受ける権利の保障が果たされていないことを考えると、正しいのかもしれない。しかし、どのような識字をどのような関係性のなかで獲得するのかを論じない限り、ともすれば、在日朝鮮人女性にもっと皇民化教育を徹底化すれば良かったという論理すら成り立ちかねない。日本人にも同様の文脈は成り立つ。このような観点からは、識字をめぐる諸問題は解決されない。中村尚司は「話された言葉が文章として記録されると、特定の具体的な身体上の関係行為から切り離されてしまい、人間と人間の関係を抽象的、一般的、間接的な社会関係に変換してしまう」とし、そこに当事者性が失われ、書かないものへの抑圧と収奪、つまり権力社会を構成してきたと言う(14)。書けないものの困難は大きくなり、夜間中学や識字教室が必要となるが、在日朝鮮人は同化の道具であった日本語を習得するのと引き換えに、自民族の文字や文化を失っていく危険性も孕んでいる。夜間中学や識字運動は、「公権力の威光を広める役割を担ってしまう」。それ故、権力を生み出し、他民族を抑圧する文字について、自覚的にならねばならない。したがって、夜間中学で日本語を学ぶ在日朝鮮人女性の存在を、どう捉えていくかが課題となってくるだろう。

一方、在日朝鮮人教育に関する研究については、小沢有作(15)が日本による同化教育と解放後の朝鮮人独自の民族教育の歴史を体系的に整理している。小沢有作をはじめとして、戦前の在日朝鮮人教育研究は蓄積されており、不就学の問題を扱うものも多くある(16)。しかし、戦後に関しては解放直後(17)を除くと、冷戦体制構造下において研究活動そのものが盛んに行われていない。金徳龍(18)と小沢有作は、解放直後を含めた在日朝鮮人教育史をおさえているが、一九七〇年代までで留まっている。また、これらの研究はいずれもジェンダーを重点的に分析しているとは言い難い(19)。

(2) 植民地主義とジェンダー

一九七〇年代以降のフェミニズムの「第二の波」は、欧米の都市白人中産階級女性によって担われ、同質的・普遍的な女性を前提にし、マイノリティの女性が直面する人種差別、民族差別の問題は捨象される傾向にあったという(20)。しかし、黒人フェミニズムによる批判によって、一九八〇年代半ばから民族への関心の欠如が埋められつつあり、また第三世界フェミニズムやポストコロニアル・フェミニズムが登場した。日本では一九九〇年代、韓国の元戦時性暴力被害者が、沈黙を破り訴えたことにより、初めてジェンダー的視点の不可避性が明らかになった。一九九〇年代以降、植民地支配の歴史をジェンダーなど複合的な視点で、書き換える作業が行われたと言える。

米山リサは、「性差別への対抗的視座を中心にすえつつ、同時に、多くのフェミニズム批評の位置が前提としてきた「女性」というカテゴリーの同一主義的(identitarian)で普遍主義的な理解を批判的に見直そうという姿勢を重視するフェミニズム批評のあり方を示すものとして」(21)、「批判的フェミニズム」の視座を提示した。こうした批判的な態度は本研究に欠いてはならない。そして、その分析軸としての民族・階級・ジェンダーの複合的視点が必要となってくる。

植民地と女性の問題について論じたマリア・ミース(22)は、近代の資本主義的家父長制は、「母なる大地、女性、植民地」を「自然」として定義づけ搾取と従属下に置くのだ、と言う。まず国内女性に労働力を産ませ、暴力的に従属させ「主婦化」することによって、資本家階層に利益をもたらした。しかし、このように資本主義の生産様式が資本の再生産の過程として確立し、維持できるようになるには、十分な資本の蓄積が必要であり、その資本は主に植民地で蓄積されたとする。植民地の女性は「野蛮な」女性として、宗主国の女性は「文明化された」女性として両者を二極化していくことは、家父長制的資本主義の生産様式の中で因果関係を持って結びついたプロセスであると言う。これを「継続的本源的蓄積」と呼んでいる。さらに、植民地の独立によって解放されるわけではなく、新国際分業秩序下において再編され、継続している。日本でも、一九世紀末、資本主義的生産様式を拡大するために植民地を領有し、女工や朝鮮人男性労働者の「主婦」としての在日朝鮮人女性が、植民地帝国日本を支えた。解放後、こうした状況が解体したわけではなく、戦後復興、高度経済成長の流れの中で、置き去りにされ日本社会の底辺を支えた在日朝鮮人女性が存在した。

ただし、在日朝鮮人を取り巻く環境は、継続的本源的蓄積論だけでは十分に説明し得ない。ポスト植民地主義、冷戦体制構造、家父長制的支配（日本／朝鮮）など錯綜し単純ではない。戦後の在日朝鮮人女性に関する研究については、宋連玉(23)がいくつか論考を発表している。在日朝鮮人社会が、性差別的な通説で描かれる傾向にあり、実態が見えないと指摘した上で、戦後の在日朝鮮人女性の可視化を試みている。民族運動、生活実態、教育とその検討範囲は広いが、結語として「生存するために集住地域に暮らし、民族組織の周辺にいた在日朝鮮人女性は、日本社会から隔離した状態で、分断国家のジェンダー規範を受容していく」とし、「性差別になるのは、囲い込む側が民族差別という厚い壁で日本社会の底辺に組み込んだこと、囲い込まれた領域が良妻賢母思想を奨励する分断国家と結びついており、それに抵抗する女性に自立できるだけの経済的条件が与えられていなかったためである」(24)とした。先述した継続的本源的蓄積論とも重なるが、さらに継続する植民地主義、冷戦体制構造など在日朝鮮人女性の錯綜状況を明らかにしている。このように重層的差別構造下に置かれた在日朝鮮人女性像を浮かび上がらせるに至ったが、今後より個別具体的な問題に取り掛からなければならないであろう。

また、民族・階級・ジェンダーの複合的視点によって植民地期朝鮮の就学構造を考察した金富子(25)は、「常態的不就学」の朝鮮人女性を可視化した。ただし、「「近代」の衣をまといつつ「植民地主義」を体現した普通学校制度の枠組みのなかでは、就学／不就学のどちらを選択しても朝鮮人にとっては暴力として機能した」とする。同化と排除が同時に作用した日本の植民地主義とジェンダーとの相互関係については、置かれた状況は相違するものの、在日朝鮮人女性の不就学・非識字過程を把握するためにも学ぶところがある。

一―三　研究方法

(1) 調査対象の選択

不就学・非識字の在日朝鮮人女性が集う場として、歴史も古く資料や統計の揃っている公立の夜間中学を選択することにした。全国八都府県三五校が所在している夜間中学のうち、京都で唯一である京都市立洛友(旧郁文)中学二部学級(以下、洛友中)に、筆者は二〇〇六年九月から二〇〇七年一二月まで、学習補助ボランティアとして通った。毎週一～二回のペースで授業に参加し、主に数学や社会の授業で学習補助を行う。休み時間には生徒たちとお弁当を一緒に食べたり、行事に一緒に参加することもあった。同校の生徒の七割以上が、在日朝鮮人女性という内実である。これらのフィールドワークの経験を生かして、本研究の調査をすすめた。

(2) 研究方法

①作文分析

一九七九年度に初刊され、毎年一度発行している洛友中の作文集過去二八年間分を分析する。同校の全面的な協力の下、作文集を借りることができた。一度も休刊せずに継続しており、どれも欠落せずに保存されている。既存の研究では、作文資料を活用した例はないが、この作文から多くのことが得られると考えた。

二八年間分の作文は、全てスキャンし、保存作業を行った。さらに、スキャンした作文画像から、テキストデータ化し、多様な手法で分析を行える条件を整えた。

作品の総計は、一八二四作品である。抽出作業については第三章以降で詳しく述べるが、一八二四作品のうち本名（民族名）による八三八作品のみを抽出し、これらを主な分析対象とした。分析方法は、二つである。

○キーワード検索…作文のテキストデータ化作業は、キーワード検索によって、対象データの特徴的な語彙を容易に検出することを可能とした。八三八作品の範囲内で予め定めたキーワードにより検索を試みた。インターネットで一般的に利用される検索機能や、その情報からカウントされた検索ランキングなどは、その時々の流行や社会現象を読み取るのに、優れている。こうしたキーワード検索の利点をいかしたい。八三八作品を一読して、筆者の関心領域で目に付く語を中心に検索にかけ、検索対象の特徴を表す重要な鍵となる語彙について考察した。キーワードは予めこちらが用意するので、当然筆者の主観が伴うが、それでも筆者の関心事が作文内容とどれだけ緊密な関係にあるか、また八三八作品の全体像が浮かび上がってくる。しかし、キーワードだけでは、前後の文脈を全く捨象してしまう可能性がある。どのような文脈でキーワードが使用されているかを紹介することで、補完したいと思う。

○内容の吟味…八三八作品の内容をいくつかのカテゴリーに分類し、「生活体験」に振り分けられた二六四作品を抽出した。「生活体験」作文のうち「日常生活」と「個人史」に大別し、さらに「個人史」に分類された一五六作品を抽出した。これらの内容を個別具体的に検証していくことにする。キーワード検索による量的分析では掴むことのできない、質的な分析結果が得られるであろう。しかし、これらの作文も個人的な体験が断片的にしか語られていない。そこで、ライフヒストリーの聞き取りと併用しながら、考察していきたい。

②ライフヒストリーの聞き取り

作文分析と重ねて、夜間中学に通っている在日朝鮮人女性のライフヒストリーの聞き取りを用いて、肉付けをしていきたい。現在、洛友中に通っている三人の女性を対象に、一人二〜三時間のインタビューを、一〜二回ほどの機会を設け、彼女たちの肉声をＩＣレコーダに記録した。会話の主導権は、基本的に彼女たちに委ねることを重点に置いた。

インタビュー対象者は、洛友中を通して知り合った在日朝鮮人女性生徒である。学齢期をどのように過ごしたのかなど、夜間中学に入学するまでの過程を中心に語ってもらった。こうして語られた体験と作文に綴られた体験を一緒に考察していきたい。

なお、ライフヒストリーは歴史文書主義の批判から登場した口述史の手法である。在日朝鮮人一世・二世の高齢化が深刻になり、人口も減少している中で、なかなか生の声を聞くことが難しくなっている。そのため、こうした聞き取りはまさに重要であり、作業が急がれる。

その他、戦前の社会調査や夜間中学関連の資料を参照し、それだけで得られない情報に関しては、夜間中学関係者や民族教育の関係者へのインタビューを行った。

二章　在日朝鮮人女性の教育と労働

二—一　在日朝鮮人の教育機会におけるジェンダー化過程

一九世紀末、日本は「征韓論」や「脱亜論」の政策の下、朝鮮半島を着実に植民地化していった。朝鮮民衆の抵抗を弾圧した上で、一九一〇年八月「韓国併合に関する条約」によって朝鮮を完全な植民地にした。一九二〇年代、日本の工業化は、朝鮮に安価な食料と労働力の供給を求めるようになった。一九二〇年の「産米増殖計画」などの植民地政策は、朝鮮農村を階層化させ、多くの貧農を生み出した。結果的に離農を強いられ、都市へ移動するか、満州か日本へ渡航するかの選択に迫られた。一九二〇年代から本格的に朝鮮人出稼ぎ労働者の日本への渡航が始まり、同時に朝鮮人子弟の教育問題に関心が寄せられるようになった。

では、在日朝鮮人の特に女性の不就学・非識字は、どのような構造において生み出されていったのだろうか。戦前の日本の教育政策や民族教育に注目し、また解放後においてもどのように引き継がれていくのか、明らかにしておきたい。

表1のように、在日朝鮮人の初等教育機関及び成人教育機関と、それらを背景付ける歴史的契機についてチャート化した。それに基づいて言及していくことにする。

(2)＜戦後＞			
⑤ 1945～1952年 GHQ占領下	⑥ 1959～1967年 帰国事業	⑦ 1967年～ 夜中 反廃止・増設運動	⑧ 1970年代～ 在日1世・2世の 識字問題
新学制小学校（1947年～）			夜間中学（注4） （1970年～）
朝鮮学校（1945年～）			
成人学校／夜学（注3）	成人学校（1959年～60年代）		
			識字教室 （1970年代～）

（注1）背景的・特徴的な期間ごとに表記している。
（注2）「初等／成人教育機関」を3系統に分けた。1段目が日本の「公教育」、2段目が朝鮮人独自の「民族教育」、3段目が先述の2つと違う流れの民間の「識字教室」。
（注3）朝鮮学校の初期の頃は、その地域や条件によって、昼夜関係なく運営されていたので、「成人学校／夜学」は正確に区分できない。
（注4）「夜間中学」は、1970年代以前も存在するが、ここでは在日朝鮮人が関わり始めた時期からの表記とした。「識字教室」も同様である。

（1）〈戦前〉

日本は、一九二〇年代の朝鮮人労働者の増加に伴って、「①一九二〇年代～労働者の教育問題」が生じた。日本における教育政策は、「文化政治」の影響によって「②一九二二年～内鮮融和教育期」であったと言える。即ち朝鮮人労働者の増加に伴って、労働運動及び民族運動を未然に防止して「内鮮融和」を図った。強制力はなく、就学催促や教育機関の拡充がなされるわけでもなかった(26)。

このような背景の下、朝鮮人児童の教育対策として、朝鮮人児童のみを対象に特設された「特設鮮人夜学」があり、一九二二年から一九二三年にかけて設立された(27)。神戸では、工業地

表 1：在日朝鮮人の教育機会と歴史的背景

歴史的背景（注1）		(1)＜戦前＞			
		① 1920年代 〜 労働者の教育問題	② 1922年 〜 内鮮融和教育期	③ 1934年 〜 協和教育胎動期	④ 1941年 〜 協和教育展開期
初等／成人教育機関（注2）	公教育	旧学制小学校			
		夜間部（夜学）（1922年〜）			
	民族教育	朝鮮人夜学校（1920年代〜）			
	識字運動				

域で、一九二二年に御蔵小学校内、一九二三年に八雲小学校内に設置されている。神戸市社会課は、経済の中核をなす阪神間を往来する朝鮮人は知識階級でない「筋肉労働者集団」であると強調し、「若し無智が人生の一大脅威であることが、首肯せられるならば―阪神間に蟠居群集する、鮮人の社会教育は實に刻下の急務中の、最大急務なるもの」(28)と主張している。表2は、両校の男女別生徒数である。八割以上が男子生徒であることが分かる。職業を見ると、大半が職工、人夫である。その後、各都市部に夜学が開設されるが、大阪では一九二四年現在、五九の夜学があった(29)。大阪市南区難波桜川尋常小学校夜間部は、附近の三好硝子工場の依頼により朝鮮人職工への教化を始め、その生徒数の約九割が朝鮮人男性である(30)。

一方で、在日朝鮮人独自の教育運動は、一九二〇年代に渡日する朝鮮人労働者が急増する中で、労働組合が結成され、その活動の一環で労働夜学が運営さ

表 2：神戸市内夜学の朝鮮人男女別生徒数（1927年）

校名	男	女	合計
八雲小学校	57	14	71
御蔵小学校	62	6	68
合計	119（86%）	20（14%）	139（100%）

出典：神戸市社会調査『在神半島民族現状』、1927、p.271-272から作成。

れた。朝鮮人労働者が「文盲」で、就労状況に加えて、同化教育に対抗すべき民族教育が必要とされたことが、この運動の背景にあった(31)。一九三〇年代に最も活発に運動を展開したが、一九三〇年代半ば頃から各地域当局により禁止命令が出され、長くは維持できなかった(32)。その弾圧は後にもっと激しくなり、壊滅状態に追い込まれることになる。

　しかしながら、これらの朝鮮人主体の夜学の男女別生徒数は不明である。伊藤悦子は、一九三〇年代に女性労働者の渡日が増加するにもかかわらず、婦人夜学が見いだせないのは、資料上の制約の問題もあるが、生活状況の苛酷さ、教育運動の困難などの歴史的条件も考えられるとする(33)。さらに加えると、朝鮮人女性の教育への消極的な風潮も存在していただろう。

　確かに、対象が専ら朝鮮人男性労働者であったことは明白である。これは朝鮮人の渡日の性格が、当初は朝鮮人労働者の需要により、単身の男性を中心に構成されていたからと考えられる。図1の一九三〇年と一九三五年の京都市内在住朝鮮人の男女別・年齢別人口構成の推移をみると、一九三〇年では

図1：京都市内在住朝鮮人の男女別・年齢別人口構成の推移（1937年）

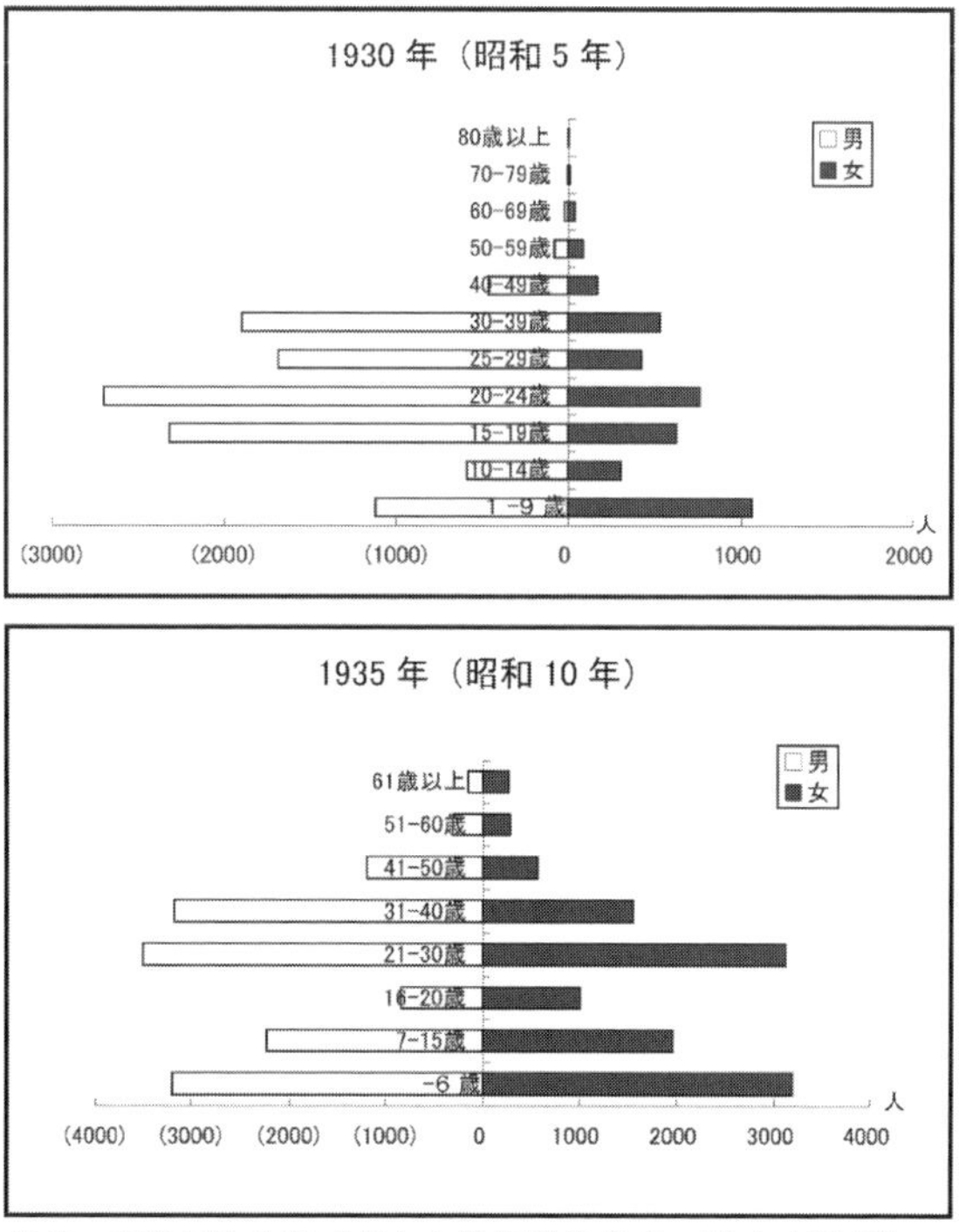

出典：京都市社会課『市内在住朝鮮出身者に関する調査』1937、p.91-93から作成。

一五歳から四〇歳くらいまでの働き盛りの男性が圧倒的に多く、人口構成は非常に不均衡である。しかし、一九三五年には女性の渡日が増え、六歳以下の子ども連れ、あるいは出産という現象が起きている。一九三〇年代から次第に女性が増加する背景には、出稼ぎ労働者のほかに家族の呼び寄せまたは家族同伴という現象が強まり、一九三〇年代までの単独・単身による男性の「出稼型」渡航が「定住型」へと変化した(34)と言える。したがって、この時期の教育政策が男性中心であったことは疑い得ない。

表 3：在日朝鮮人のうち学齢児童数

年	在日朝鮮人人口	学齢児童率推定値	学齢児童推定数
1924（大 13）	120,238	0.034	4,000
1928（昭 3）	243,328	0.086	21,000
1931（昭 6）	311,247	0.13	40,000
1934（昭 9）	537,576	0.15	81,000
1937（昭 12）	735,689	0.17	125,000
1940（昭 15）	1,190,444	0.17	202,000

出典：田中勝文「戦前における在日朝鮮人子弟の教育」『愛知県立大学文学部論集』18 号、1967.12、p.159 から引用

こうした家族呼び寄せや出産により、学齢児童も表3のように増加する。よって、朝鮮から渡日する児童と日本生れの朝鮮人児童との双方が増え、教育政策をどうするかが検討課題となった。

そこで、一九三〇年に日本人児童と同様に就学義務を有するとの見解が、以下のように示された。一九三〇年五月、拓務省朝鮮部から文部省へ「内地在住朝鮮人ノ学齢中ノ者ハ小学校令第三二条ニ依リ其ノ保護者ニ対シ就学ノ義務ヲ負ハセルモノナリヤ」という照会に対し、同年一〇月、文部省普通学務局は「内地在住朝鮮人ハ小学校令第三二条ニ依リ学齢児童ヲ就学セシムル義務ヲ負フモノトス」と回答した(35)。

しかし実際は、学校設備に余裕があったときに入学が許される許可制、入学希望の申し出があったときに入学できる申し出制であり、すなわち就学義務は、たてまえにしかすぎなかった(36)。

したがって、一九三〇年以降の就学率は表4のように少しずつ高くなっていくが、実際は夜学に在籍する年長者も含まれているので、

表 4：在日朝鮮人児童の就学率

	1931 年	1934 年	1942 年
学齢児童数	40,000	81,000	276,000
小学校児童数	7,380	32,243	178,451
就学率	18.5%	39.8%	64.7%

出典：田中勝文、前掲論文、1967.1、p.161 から引用

実質的な就学率はこれを下回ると考えられる(37)。

就学率の男女別の全国的な統計がないので、地域の社会調査に依拠するしかない。図2は、一九三七年の京都市社会調査による京都市内在住朝鮮人世帯中の七歳以上一七歳に至る児童の男女別小学校就学状況の割合を示している。一九三七年と言えば、前述した「③一九三四年～協和教育胎動期」に入るが、全体でも不就学者が四四%で、男女別にみると、女子は六二%を不就学者が占めている。

図3は、同調査による、京都市内在住朝鮮人口のうち六歳以下を除いた人員の男女別「教育程度」である。「教育無きもの」は圧倒的多数であり、特に女性の場合は高比率を占めている。この時期には、不就学者が次第に積み上げていたのである。

要するに、在日朝鮮人児童が就学するかどうかは当事者側の態度にかかっていたが、現実的には就学を妨げる諸要因が存在していた。表5は、図2で示した京都市在住の朝鮮人児童の不就学および中途退学者の不就学理由である。「貧困」をトップに、次いで「女児故」が多い。同調査では、「少額所得世帯」における不就学者が四%に過ぎないこ

図 2：京都市内朝鮮人児童の男女別小学校就学状況（1937 年）

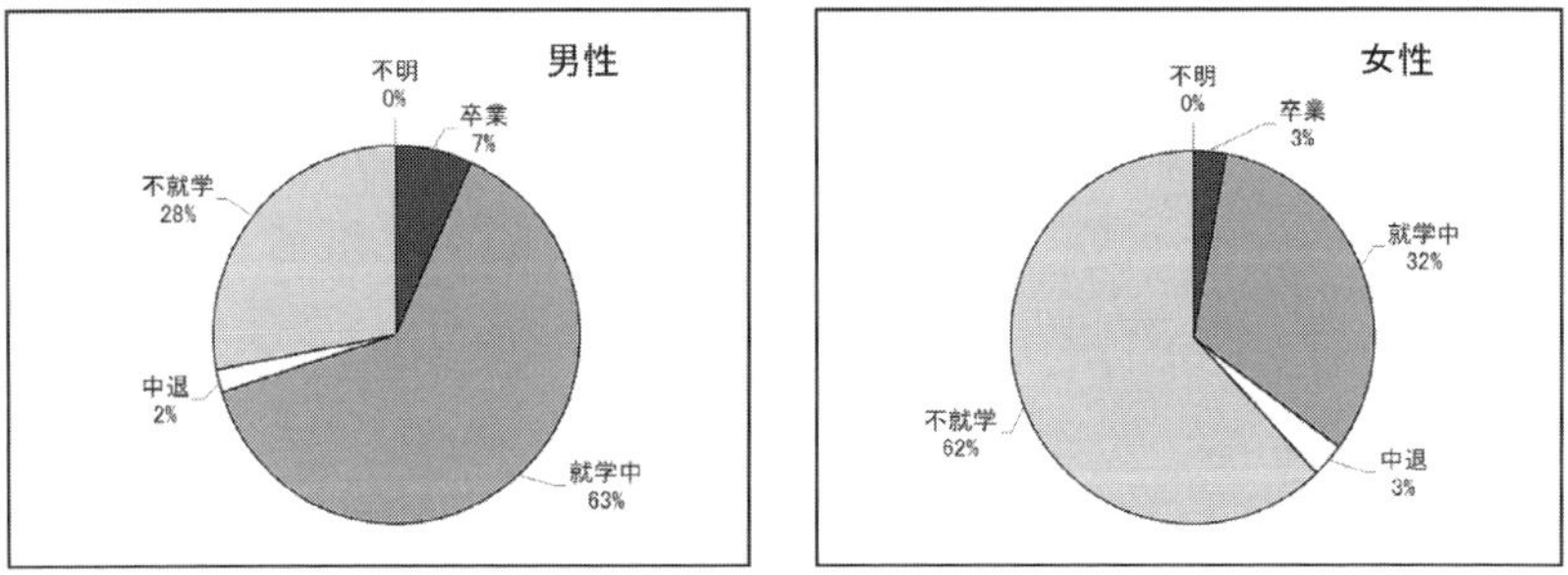

出典：京都市社会課、前掲調査、p.130-133 から作成。

図 3：京都市内在住朝鮮人男女別教育程度（1937 年）

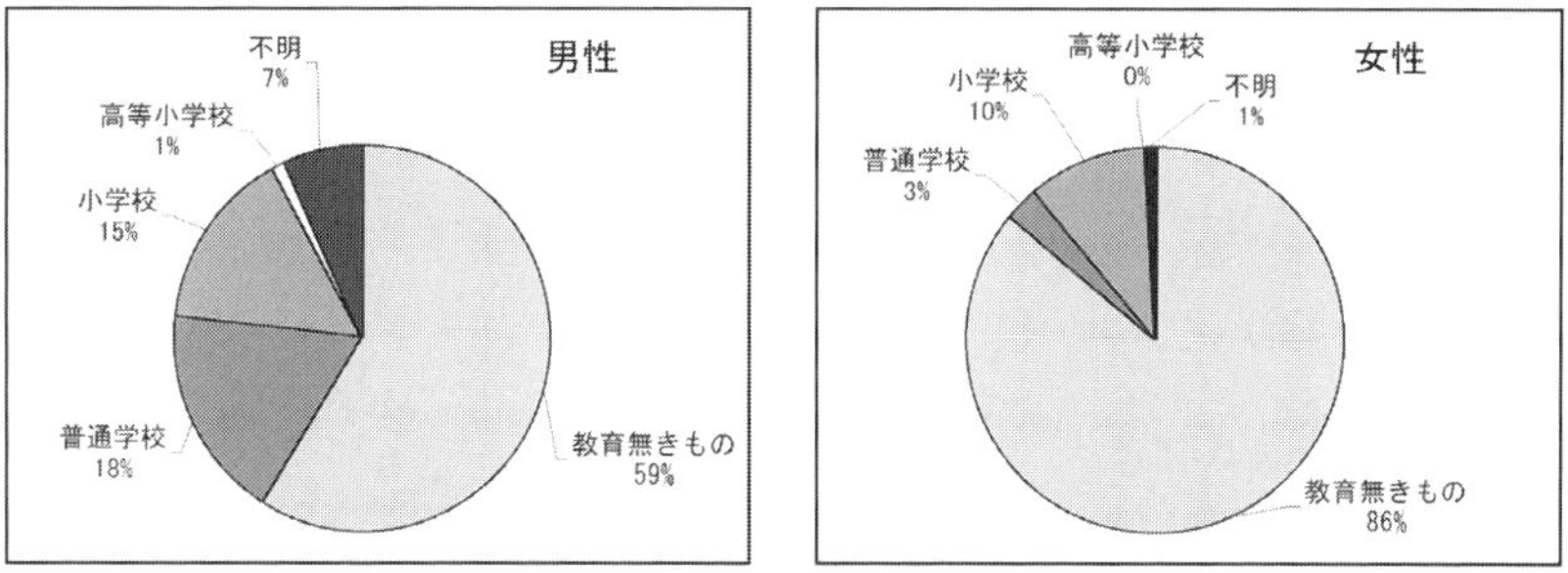

出典：京都市社会課、前掲調査、p.140 から作成。

とと比較して、「貧困は必ずしも就学を全部的に否定するものではない」とし、経済的理由以外に「就学を逡巡せしむべき重大なる他の要素が隠されている」と推測している(38)。その他の要素とは、「朝鮮出身同胞一般の教育への無関心」と「幼少児童の内地語理解の缺除」に基づくと考えており、完全に当事者の責任へ転嫁していると言えよう。確かに「女児故」という要素は、在日朝鮮人社会内部における封建的慣習の下、女性の教育へのアクセスを閉ざしたという事実も否定できない。しかし、植民地支配によって、生活基盤を失った朝鮮人の不就学を規定していたのは、大前提にある民族差別に深く根ざしていた。

続いて、戦時体制形成の一環として、一九三四年に協和事業を実施し、「③一九三四年～協和教育胎動期」、一九四一年の国民学校令の施行により皇民化教育へと改変される「④一九四一年～協和教育展開期」の二期に区分される(39)。学齢児童に対しては就学を強化し、成人に対しては協和

表 5：京都市内在住朝鮮人の不就学理由（1937 年）

不就学理由	人	%
貧困	494	29%
女児故	280	16%
言語不明	89	5%
家事の都合上	26	2%
その他	61	4%
不明	778	45%
合計	1728	100%

出典：京都市社会課、前掲調査、p.133-134 から作成。

会が成人教育を行った。協和事業は、子どもに比べて大人たちの同化が遅れているという判断から、大人たちの同化事業に力点を置くのと同時に、未就学児童の就学奨励にも重点を置いた(40)。家庭の中で、子どもをとおして日本語と天皇制思想を持ち込ませ、家庭とくに母親の朝鮮式生活を排除しようとした(41)。また、協和会が行う夜学校には、特に多くの女性が通い、日本語学習や「皇国臣民ノ誓詞」の暗誦をさせ、母親の皇民化によって児童の皇民化を促進させようとした(42)。先述した小学校夜間部の教育内容も改変されていった。

先述の表4に示した一九四二年の朝鮮人児童の就学率が六〇%を超えているのは、この協和事業が背景にあると言えよう。それは極めて強制的であり、一九四一年の太平洋戦争勃発を背景に、朝鮮人女性を戦争に取り込み、銃後の統一へと向かわせるものであった。

しかし、この時期にも多数の不就学の朝鮮人女性が存在していたことを忘れてはならない。聞き取り調査の中でも、この時期の完全な不就学は珍しいことではなかった。階級的、ジェンダー的諸要因がより強く規定している。彼女たちは、比較的に皇民化政策から自由になり得たとも言えるが、不就学・非識字化はその後の生活に影響してくるので、無視することができない。

このように、日本帝国主義の朝鮮人教育の構造は、第一に民族教育運動の発展に弾圧を加えつづけたことを基調にして、第二に選ばれた少数に対して同化教育を施し、第三に大衆の多くから学習の機会を奪いさって、その「文盲化」を図るという三つの側面をそなえていた(43)。さらに、そこにジェンダーが相互に関係していたことが明らかになった。

(2)〈戦後〉

一九四五年八月一五日、朝鮮人は植民地からようやく解放されると同時に、日本は「⑤一九四五〜一九五二年GHQ占領下」に置かれた。解放直後、日本に在留していた朝鮮人は二〇〇万人を超えていたと言われている。在日朝鮮人たちは、帰国を前提として、自らの言葉を取り戻すために、在日本朝鮮人聯盟（以下、朝聯）が母体となって、一九四五年から「国語講習所」の形態で民族教育が各地域で始まった。初期の頃は日本の小学校を間借りして運営し、次第に朝鮮人学校が開設されていく。昼夜間に授業が行われ、学齢児童だけでなく、家庭の婦人や、学齢を超過した児童、青年たちも多数通い、さまざまな形態で教育が盛んに行われた(44)。当時の在日朝鮮人子弟の朝鮮学校の就学率は、日本学校へのそれよりも高比率であった(45)。表6は東京都内の朝鮮人児童の就学状況を示している。

この頃、「成人学校の唄」(46)もウリノレ（私たちの唄）として歌われており、成人教育運動にも重点を置いていたことが分かる。民族教育運動は、全在日朝鮮人の民族性の奪回を目指したわけだ。

占領政策において、朝鮮人の法的地位は「日本国民」として扱われていたが、一九四七年五月二日の「外国人登録令」によって外国人とみなされた。こうした流れは冷戦体制を背後に、一九四八年以降GHQと日本政府による朝鮮人学校への弾圧が激しさを増す。一九四八年一月二四日の文部省学務局長通達「朝鮮人設立学校の取り扱いについて」(47)によって、朝鮮人学齢児童

表 6：東京都内の朝鮮人児童の就学状況
（1949 年 1 学期現在）

	小	中	高	合計
朝鮮学校 （%）	2669 （69.9）	936 （77.8）	244 （64.2）	3849 （67.9）
日本学校 （%）	1438 （35.1）	266 （22.2）	136 （35.8）	1840 （32.4）
合計 （%）	4107 人 （100.0）	1202 人 （100.0）	380 人 （100.0）	5689 人 （100.0）

注：朝鮮学校（7 月 1 日）、日本学校（5 月 1 日）と、調査期日の差がある。
出典：金徳龍『朝鮮学校の戦後史——1945-1972〈増補改訂版〉』社会評論社、2004、p.65 から引用。

は、日本の学校に就学させる義務があること、各種学校の設置を認めないことを示し、同年四月二四日の阪神教育事件に発展した。一九四九年九月には、「団体等規正令」によって、朝聯を解散させ、活動基盤を根こそぎ絶やそうとした。この解散によって、朝鮮人学校閉鎖令が出され、一九四八年より一層厳しく弾圧される。これにより、朝鮮人児童は日本学校への分散転入へ追い込まれた(48)。

一九五二年四月二八日の対日講和条約発効に伴って、四月一九日の民事局長通達(49)で、朝鮮人の日本国籍を一方的に剝奪した。翌年の一九五三年二月一一日の文部省初等中等局長通達「朝鮮人の義務教育諸学校への就学について」(50)では、在日朝鮮人は一般外国人と同様に扱うとし、「学齢簿に記載する必要はないし、就学義務履行の督促という問題もなく、なお外国人を好意的に公立の義務教育学校に入学させた場合には義務教育無償の原則は適用されない。」と打ち出した。今度は、公立の朝鮮人学校の廃校に追い込まれることになったのである。このように、常に日本政府の都合によって、朝鮮人の主体的な教育は繰り返し弾圧と排除に直面し、対抗しなければならない状況に晒されていた。

朝鮮への引揚政策も占領当局と日本政府によって、巧妙に制限され、日本に留まらざるを得ない状況が現実的となっていったのだった。こうした混乱状況の中、生活状態も依然厳しい上に、差別と弾圧によって、落ち着いて教育を受けることさえできなかったものは少なくない。とくに家庭内の仕事を任された女性がその負担を担うことになる。学校側も生徒の生活に即した教育保障よりも、日本政府の政策への対応に追われていたと言える。

一九五四年八月、朝鮮民主主義人民共和国(以下、朝鮮)は南日外相による声明によって、在日朝鮮人に在外公民としての正当な権利を公式に認めた。在日朝鮮人運動の路線転換によって、一九五五年五月に在日本朝鮮人総聯合会(以下、総聯)が結成され、朝鮮の在外公民である自覚に基づいて、民族教育も新たな展開を迎えることになった。総聯結成大会では、教育綱領の第四項に、「われわれは、在日朝鮮同胞子弟に母国のことばと文字で民主民族教育を実施し、一般成人のなかに残っている植民地奴隷思想と封建的慣習を打破し、文盲を退治し、民族文化の発展のために努力する」[51]と明文化した。また、教育の質を高め、弾圧・閉鎖されてきた朝鮮人学校を再建強化し、貧困で学校に来られない青年に対する就学保障や、青年や女性に対する成人教育を強化する方針を打ち出している。民族教育体系の完成と、一九五七年の朝鮮政府の教育援助費送金開始、さらに一九五九年からの帰国事業の実現は、民族教育運動のさらなる発展契機となった[52]。解放直後の民族教育運動に続く、第二の民族教育高揚期であった。

こうした祖国との強い結びつきと同時に、日本の景気の悪化による生活不安定、厳しい民族差別を背景に、朝鮮への「⑥一九五九～一九六七年帰国事業」が展開される[53]。そして、帰国運動の盛り上がりと連動させて、民族教育も強化させ、学校教育の範囲だけに留まらず、一九五九年に成人教育事業を打ち出した[54]。朝鮮の言葉と文字を解読できない在日の全成人（満一五歳以上）に、祖国での生活を念頭に置いた母国語や歴史などを教授した。地元の総聯の各支部で、成人学校（ソンインハッキョ）として開かれ、一九六〇年現在で全国に七八五箇所、受講者数一万名に及んだと言う。生徒は、まだ当時若い在日一世・二世をはじめ、日本学校出身の青年たちも通った。

総聯傘下の在日本朝鮮民主女性同盟は、在日朝鮮人女性のハングル学習運動を大衆化していくなど、興味深い活動展開があった。ＮＰＯ法人京都コリアン生活センター・エルファの鄭《チョン》禧《ヒ》淳《スン》理事長は、一九六五年から神戸市新長田で識字運動に携わった[55]。少しでも文字を知っているものが、先生になって教えたという。解放直後に歌われていたものとは異なる成人学校の唄が、運動の盛り上がりとともに歌われていたという[56]。

これまで弾圧の厳しい状況の中では、教育だけに集中できなかったが、この時期にようやく教育内容の質向上や、不就学者に力点を置けるようになったと言える。また、在日朝鮮人社会での識字問題の主たる関心は、一貫して朝鮮語だった。これは植民地支配の経験からすれば、当然のことであった。しかし、すでに生活に追われた母親や、組織と関わりを持たないものなどは、こうした学習機会のタイミングをも逃したと思われる。当時をよく知る女性たちの証言から、期間も短い上に、朝鮮学校の児童数急増に伴って、教員の著しい不足で、生徒も教員も長期間根付かなかったのではないかと推測できる(57)。

以下はインタビューの一部である。(＊)は筆者、(全)は全員の意味。

＊：帰国事業盛り上がるころ、いろんな支部でソンインハッキョ(成人学校)あった…?
A：ああ、ちょっとあったねー。支部に。私らちょっと行ったけど、みな。分会でようした。
全：あったあった。支部にもあったしープネ(分会)。分会でようした思う。
A：西陣支部で。
＊：やっぱりアーヤ、オーヨ(ハングルの基本)からやってた?
全：そうそうそう。アーヤ、オーヨからね。
B：終いまで行ってへんけども。ちょっと行った。
C：ソンセニム(先生)たちも忙しくって。
D：先生たちも食べていかならんやんーそんなんねー。
E：二、三ヶ月したらもうぱっとあれする。
D：代わりが激しいさかいに。
F：プネで仕事せな、そういういろんなんあるから、仕事あるから。
C：主人も(教員として)行った。昼間仕事してるから。先生いなくなったら、呼びにくるわけよ、主人を。ちょっと行って。主人も教えに行ってた。円町の方。

しかしそれも一九六五年の日韓協定調印を背景に再び状況が変わる。一九六五年六月二二日に正式に日本と大韓民国（以下、韓国）は、国交正常化された。この条約にて、日本は韓国を朝鮮半島における唯一の合法政府と認め、植民地支配の補償の代償として経済協力を取り結んだ。安保体制の強化、冷戦体制構造下において、この条約締結は極めて政治的意図が絡んでいた。時期がちょうど帰国事業と重なっていたことは無縁ではない。韓国側は帰国事業に激しく反対していた。そうした最中で、植民地支配の補償を放棄してでも、韓国政府は日韓国交正常化を急いだと思われる。

これを契機に、在日朝鮮人の置かれる状況もまた動揺することになる。「在日韓国人の法的地位協定」(58)では、日本に居住する「大韓民国国民」が、「五年以内に永住許可の申請をしたときは、日本国で永住することを許可する」とした。これは権利を付与された「韓国籍」への移行を迫ったものであった。また「朝鮮籍」については、用語にしか過ぎないとの政府見解をだした。

そして、この条約調印後の同年一二月、各都道府県知事に宛てた二つの文部次官通達(59)は、「韓国籍」朝鮮人児童の日本学校就学の制度化と朝鮮学校に対する干渉および抑圧を示唆した。このようにして、日韓国交正常化は、在日朝鮮人社会を複雑に分断し、民族性の否定および同化と引き換えに成し遂げられた。事実、この頃から在日朝鮮人の分断と同化は確実に進行し、「韓国籍」への書き換え、在日朝鮮人児童の日本学校就学が急増した。一九七〇年代に、いわゆる「在日論」(60)が展開されたのも、こうした背景があったと言えよう。

帰還事業の沈静化、民族教育運動への抑圧、同化政策の促進、在日社会の分断の固定化、などの複雑な要素が絡み合って、一九七〇年代、在日朝鮮人女性の日本語の識字問題が顕在化したと考えられる。これまで当然、在日朝鮮人の関心は自民族の言葉＝朝鮮語を守り獲得することであったが、日本での生活において必要に迫られた日本語の識字への関心が高まる。一九七〇年代に入り、夜間中学に急激に在日朝鮮人女性生徒が増え、「オモニハッキョ」（お母さん学校）など民間レベルでも識字運動が盛り上がりを見せるのは、このような背景があったのではないだろうか。また、偶然だろうか、一九六〇年代後半に夜間中学の歴史においても、存続の危機で動揺していた。これらの二つの歴史がどのように結びついていくのか、表1の⑦⑧については、三章三―一で触れたい。

二―二　在日朝鮮人女性の労働実態

ここでは、夜間中学に学ぶ在日朝鮮人女性の語りの中でも大半を占めた労働について言及したい。彼女たちの語りでは、「働かなければならないので、学校どころではなかった」というような文脈は、ごく一般的なくだりであった。彼女たちの労働について、把握することは必要不可欠である。

労働者として渡日した女性は多くはないが、よく知られているのは、女工に従事していた朝鮮人女性である。「女工哀史」でも語られているような、非常に苛酷な労働環境の中、朝鮮人女工たちは故郷の家族のため、生活のために働いた。

一九三七年の京都市内在日朝鮮人の労働状況をみると、調査対象二万六五五〇人のうち、有業者一万〇二一七人（三八％）、無業者一万六三三三人（六二％）であった(61)。男女別、年齢別の有業者数を図4に示す。有業者数のうち八四％が男性、一六％が女性であり、ほとんど男性が占めているが、一一一四歳の幼少年有業者となると、女子の方が上回っている。幼少年の就業については、「工業法」で小学校尋常科未修了者の雇用が禁止されていたが、朝鮮人児童には適用されなかった事情がある(62)。女子が

図 4：京都市内在住朝鮮人男女別年齢別有業者数（1937 年）

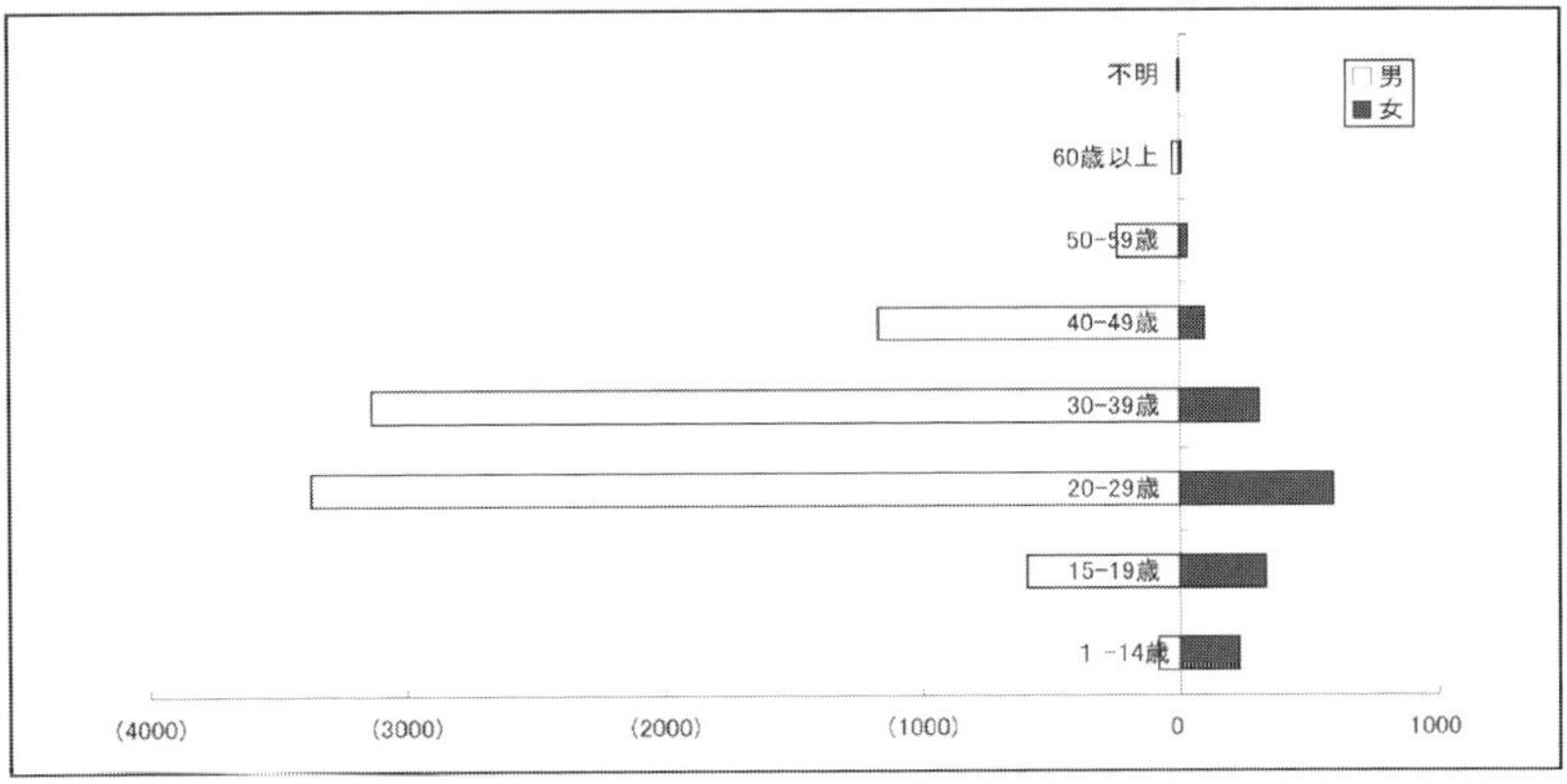

出典：京都市社会課、前掲調査、p.98 から作成。

多くなるのは、男子はこの時期に学校へ行かせていたからだと推測できる。

男女別職業をみると、男性の六九・九％、女性の八五・八％が工業労働者で圧倒的に多い。この内実としては、土木建設従事者が三八・七％を占め、次に紡織工業従事者が三六・五％であった(63)。女性が土木建設に従事することもあるだろうが、多くの場合が紡織工場に従事したと察する。京都という地域性もあり、伝統産業を低廉な労働力として支え、これは戦後も引き継いでいった。

女工として働いた朝鮮人女性は少なく、厳しい差別も相俟って家事を手伝うことが多かった。これが、統計には出てこない生活実態である。身内の子守りや、奉公で他人の家で働くものもいた(64)。日本社会の最底辺に追い込まれ、生活のために働かなくてはならないので、就学どころではないという階級的要因が説明できる。

戦後の混乱の中では、闇市での商売など、何とか食いつないでいくために家族総動員で働いた。家庭の中で、女性は、ドブロクなどの密造酒をつくり、販売していた。警察に目を付けられると、証拠隠滅のために苦労して造ったドブロクを全部流した、というエピソードは山ほどある。あるいは、鉄くず拾いなどの都市雑業も重要な収入源であった。

しかし、規制が厳しくなり、闇市は次々に閉鎖されていく。在日朝鮮人たちは、就職差別などで正規の職に就くことは許されなかった。一九六四年の朝鮮人有業者数に占める女性の割合が一割にも満たないと就業率では表れるが、しかし統計には表れない、家内工業や家計補助的な労働、内職に従事していたと考えられる(65)。その上、女性は、家事などの労働を担っていたので、その負担はさらに重くのしかかる。

また、子育ても日本社会においては複雑で葛藤が多い。子どもをどのように育てるのか、という悩みは全ての在日家族が抱えている。朝鮮学校へ入学させることは、日本政府からの援助なく差別に晒される状況下で、経済的にも社会的にも負担が大きい。朝鮮学校を選択した母親たちは、仕事と家事、そして子どもの学校のための活動（これは民族運動でもあり、家事労働でもあるのではないか）に従事した。

そして、在日朝鮮人女性たちのほとんどが、一般的な定年など関係なく、八〇歳近くまで仕事を続けている。女性の方が長生きしているということもあろうが、何よりも国民年金におけるかつての「国籍条項」(66)によって、無年金状況におかれているためだ。また厚生年金には「国籍条項」がないが、非正規で非常に不安定な職場なだけに、期待できなかった。そのため身体が動くうちに、出来るだけ働いて貯蓄をしておかなければ、老後の生活は確保できない。生活状況や就職差別、ジェンダーなどが交差した労働実態は、ますます女性を学ぶ機会から遠ざけたと言えよう。

三章　作文とライフヒストリーにみるポスト植民地問題

三―一　夜間中学の歴史と在日朝鮮人

(1) 夜間中学の歴史

田中勝文によると、夜間中学の歩みは、各地に夜間中学が開設されていった一九四七年から一九五九年までの第一期、夜間中学の閉鎖が相次ぎ生徒が減少し始める一九六〇年から一九七〇年頃までが第二期、増設運動の成果が結実し生徒が再び増加傾向をみせる一九七〇年以降が第三期と区分できるとしている(67)。しかし図5の夜間中学の学校数と在籍生徒数の推移をみると、学校数・生徒数は一九五五年をピークに、それ以降減少し始めているので、第二期の開始時期は、むしろ一九五六年からだと考える方が妥当だと言える。よって本論文では、第二期を一九五六年以降と設定することにした。また、第三期の一九七〇年以降は、生徒層の変容はあるが、学校数・生徒数の変化は比較的少ないので、さらに時期区分することはしなかった。これらの時期区分に基づいて、夜間中学の歴史をみていくことにする。

　第一期では、戦後まもなく一九四七年の憲法施行を前に、教育基本法、学校教育法の公布施行、同年四月に六・三・三制の新しい学校制度を発足させたが、戦後の混乱状況の中、「学校より食うことが先だ」と、生活苦で学校を欠席して働きに行く児童が多かっ

図 5：夜間中学の学校数と在籍生徒数の推移

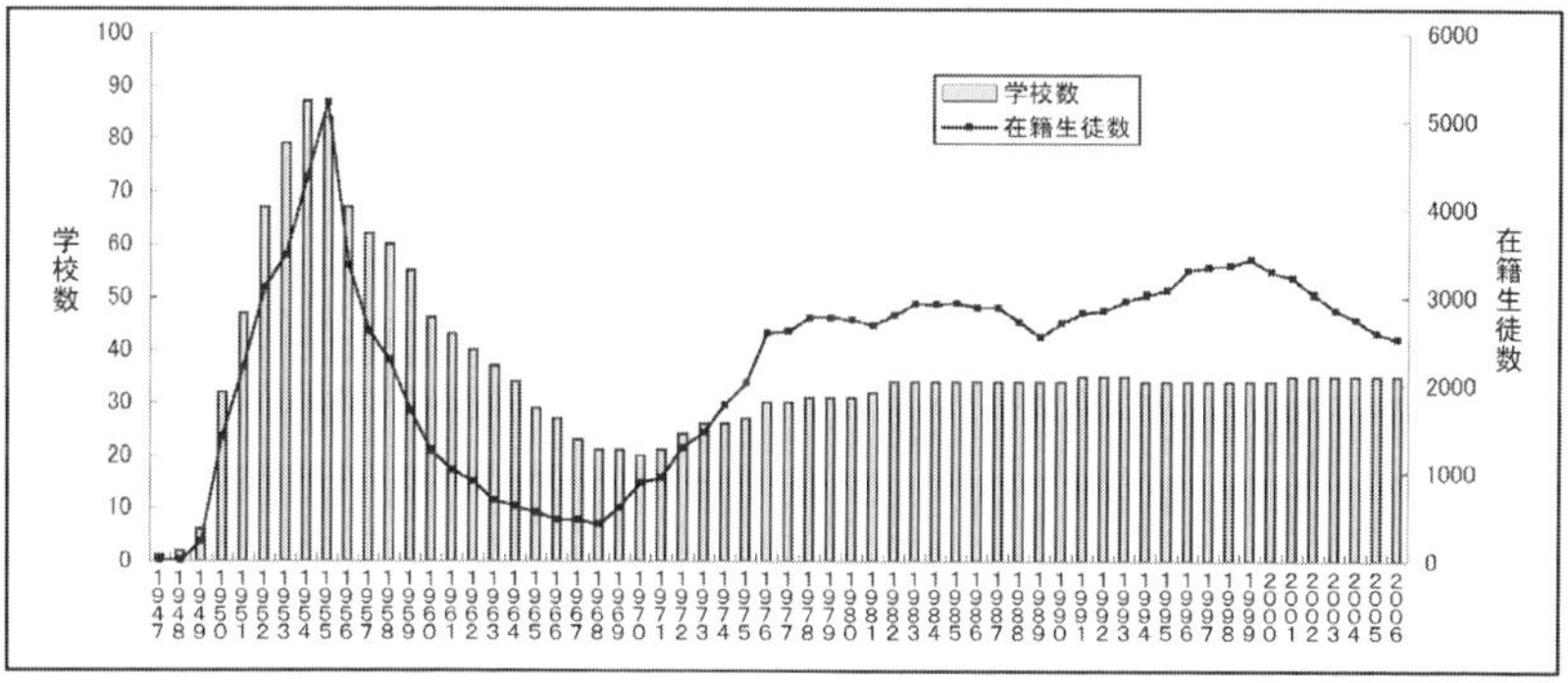

出典：第52回全夜中大会資料、2006、p.253から作成

た[68]。そんな中、新学制発足後の一〇月に、はじめて大阪生野第二中学校で「夕間学級」を開設され、その後各地域の中学校で開設された。一九五四年度の八七校でピークに達し、同年「第一回全国中学校夜間部教育研究協議会」（後に全国夜間中学校研究大会と改称。以下、全夜中大会と略称）が開催されている。そうした中、一九五三年九月、ＩＬＯ（国際労働機構）アジア会議が東京で開かれ、夜間中学が取り上げられたことを契機として、文部省、労働省、厚生省の三省が夜間中学実態調査を実施することになった[69]。夜間中学に関する初めての実態調査であり、夜間中学に関心が寄せられ始めたが、一九五五年九月の「三省共同通達」[70]は形式的に各省の対策措置を示したが、夜間中学の法的根拠は否定した[71]。

第二期では、経済が好転したことや就学援助制度が整備されたこともあって、一九五五年以後、学校数と在籍生徒数とも減少傾向が著しくなっていく。しかし、その背景に、日教組への圧力、任命制教育委員会法の強行可決（一九五六年六月）の結果が、教育委員会の夜間中学に対する消極的な姿勢に反映していた[72]。また一九五八年には、文部省は長欠生徒の全国調査を打ち切った。

一九六三年五月の参院文教委員会で荒木文部大臣は、「夜間の義務教育は制度上許されない」「夜間中学をなくす努力をする」と答弁し、夜間中学廃止に拍車がかかる。ついに一九六六年一一月、行政管理庁が文部省に対し「少年労働者に関する行政監察結果に基づく勧告」いわゆる「夜間中学校早期廃止勧告」を出した。勧告文には、「家庭が貧困などのため、昼間就労して夜間通学しているいわゆる「夜間中学校」については、学校教育法では認められておらず、また、義務教育のたてまえからこれを認めることは適当ではないので、これらの学校に通学している生徒に対し、福祉事務所など関係機関との連けいを密にして保護措置を適切に行い、なるべく早くこれを廃止するよう指導すること。」[73]とある。確かに、義務教育を謳いながら、夜間中学が存在し続けていることはあってはならない。しかし、早期廃止というのは、現実の実態に反していた。

これを受けて、元夜間中学生の高野雅夫が、「夜間中学廃止反対、設立要求」を訴え、夜間中学生の証言記録映画を上映する全国行脚に立ち上がった（表1「⑦一九六七年〜夜中反廃止・増設運動」）。この間、多くのマスコミに夜間中学の存在が知れ渡ることになった。それが実を結び、一九六九年、夜間中学が皆無だった大阪市に、大阪市立天王寺中学校夜間部が開設された。以後、各地で夜間中学の開設に影響を及ぼしていった。

文部省の態度は夜間中学の生徒の実態が、学齢超過者であることから、「生涯教育」の観点から夜間中学に財政補助する方針に転換した。しかし、この頃の夜間中学が、明文化されてはいないが、学齢超過者対象を条件に開設されたことを指摘しておかねばならないだろう。こうした見解は、現在でもなお引き継がれている。ちなみに、現在の夜間中学の存在意義については、一九八五年一月の参議院議員への中曽根首相の「義務教育未修了者に対する対策と夜間中学校の充実・拡大に関する質問に対する答弁書」(74)が有力となっている。

第三期にあたる一九七〇年代からは、増設運動の成果もあり、夜間中学開設および生徒数も増加し、生徒も多様化してきた。その特徴は、①学齢超過者、②海外引揚者、③中学校の形式卒業者、④特殊学級の卒業生、⑤障がい者、⑥在日朝鮮人(75)、そして今日では、⑦新渡日外国人を付け加えることができる。特に関西圏の夜間中学では、在日朝鮮人生徒の入学が増加し始めた。そのほとんどが、女性であった。この頃から在日朝鮮人女性の日本語の識字問題が顕在化し始める。

マイノリティの状態に置かれた日本国民の就学対策として出発した夜間中学であったが、上記のように、法的にも社会的にも不安定な地位にあった。夜間中学増設運動によって、その存在が世間に周知され始めた一九七〇年代、在日朝鮮人女性生徒の入学が顕著になり、日本社会にやっと在日朝鮮人女性の不就学・非識字の問題を突きつけた（表1「⑧一九七〇年代〜在日一世・二世の識字問題」）。言い換えれば、ポスト植民地問題が浮き彫りになったとも言える。これは夜間中学史上における転機だけが後押ししたのではなく、帰国事業の終了や日韓条約などの背景と、在日一世の女性が年齢的にも就労や子育てから解放された時期などの諸条件が契機となった。夜間中学への入学だけでなく、市民団体による識字教室で、多くの在日一世の女性が日本語学習に参加した。近年では、高齢化により在日二世の女性へと世代交代している。

（2）京都の夜間中学の特徴と在日朝鮮人

具体的に本研究の対象である京都の夜間中学の歴史(76)を振り返りながら、在日朝鮮人の問題がどのような位置づけであったかみてみたい。

京都市では一九五〇年に長欠就学の対策の一環として二部学級が発足した。発足当初は一二校、一九五二年には一四校もの学齢生徒を対象とした二部学級が、京都市内の中学校に設置された。その後、一九五六年まで生徒の増加傾向が続くが、全国的な現象と歩調を合わすかのように、一九五七年から設置校数、生徒数ともに減少傾向に陥った。一九六七年には、皆山中学校と藤森中学校の二部学級二校のみとなった。先述の「廃止勧告」の影響もあったと思われる。そんな中、当時京都市教育委員会（以下、市教委）生徒福祉課課長だった仲田直は、廃止への危機感もあって、一校に統廃合することを考えた(77)。しかし、京都府教育委員会は、文部省の夜間中学廃止方針を理由に、二部学級の自然消滅を考えていたので、認められないという姿勢であった。したがって、文部省との直接交渉を始め、市教委の責任で、一九六八年新たに学齢超過者対象の二部学級を郁文中学校（現洛友中）に開設した。学齢生徒の入学希望者が相次いでなくなり、一九六八年藤森中学校二部学級、一九六九年皆山中学校二部学級が廃止され、学齢生徒対象の二部学級は全廃となった。

全国的に一九七〇年前後に夜間中学における在日朝鮮人生徒の増加が顕著になるが、京都では一九七四年度まで「若干在籍していた」[78]程度であった。一九七四年の全夜中大会で「在日朝鮮人が入学したが、小学校の基礎が殆んどできていない状態である」[79]と洛友中は報告しているが、それ以後急増し始める。この現象は、一時経営困難をもたらしたほどだと言う。一九七六年の全夜中大会では「今年いちばんの特徴は、在日朝鮮人の入級者が七〇％を越した、しかも、入級のストップをせざるを得ないほど、多数の入級希望者がでてきた」[80]と報告されている。日本語の読み書きが出来ない在日朝鮮人生徒が急増し始めたことによって、どう学校の形態を整えていくのか、どう指導内容を改変していくかなどの必要に迫られた。よりよく対応できるように、教員の配当を要望し、学年を超えた学級編成が試みられた。洛友中にとって、はじめてポスト植民地問題と向き合わされたのだと言えるだろう。

図6は、洛友中の生徒数と外国籍比率の推移を示している。開設当初は、生徒数一一名のうち男性九名、女性二名と男性の方が圧倒的に多く、二〇代～三〇代の若者であった。しかし、二年後には女性が半数以上を占めるようになり、図7から分かるように生徒層も高齢化していく。二〇〇六年現在では九割が女性生徒で、平均年齢は六七歳である。要するに、生徒の増加傾向は、女性生徒の増加に因るものであり、退職や子育てを終えた高齢者生徒へ

図 6：洛友中の生徒数と外国籍比率の推移

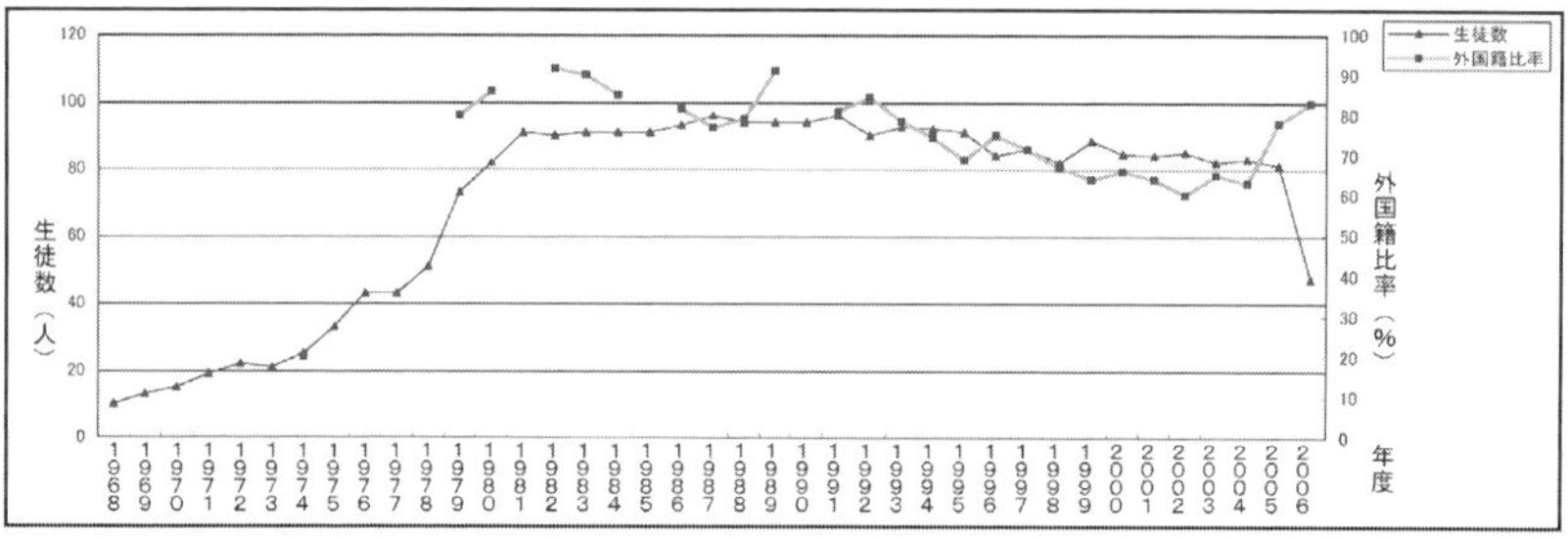

出典：作文集収録の現況と各年の全夜中大会資料から作成。1983年度の外国籍比率は『二部学級実践報告』、1984、p.4より引用。
注：1975年度～1978年度のデータがないので空白。
1979年度、1980年度は外国籍比率の資料がなく、在日朝鮮人生徒の比率を使用。

と年々移行していった。

　在日朝鮮人生徒の入級が始まった一九七四年度は、外国籍比率が一九%にすぎないが、先述した全夜中大会の報告から分かるように、一九七六年からは在日朝鮮人生徒が大半を占めるようになり、それ以降約七割~八割の在日朝鮮人が在籍したと予測できる。一九七六年~七八年度の資料を欠くので、上昇傾向が把握できない。しかし、この短期間に急増したのは間違いないだろう。以上の点を併せて考察した結果、生徒数の増加は、在日朝鮮人高齢者女性の増加と同義だとみることができる。

　この現象は京都だけに限らず、全国の夜間中学で在日朝鮮人生徒が姿を現すようになる。特に在日朝鮮人住民の比率が高い関西圏では、その現象が早い段階から問題提起されている。全夜中大会での各地域の報告で触れられてはいるが、管見のかぎりでは、一九七四年の全夜中大会で、近畿夜間中学校連絡協議会の特別報告「夜間中学に入学してくる未就学者の実態とその指導について」(81)の中で、在日朝鮮人指導や社会問題について取り上げられている。全体としては、一九七七年の第二三回全夜中大会に初めて「外国人教育に関する諸問題」というテーマで個別の分科会が設置されている。全国レベルで問題意識の共有が行われるのは、多少の時間差があったことが伺える。一九八九年の第三五回全夜中大会

図7：洛友中の生徒の平均年齢の推移

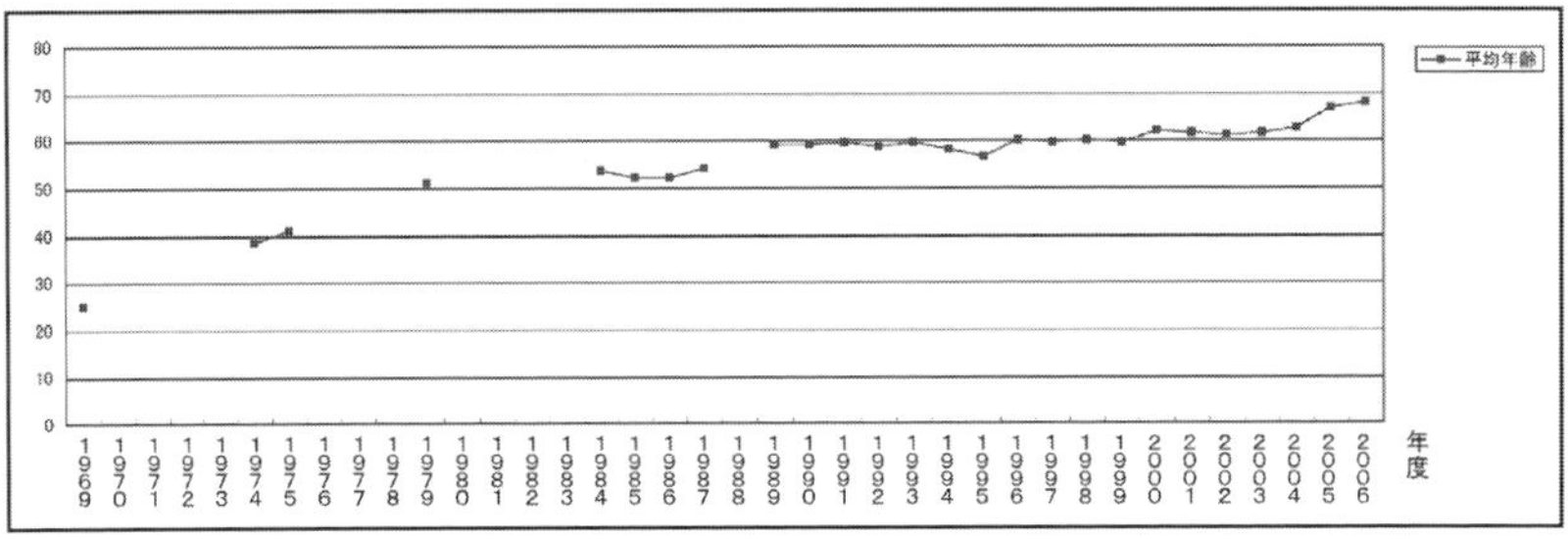

出典：1969、1974、1979、1984 年度は『20 年のあゆみと研究』1989、p.26 から引用。
1975 年度は第 21 回全夜中大会資料から引用。
その他すべて作文集収録の現況から引用。ただし 1988 年度は現況なし。

からは、さらに「在日朝鮮人教育」と改題し分科会が持たれている。

触れておかなければならないのは、図6で二〇〇六年に生徒数が急減しているのは、現教頭の小林民和[82]によれば、長欠生徒への継続意思の確認を行ったところに因る。念願の入学を果たしたとしても、生徒のほとんどが仕事を持った主婦や高齢者であるため、通学することが困難になり長期欠席するケースが多々生じる。洛友中では、後述するように二〇〇七年度から学校再編を行うにあたっての、実態の把握のための施策の側面もあった。生徒数が急減しても外国籍比率が安定しているのは、生徒の内情が変化していないことを示している。都市部では新渡日の外国人住民も増加し、夜間中学にもその影響があるが、京都では古い統計から顕著な変容がないため、夜間中学内の生徒層も劇的な変化が見られないことも指摘しておこう。

また、図7の平均年齢の推移からは、在日朝鮮人生徒が増加し始めた一九七〇年半ばから、常に一九三〇年代生まれの生徒であることが読み取れる。そこで、作文集に現況資料が付録され始めた一九八五年からになるが、入学前の学歴についての推移をみると、図8のようになる。旧学制と新学制の区別もしなければならないが、一律的に資料が揃っていないため、四区分に収めた。小学校卒業者も少しずつ増加しているが、「不就学」と「小学校中退」

図8：洛友中生徒の入学前学歴の推移

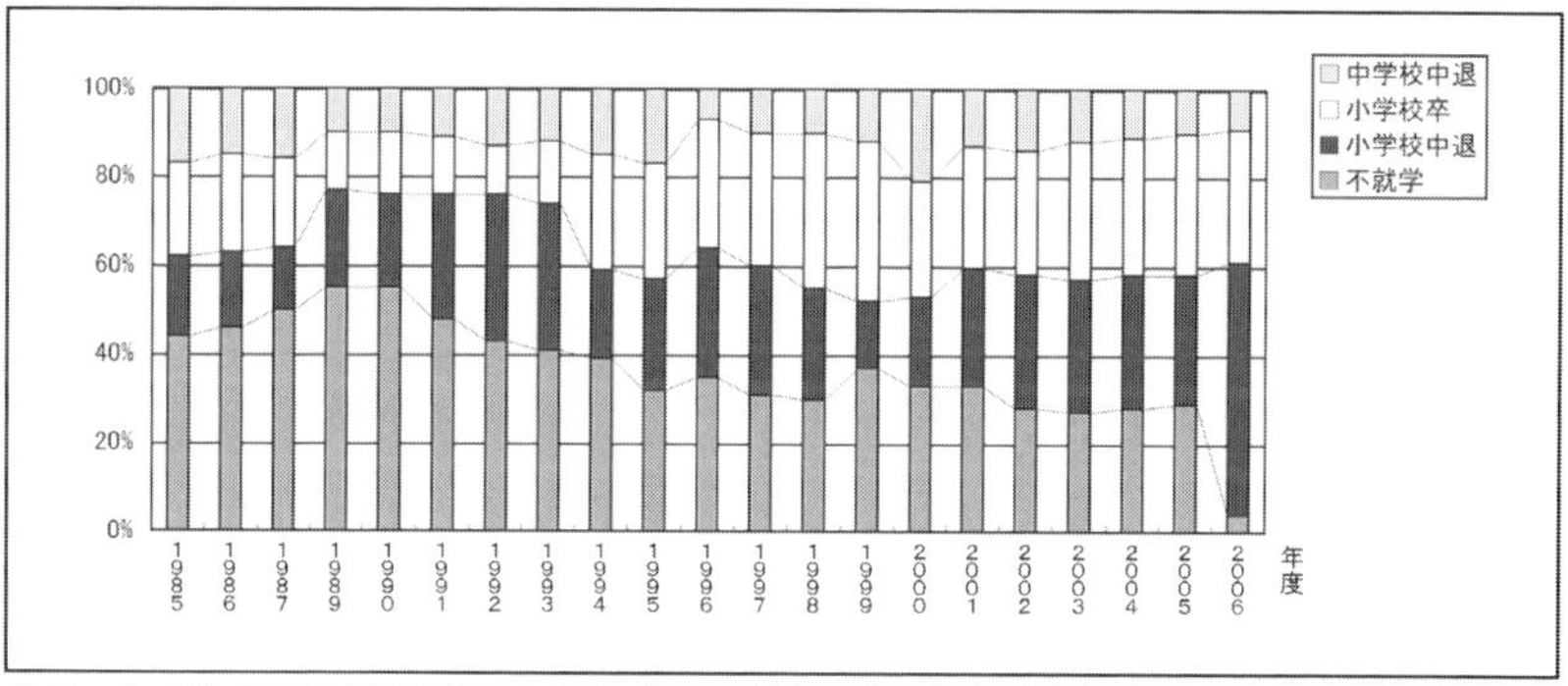

出典：全て作文集収録の現況から作成。ただし 1988 年度は現況なし。

図9：洛友中学校生徒の義務教育未修了理由推移

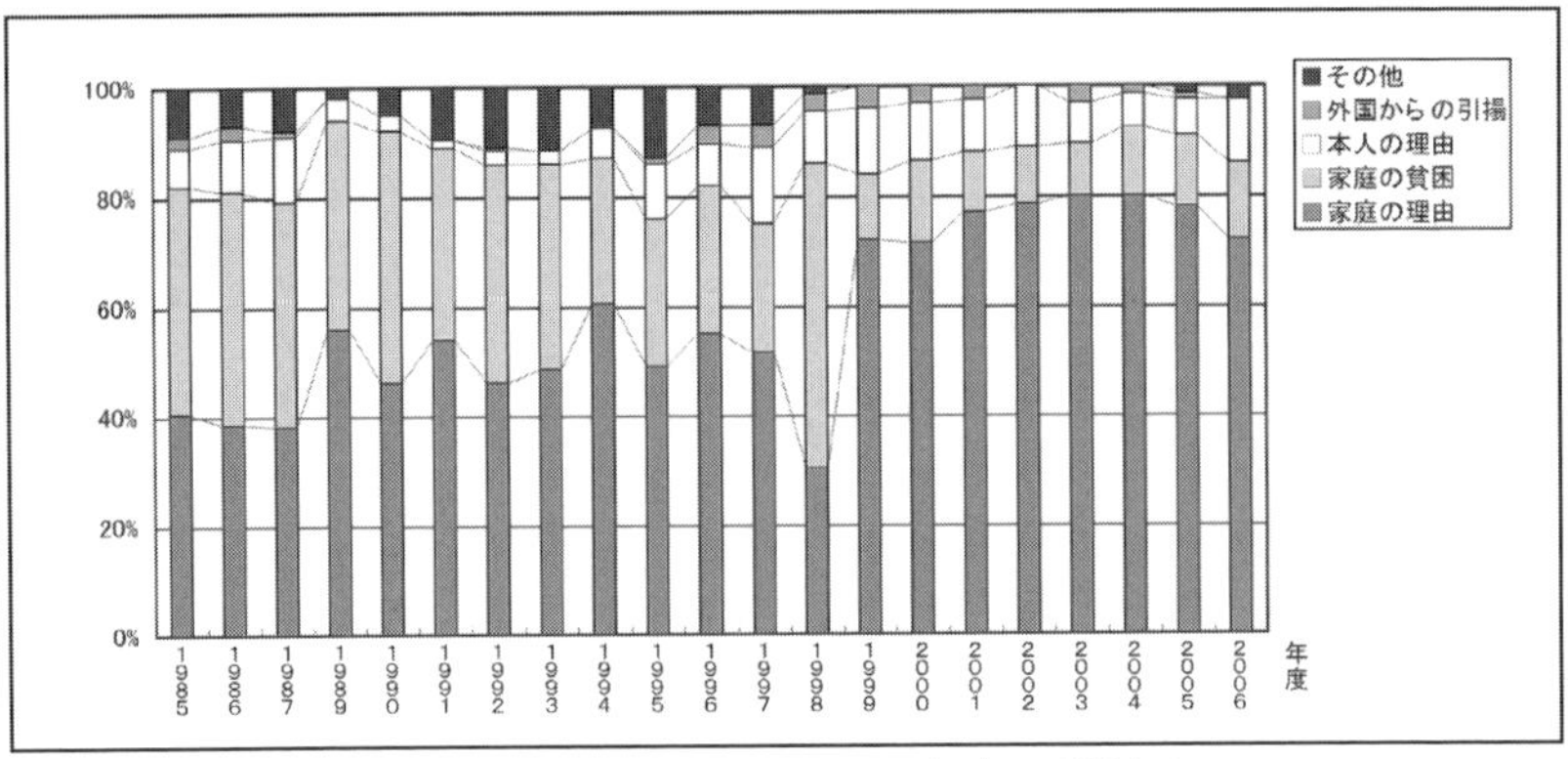

出典：全て作文集収録の現況から作成。ただし 1988 年度は現況なし。

が六割前後を保っている。これは一九三〇年代から一九四五年までに学齢期を過ごした在日朝鮮人女性の特徴を表しているのではないだろうか。

そして、その理由としては、図9のようになる。「家庭の理由」は、一九九九年度までは「保護者の無理解」、「単身家族」、「家族の病気」に細分化されていた。「本人の理由」も、「本人の病弱」と「学校ぎらい」に二分されていた。「家庭の貧困」は、一九九七年度からは「就労」と改称されているが、ここでは「家庭の貧困」として表示した。このような調書は、教師が面談して行われるので、本人がどのように捉えているか、あるいは教師が生徒の話をどのように捉えるかに左右されているだろう。

結果的には、「本人の理由」ということはほとんどなく、「家庭の理由」か「家庭の貧困」に集約することができる。比較的「家庭の理由」が多くを占めているが、これには先述した「保護者の無理解」が半数を占めている。「無理解」の解釈が難しいところだが、「女だから就学できなかった」という理由もここに含まれるだろう。「家庭の貧困」は「就労」と後に改称されているように、貧困のため働く必要があった、という理由が圧倒的であるだろう。近年では、この理由は減少傾向である。

以上が、洛友中の概要である。ちなみに、二〇〇七年度からは、旧郁文中（現洛友中）が下京中学校に統廃合された。昼間は不登校生徒の学び舎とし、夜間はこれまで通りの二部学級として再スタートした。学校名も郁文中学校から洛友中学校となり、夜間中学史上初の二部学級メインの運営形態となった。二部学級は従前と変わらず運営されている。

三―二　作文とライフヒストリーの分析

本節では、洛友中の過去二八年間分の作文データを基にして、具体的な内容を吟味していく。キーワード検索やライフヒストリーを用いて、在日朝鮮人女性の全体像を描いていきたい。

（1）作文の考察

〇作文の意義

夜間中学の教育は、義務教育未修了者の入学が増加して以来、識字学習の性格が強まっている。各学校の教師たちも、生徒のニーズに応えてより最良の教材作成に取り組んでいる。そのため、識字教育の実践の場としても注目されており、作文はその実践成果と位置づけてもよい。特に読み書きの出来なかった生徒が、自ら書き記した文章は、当人にとっても読む者にとっても意義深い作品である。それらの作品が出版や、展示会などで披露されることもある(83)。近年の洛友中の作文集においても、識字クラスの生徒が初めて書いた文字に込められている思いをそのまま伝えたいということで、作文は原文のまま掲載している。読み書きできなかった者が、学んだ文字を使い、書くという営為そのものに意義があると考えている。

からだ。

外国籍比率九〇％に達した一九八九年度の作文集の編集後記には、在日朝鮮人生徒は「今やっと自分の時間が持て日本語を覚え学ぶことに一喜一憂し、学習することに感謝しウリマル・ウリクル（民族の文字・民族の魂）の誇りを取り戻し、夫や息子や孫に励まされながら学習に勤しんでいる背景には、日本の植民地支配で学齢期に勉学どころではなく、貧困・差別・抑圧という形で文字を奪われた民族の受難の歴史がある。／生徒自身の手で人生の断片をつづった作文を通じ、全生徒の学習は単なる資格を取るためだけではなく、不幸な日朝両国の歴史的事実にめげず真剣にとりくむ姿・夜間学級で初めて文字を獲得し知り得た時の感動の叫びがあり、歴史を生きてきて来た証人の「語り」を知ることが出来るのではないだろうか。」(84)と記されている。

彼女たちは、植民地支配によって学ぶ機会を阻害され、さらにポスト植民地主義的状況と文字社会の中に埋もれ、疎外され、「沈黙」を強いられてきた。そういう意味においては、この作文は、彼女たちが主体的に自分史を綴り自己表現していると言える。しかし、それは私たちマジョリティが聴こうとしなければ、何も語らなかったことになるだろう。これらの思い思いに綴られた作文に耳を傾け、彼女たちの生きざまに思いを馳せ、それにどのように応答していくかが重要である。

本節では、彼女たちの作文から得られる自分史から、どのような体験を踏んできたのか、それは歴史的に社会的にどのような連関性があるのかを検証していきたい。

〇作文の解説と抽出作業

洛友中では、一九七九年度から作文集を毎年一度発行している。それ以来、作文集の性格は変容しつつも、今日まで休刊なく発行し続けている。第一回目の文集は、その年度の卒業生のみの作文となっているが、翌年からは全学年の生徒が投稿している。

一九八八年度の作文集では、「初めてたどりついた初めての中学校、差別を許さない学校生活を通じて…希望と発展と展望を心に刻み、学校への所属感を深め、協力的態度を持ち、生涯の良き思い出を自分の言葉で、自分自身の足跡と生きざま、これからの展望を言語形象化する。」(85)という目的が掲げられている。それは現在でも共通の目的であろう。その際の作文のテーマ例として、一年生は「入学して感じたこと」、二年生は「各種行事に参加しての感想」、三年生は「卒業を間近に控えての感想」などが挙げられている。基本的に生徒の希望するテーマを尊重するが、これらは意識的にも無意識的にも、今日まで大枠のテーマ設定になっている。

作文を総計すると、一八二四作品が確認できた。ただし、作文の内容以外には、作者に関する情報は全くない。本研究は在日朝鮮人女性を対象としているので、なるべくそれ以外のものは避けたい。そこで、民族名すなわち本名の作品だけを抽出することにした。一般的に在日に多く見られる通称名であっても、真偽が断定できないために今回は割愛せざるを得なかった。表7に示すように、作文総数に対する本名作文の比率は四六%である。生徒の約七割以上が在日朝鮮人という事実に鑑みれば、本名で通っている生徒の数は少ない。日常的に本名を名乗って生活をすることの困難さという、日本社会における閉鎖性をここに垣間見ることができる。これまで在日朝鮮人女性の不就学・非識字の問題について何も明らかにされなかったことを考慮すれば、本名のみを抽出して検証することも全体把握への一歩となることを期待する。

作文抽出作業については、通称名以外にも言及しておかなければならない点がいくつかある。まずは男女の区別である。名前だけでは男女の判断は難しかったため、今回の抽出作業にあたっては断念した(86)。しかし、生徒数における女性の比率が九割であることから、それほどの支障はない。次に、朝鮮人以外の外国人との区別である。内容から明らかに判別できるものは除外できたが、その情報がない作文に

表 7：洛友中の作文数と本名作文数の比率

発行年度	作文総数	本名作文数	本名比率
1979	11	1	9%
1980	45	7	16%
81	69	19	28%
82	57	23	40%
83	47	16	34%
84	57	19	33%
85	40	6	15%
86	41	12	29%
87	56	22	39%
88	35	17	49%
89	46	35	76%
1990	64	47	73%
91	49	33	67%
92	43	35	81%
93	73	49	67%
94	76	52	68%
95	104	66	63%
96	68	41	60%
97	85	48	56%
98	100	42	42%
99	85	36	42%
2000	94	44	47%
01	85	26	31%
02	79	22	28%
03	82	27	33%
04	80	28	35%
05	75	30	40%
06	78	35	45%
合計	1824	838	46%

関しては、他の外国人との区別を図ることは出来なかった。ただ、生徒全体における在日朝鮮人生徒数の割合の高さからしても、在日朝鮮人生徒の作文数を反映していると思われるので、支障はない。最後に、「オールドカマー」か「ニューカマー」の区別である。結婚渡日などで韓国からの新渡日者が次第に増え、二〇〇〇年以降の韓国・朝鮮籍生徒のうちの二〜三割を占めている。本研究が植民地時代を幼少期に過ごし、解放後も在日として生きた歴史的経験を共有している在日一世・二世を対象にしているため、新渡日者は対象外としているが、非常に限られた情報量で区別するのは困難であった。作文内容から判断できる

ものもあったが、一方は除外し一方は除外しないというのは、混乱を引き起こす可能性があるので、今回は新渡日者を区別することは諦めざるを得なかった。

ところで、表7を眺めるだけでもすぐ目に付くのは、一九八九年度から一九九六年度くらいまでに際立って見られる本名高比率である。夜間中学では、全夜中大会で在日朝鮮人の教育問題が扱われ始めた一九七〇年代から、本名で呼ぶことについての議論が激しく展開された(87)。在日朝鮮人教育の必要性を感じた教師たちは、まず生徒たちへの「本名呼び」を重要視したからだ(88)。特に在日朝鮮人生徒の多い近畿圏で熱心に取り組まれてきたが、大阪市内の小・中学校では既に一九六〇年代から「本名呼び」に関する議論がなされており、その影響が強いのではないかと考えられる(89)。

洛友中では、一九八〇年の市教委に宛てた「二部学級に関する回答書」の「1. 民族教育に関して」において、実施している方策の中に、「本名呼び」がある。括弧付きで「(強制していない)」とだけ記述してある(90)。『二〇年のあゆみと研究』(一九八九年)の「外国人教育に関する研究」によれば、「二つの名前を持つことは、民族差別の結果であり、個人としてまた民族としての主体性にかかわる矛盾」だとし、「本名呼び」については「いろいろの条件があっても、本名読みで、入級するように説明、指導し、本名で入級する生徒が多くなった」と報告されている(91)。僅かな資料からではあるが、「本名呼び」に対する認識が、一九八九年により強まっていることが分かる。本名比率八一%のピーク時である一九九二年度は、京都市で「外国人教育基本方針」(92)が出された年で、学校教育における外国人教育の位置づけが明確化された。こうした外的要因が洛友中の在日朝鮮人教育に一層拍車をかけたと思われる。一九九二年度の作文集の「卒業生に贈ることば」の中で、教員の若林俊一は「外国人教育基本方針」において「本名を呼びなのることが基本的な教育の実践課題と位置づけられる」と言及している(93)。

しかし、その後、本名比率は再び減少していく。二〇〇〇年度から教頭に就任した小林民和によると、「確かに学校が指導していたと思う。一九八〇年代から京都では、そういう流れがあった。しかし、ちょっと待ってと。本名だけにこだわって、名乗らせることだけが、第一義じゃないだろうという論議になってきた。通名で生活してきた人が、今更本名といってもピンとこない。ただ、周りが本名を使っているから、本名に変えてほしい、という人もいた。これはうちだけが、民族的に解放されているから。いったん外出たらマイノリティで、通名を名乗り、うち来たら自分の本名で名乗れる。うちは在日韓国・朝鮮人はマジョリティだから。普段は自分を抑えてる分、ここ来たら楽しい。私が来るまでは、学校として強く指導していたんじゃないかな。今は、指導はしていないが、本名か通名かどうされますか?と必ずそれは聞くようにしている。」(94)と述べている。多くの生徒が、日常では通称名で生活し、学校内では本名を名乗るという使い分けが根強く存在し続けたことは、「本名呼び」に重点を置いた在日朝鮮人教育が必ずしも差別の変革、または民族意識の自覚へと繋がらなかったと考えられる。

○作文の内容構成

全体の作文の四六％の八三八作品の内容を、表8のように、七つに分類した。それぞれは、以下のように定義付けることにする。

①「入学」…入学の動機やきっかけ、入学式の感想、入学当初の心境など。
②「卒業」…卒業を間近に控えての心境や、卒業生に向けての言葉など。
③「学校行事」…遠足、宿泊旅行、文化祭、社会見学などの学校開催の行事や、学校から参加したイベント(「民族文化にふれる集い」や識字展示会など)の感想など。なお入学式と卒業式はここには含めないことにする。

④「先生」…先生への感謝の気持ちや、先生にまつわるエピソードなど。先生への感謝の気持ちはかなりの頻出度であるため、一言だけの場合は除外か他のカテゴリーに振り分けた。
⑤「学習」…勉強や読み書きに関すること全般。学習の成果や授業の感想についても含む。
⑥「学校生活」…①～⑤を除く、学校生活全体にまつわるエピソード。通学や欠席、休み時間、クラスメイトに関する内容が当てはまる。
⑦「生活体験」…植民地体験、戦争体験、被差別体験、非識字体験、仕事や子育て、日常生活など、基本的に学校外および学校入学以前の記述。

基本的に七つの項目に分けたが、それぞれが単独で登場することは少なく、大抵いくつかを組み合わせて作文が成り立っている。それ故、一つの作文に複数のカテゴリーが登場することになる。分類作業も一作品が、複数の項目を跨ぐことは言うまでもない。

授業時間を利用して作文作成が行われるため(95)に①～⑥までは、学校の内側での語りになっている。ここで考慮しておくべきことは、学校という空間の中での権力関係である。生徒は主に授業の中で作文を執筆し、教師に読んでもらうということが前提にある。彼女たちの不就学体験、非識字体験において、学校や教師という存在が疎遠であったのと同時に、必要不可欠で絶対的なものと学校や教師を神聖化させてきた。また、教師の評価を気にかけながら書くであろう。今回は、先生への感謝の一文を、特別に主題テーマでない限り④「先生」に配分しなかったが、作文の締め括りの言葉として感謝の意を登場させることが多い。そうした権力関係で作成されたものであることを理解しなければならない。

初めての学校で、初めての作文を書くわけなので、学校にまつわる内容が大半を占めることは想定内の結果であった。⑦「生活体験」だけが、学校外での出来事となるが、学校以外の、自分の辛い過去や生

表 8：本名作文数と７項目の頻出率

年度	作文数	①入学		②卒業		③学校行事		④先生		⑤学習		⑥学校生活		⑦生活体験	
1979	1	0	0%	1	100%	0	0%	1	100%	0	0%	1	100%	0	0%
1980	7	5	71%	1	14%	3	43%	2	29%	5	71%	5	71%	1	14%
81	19	9	47%	4	21%	12	63%	6	32%	15	79%	13	68%	7	37%
82	23	14	61%	5	22%	11	48%	9	39%	17	74%	15	65%	5	22%
83	16	8	50%	7	44%	4	25%	4	25%	12	75%	8	50%	4	25%
84	19	7	37%	8	42%	11	58%	6	32%	7	37%	7	37%	8	42%
85	6	2	33%	1	17%	1	17%	1	17%	3	50%	2	33%	3	50%
86	12	3	25%	2	17%	4	33%	3	25%	6	50%	7	58%	2	17%
87	22	1	5%	5	23%	11	50%	6	27%	14	64%	11	50%	5	23%
88	17	2	12%	3	18%	8	47%	7	41%	9	53%	8	47%	6	35%
89	35	9	26%	4	11%	21	60%	6	17%	22	63%	19	54%	9	26%
1990	47	9	19%	7	15%	23	49%	4	9%	29	62%	23	49%	14	30%
91	33	4	12%	9	27%	13	39%	3	9%	21	64%	13	39%	12	36%
92	35	9	26%	7	20%	14	40%	6	17%	24	69%	14	40%	10	29%
93	49	6	12%	4	8%	34	69%	1	2%	16	33%	10	20%	7	14%
94	52	3	6%	2	4%	33	63%	6	12%	15	29%	10	19%	17	33%
95	66	2	3%	8	12%	26	39%	15	23%	21	32%	14	21%	25	38%
96	41	1	2%	4	10%	17	41%	1	2%	19	46%	14	34%	14	34%
97	48	3	6%	5	10%	22	46%	20	42%	21	44%	15	31%	24	50%
98	42	2	5%	4	10%	25	60%	9	21%	21	50%	11	26%	11	26%
99	36	0	0%	2	6%	16	44%	11	31%	11	31%	11	31%	15	42%
2000	44	1	2%	3	7%	22	50%	22	50%	12	27%	11	25%	8	18%
01	26	0	0%	2	8%	11	42%	3	12%	11	42%	7	27%	8	31%
02	22	0	0%	0	0%	13	59%	0	0%	3	14%	5	23%	9	41%
03	27	4	15%	2	7%	11	41%	1	4%	7	26%	7	26%	11	41%
04	28	1	4%	0	0%	11	39%	1	4%	13	46%	4	14%	9	32%
05	30	4	13%	0	0%	13	43%	1	3%	13	43%	9	30%	12	40%
06	35	2	6%	0	0%	22	63%	1	3%	7	20%	4	11%	8	23%
合計/%	838	111	13%	100	12%	412	49%	156	19%	374	45%	278	33%	264	32%

（注：複数カウント）

図 10：本名作文における⑦「生活体験」頻出率の推移

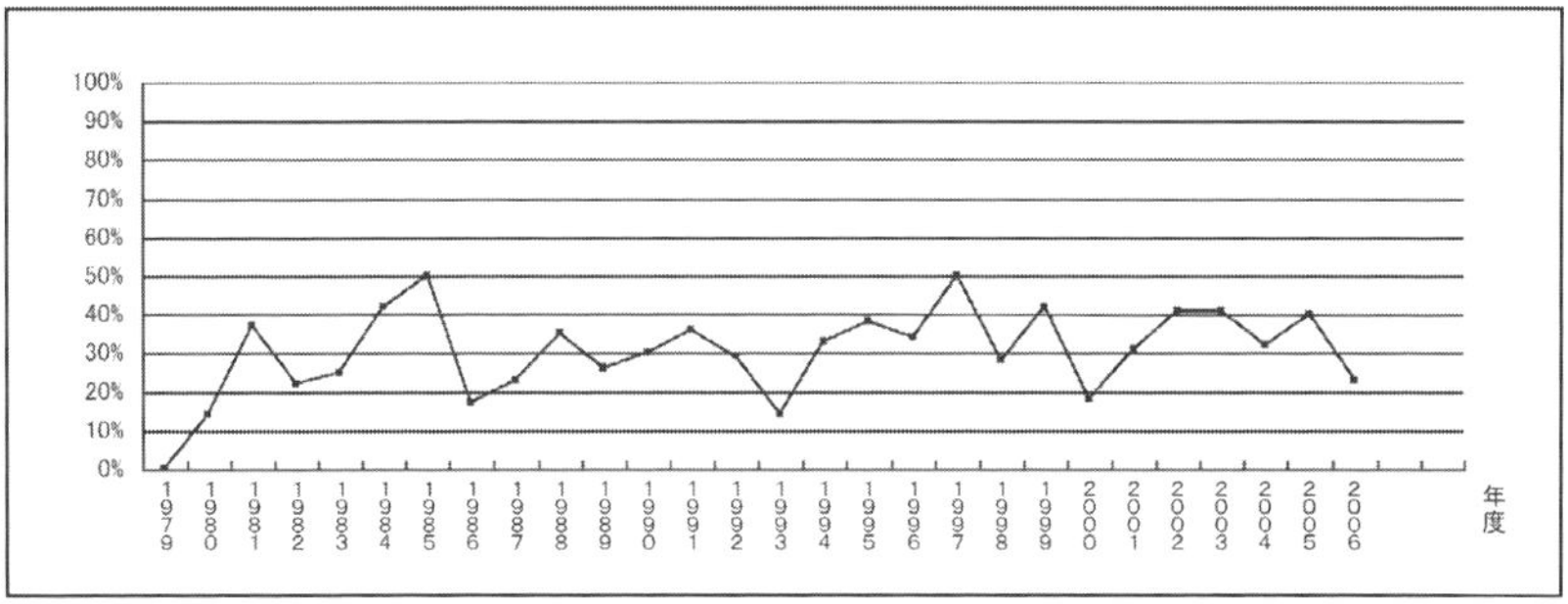

活領域について書くのは、ある程度の自己受容がなければ困難なことであり、それを第三者に読まれるのは、大変な勇気がいる。プライバシーの問題にも触れる可能性がある。それ故、⑦の要素はそう浮かび上がることはないと考えていた。しかし、全体で二六四作品（三二％）と予想外の結果となり、学校という空間で綴られた文章に、生徒たちの個人的な生活体験が入り込む有様は大変興味深い。中には、日記の課題、授業内で自分史を綴る取り組みや聞き書きなどが行われたこともあり、そういった教育実践の成果もあっただろう。しかし、図10の通り、⑦「生活体験」の頻出率が、常に二〇〜四〇％の間を上下している安定性を考えると、授業で書かなければならないという受身的な姿勢ではなく、生徒の主体性を意味しているのではないだろうか。今回の研究趣旨からしても、この⑦「生活体験」に分類された作文に注目して、より詳しく内容に踏み込んで分析していきたい。

二六四作品の⑦「生活体験」は、さらに二つに大別することができる。被差別体験や生い立ちなど個人史的な記述と、正月の思い出、夏休みの思い出、家族旅行の思い出などのように、私生活に関する記述がある。そこで、極めて主観的ではあるが、表9のように、前者を「個人史のみ」の記述、後者を「日常生活のみ」の記述、さらに「日常生活＋個人史」のように両方一緒に登場する場合と振り分けた。「日常生活のみ」の作文には、在日朝鮮人だからこそ遭遇する経験を含んでいるが、今回は夜間

表9：⑦「生活体験」作文の分類

「生活体験」合計	日常生活のみ	個人史のみ	日常＋個人史
264	108	145	11

中学の在日朝鮮人女子生徒の生を伺い知るために、直接的に不就学・非識字体験、被差別体験などの記述を含んだ「個人史のみ」及び「日常生活＋個人史」に注目し、その合計一五六作品の内容を詳しくみていく。この一五六作品を、以下、「個人史」と表記する。

次に、「個人史のみ」一五六作品の傾向を把握するために、他の①～⑥の項目との組み合わせをみてみた。三七の組み合わせができ、非常に作文の多様性を感じさせてくれる。それでも、集中的に引き寄せられている組み合わせがあった。表10は、上位五位までの高頻出の作文の組み合わせである。

作文全体から考えても、「学習」は半数を占めているので、「学習＋個人史」パターンがダントツで一位であることは、何ら不思議なことではない。学習機会からの疎外経験による強い思いが、生徒を夜間中学への入学へと結びつけた。夜間中学での学習が、「個人史」と密接に繋がっていることは言うまでもない。

二位の「学校行事」も同じ事が言える。学校生活の経験がなかった生徒たちにとって、初めての体験であるからだ。もしくは、夜間中学では重要視している日朝関係の史跡めぐりが、幼少期を回想させることもあろう。

三位の「個人史のみ」のパターンには、より生徒の主体性が現れているように思う。つまり「個人史」を綴ろうと主体的に意識化されている。ただし、聞き書きを添削したものも含まれているので、全てが自ら書き

表10：「個人史」作文と他の要素との組み合わせ（上位5位まで）

順位	個数	組み合わせ
1	23	学習＋個人史
2	15	学校行事＋個人史
3	12	個人史のみ
3	12	学習＋学校生活＋個人史
4	8	学校生活＋個人史
4	8	入学＋個人史
4	8	先生＋学習＋学校生活＋個人史
5	7	先生＋学習＋個人史

起こしたものではないことを指摘しておく。

「学校生活」や「入学」なども「学校行事」などと同様の性質を持っている。そして、そういった体験をしたことのない機会を創ってくれた「先生」への思いが、さらに盛り込まれていると考えられる。

これらの特徴を踏まえて、詳細な内容を見ていく。その際、後述するキーワード検索やライフヒストリーを用いることによって、よりリアリティに近づくことが出来る。以下の（3）以降で、詳しく見ていくことにする。なお、絞り込んだ一五六作品については、番号を振り、引用する際は番号で記載することにした。付表に一覧を掲載する。

(2) キーワード検索結果からみる在日朝鮮人女性

以上のように、本名作文を「生活体験」の作文に限定する作業を行ってきた。しかし、それでは内容があまりに特定的にならざるを得ない。そこでまず、作文内容を考察する前に、テキストデータ化した作文のうち、本名で抽出した八三八作品の範囲内でキーワード検索を行うことにする。検索する用語は、主に本研究の課題でもある民族・階級・ジェンダーなどにまつわるキーワードを選択した。数量的なデータ処理となるので、作文の全体像が浮かび上がるだろう。

検索時に、識字作文という性格もあるため、用語は全て漢字と平仮名で入力したが、平仮名の場合には名詞や代名詞でないと、文章内から検出するのは困難なので、平仮名検索は避けざるを得なかった語彙もあった。当然、識字的観点から漢字と平仮名の比較も重要であるが、またの機会に別途議論を行うことにする。以上のことを踏まえて、以下の表の語彙は漢字に統一して表記することにした。

参考までにキーワード検索にかけた対象作品の単語数と文字数は、表11の通りである。

表 11：キーワード検索対象作品概要

キーワード検索対象作品概要（838 作品内）	
ページ数	204
単語数	309,462
文字数（スペース含めない）	314,421
文字数（スペース含める）	331,458

表 12：キーワード検索結果（上位 5 位）

順位	キーワード	検出数	頻度
1	「家」	295	35%
2	「日本」	216	26%
3	「韓国」	177	21%
4	「生活」	152	18%
5	「仕事」	130	16%

注：100％は 838

作文を囲む環境が学校であることが前提であるので、学校に関するキーワードの頻出度が高いのは必然的である。例えば「学校」で検索すると、一四三二個（一七〇%）検出され、八三八作品のうちで使用される頻度が、最も高い。ここでは学校にまつわるキーワードを避けた上で、検索結果を民族・階級・ジェンダーの分析軸によって考察したい。

試験的に様々なキーワードで検索した結果を表12のように、頻度の高い順に順位化した。一位の「家」、四位の「生活」、五位の「仕事」は相互に関連しそうである。二位の「日本」と三位の「韓国」も対になる民族が現れている。前者を「生活領域」として、後者を「民族領域」として二つのグループに分けて分析したい。

①生活領域

一位「家」の検索結果の中には、「家族」五四個、「家庭」四七個、「家事」二一個を含んでいる。「家庭を空ける」ことの後ろめたさ、「家族」の協力や支えなどが語られている。「家」単独で登場する場合、「家に帰る」なども多数あるが、例えば「家を空ける」など先述と同様の意味で用いられることもあるし、「家の用事」などは家事として解釈できる。また「家が貧しい」などは家計の苦しさを物語っている。母であり、主婦である生徒たちは、家族や家庭は現実世界であり、常に責任を負っている存在である。これはまさに「家」の中のジェンダー関係を示唆しているのではないだろうか。

ここで、家庭内におけるジェンダーにまつわるキーワードによって別途検索してみた（表13）。「妻」「主婦」一六個に対して「夫」「主人」七一個と、後者が圧倒的に多い。夫を頼って日本に来た経験や、夜間中学への通学が夫の協力なしでは達成できないという状況、逆に夫に夜間中学に行くことを反対されていること、夫が亡くなって夜間中学に入学した、などの文脈が見られた。日本に来たことも、夜間中学に通うことも、パートナーである男性の意思によって左右されることが分かる。

しかし、「母」「オモニ」（朝鮮語で母）七六個は、「父」「アボジ」（朝鮮語で父）四八個より多くなっている。これは自分自身が母親であることもあるし、自分の母親との繋がりが強いことを示していよう。一方の父親をめぐる記述では、父親の反対で学校に行けなかった、父親の世話で学校どころではない、といった家庭内での権力関係が伺われる。

これらの用語を総体的に見ると、男性側のキーワードの方が若干多くなった。作文を書いた生徒たちの大半が女性であることを考えると、意外な結果でもあったが、彼女たちの役割が男性によって規定されるという定義づけができるのではないだろうか。

以上のことを踏まえた上で、表12の四位「生活」について見ていきたい。「生活」は、一五二個となったが、「学校生活」四七個がそこに含まれるので、それを差し引くと一〇五個が学校外の「生活」である。学んだことを「生活でいかしたい」という意欲を主張する一方で、「生活が苦しかった」、「生活に追われている」と言った生計面での文脈が目立つ。生活が苦しいから働かなければならないし、家事との両立では

表13：「生活領域」におけるジェンダーに関する検索結果

キーワード	検出数	頻度	キーワード	検出数	頻度
「妻」「主婦」	16	2%	「夫」「主人」	71	8%
「母」「オモニ」	76	9%	「父」「アボジ」	48	6%
合 計	92	11%	合 計	119	14%

注：100%は838

手が回らなくなることもあるだろう。先述の家庭や家事との関連と共に、後述の仕事に関連してくる。また、「貧しい生活」とも関係していると思われるが、「日本の生活」での困難さが、文脈から読み取れる。日本に来た当時の生活の事が綴られている。そうした歴史的経緯から、「生活習慣の違い」などを感じることもあるし、日本社会の中で「民族の伝統を守り生活」していることなどの経験が語られている。

最後に五位「仕事」についてである。家事なども仕事であるが、ここで言う「仕事」は、賃金労働や自営業などでの労働のことをさしていよう。彼女たちは家庭での役割を担っているだけでなく、家計を支える役割をも担っている。先程の「生活が苦しかった」とも連動して、働かなければならない。「いろんな仕事」をしたと言う。掃除、土方など苛酷な労働ばかりである。ここに階級的な側面が見て取れる。「仕事を持ち」、「仕事を終える」と学校に向かう。「家事と仕事」、そして学校の両立は大変な苦労であることが文脈から伺える。「家事や仕事に追われて」、学校が休みがちになることも多い。夜間中学では、そうした事情で、中途退学者や長欠生徒を生み出すこともある。子育てなどがひと段落し、「仕事を引退してから」夜間中学に入学するケースが多いのも、それ故である。

以上のように、在日朝鮮人女性生徒と夫との関係や家庭との関係は、彼女の生活を規定すると同時に、さらに生計を支えるための仕事や、民族性を伝承するための生活への配慮など、彼女を取り巻く環境がジェンダーや階級など複雑であるが故に、担わされる役割も何重にも及ぶのだ。次項では、さらに民族との関係を明らかにすることによって、より彼女たちの全体像に迫りたい。

②民族領域

本項では、民族にまつわるキーワードについて考察してみたい。上述の生活の中のジェンダーや階級関係をみても、彼女たちを十分に捉えきれない。民族がいかに相互に関係しているのかを考慮しなければならない。

表12で二位「日本」二一六個、三位「韓国」一七七個と、それぞれ高頻度であるが、これに「朝鮮」を新たに検索にかけて表14を作成した。「韓国」と「朝鮮」を合計すると、「日本」を上回る。これは、ルーツのある朝鮮半島に強い繋がりを求めていることが分かる。

「日本」が登場する文脈としては、ほとんどの場合、「日本に来て」「日本にわたって」「日本で生れて」など日本人の文章では見られない表現である。在日一世の経験が、如実に現れていると言える。あるいは在日二世のアイデンティティに関わる重要な脈絡でもある。しかし、そのうち「日本人」となると僅か一七個であり、日本人との関わりが薄かったことが浮かび上がる。彼女たちは、朝鮮語しか話せなかったので「日本人とはしゃべらなかった」とか、「日本人は、朝鮮人を軽べつしたり」するので「日本人をうらんだ」こともあるなどの経験が語られている。だから「日本人とは違う」ので、民族文化などを「日本人に見せる機会を与えてほしい」と切なる願いを持っている。恨みや憎しみをあえて作文に書くようなことはないだろうが、僅かな文脈から排外主義的な日本社会の中での、日本人との関係が分かる。

一方で「韓国」と「朝鮮」は、「韓国・朝鮮」という具合に一緒に使用されることも多く、その場合、国籍や国家単位で認識されていると想定できる。それでも「韓国」がより多く検出されるのは、大半の在日朝鮮人の故郷が朝鮮半島南部に位置しているからである。植民地期朝鮮からの渡日、そして解放後の定住を余儀なくされる中、冷戦体制における祖国の分断によって、故郷には大韓民国が建国された。「韓国」と

表 14：「民族領域」における民族に関する検索結果

キーワード	検出数	頻度	キーワード	検出数	頻度
「日本」	216	26%	「韓国」	177	21%
			「朝鮮」	92	11%
合 計	216	26%	合 計	269	32%

注：100％は 838

いう呼称を使用する場合、大抵は現在の大韓民国を示している。また、新渡日の韓国人が含まれていることもあって、「韓国」がより多く使用されている。

しかし、「朝鮮人」や「在日朝鮮人」、または「朝鮮の伝統」「朝鮮の文化」「朝鮮の歴史」などの表現は、基本的に朝鮮半島全体もしくは朝鮮民族全体に由来していると考えられる。学校からの遠足や旅行で、日朝関係の史跡を辿り、文化や歴史を学ぶこともあるので、その影響が作文に反映していると思われる。さらに、幼少時代を語るときに思い起こされる「朝鮮」は、植民地期朝鮮をさしている。そうした歴史的経験から、自らを「朝鮮人」や「在日朝鮮人」と名乗るのだと考えられる。ただし、「朝鮮人」が使用される場合の特徴として、「朝鮮人というだけで差別された」「日本の中の朝鮮人といえば差別もはげしく、奴隷のようなもので、仕事もなく、内職で食べていくのがやっとの毎日」など朝鮮人差別のナラティブが象徴として表出している。差別で仕事もなく貧困そのものだったのだ。これは先述にあった、働かなければならない状況を理解しやすくしている。こうした日本人の差別的感情が込められた「朝鮮人」という呼称と対抗的に意識されて、作文中に「朝鮮人」という呼称を使用しているのではないだろうか。一方の「韓国人」の場合は、差別体験の文脈で使用されることはほとんどなく、特に意識されず使用しているか、むしろポジティブな意味で用いられている。

以上のように、「生活領域」と「民族領域」において、彼女たちの置かれている立場や状況を考察してきた。「生活領域」では、女性であることから割り振られる役割と、家計のために仕事に従事せねばならない状況が明らかになった。しかし、そのような生活状況をジェンダーと階級によって分析するだけでは、直理解は不十分である。それらを規定しているのが「民族領域」であるが、キーワード検索においては、直ちに相互関係として結び付けることは難しい。やはりジェンダーと民族を個別に扱うことの限界性であるが、輻輳的に検証してみる価値はあっただろう。

(3) 作文とライフヒストリーにみるポスト植民地問題

作文やキーワードでは彼女たちのライフストーリーが断片的にしか現れてこない限界があるが、夜間中学に通っている在日朝鮮人女性のライフヒストリーの聞き取りを用いて、肉付けをしていきたい。現在、洛友中に通っている三人の女性を対象に、学齢期をどのように過ごしたのか、夜間中学に入学するまでの過程などを中心に語ってもらった。表15に、対象者の簡単なプロフィールと就学状況を要約した。なお今回、女性たちが書き記した作文と、インタビュアーである筆者とのやり取りの中で引き出したライフヒストリーという、全く性格の異なる表現方法を併せて扱うことになる。基本的に一人称の作文と、筆者との対話で相互構築されたライフヒストリー、さらに、書き言葉と話し言葉という表現方法の違いを議論することは極めて重要である。しかし、多様な状況を把握することを重視したため、その課題は自覚的な態度をとりつつ別途議論したい。

主体的に語られた物語において、自分自身の経験をどのように評価しているかを知るために、作文やライフヒストリーを彼女たちの「自分史」として位置づける。彼女たちの植民地経験、そして解放後の経験との連続性は、夜間中学入学にどのように結びついてくるのだろうか。言い換えれば、夜間中学生である自分をどのように捉えているのだろうか。なお、作文の引用は原文のままで、また聞き書きの引用は話し手の言葉のままである。

①植民地時代

～不就学体験

彼女たちは、植民地期の幼少時代にどのような環境で育ったのだろうか。また、なぜ学校に通えなかったのだろうか。ある作文にはこう記されている。

「私は小さい時、本当にいなか村でそだちました。周りは山にかこまれ、そうゆうところでした。時代の流れもわからないところでそだったために、なんにもしらない私です。私たちのくにでは男でもあの当時は勉強する人は、

表 15：インタビュー対象者のプロフィールと就学状況の要約

仮名	生年	6歳時	出生地	家族構成	出身階層	就学状況その他
Y	1933	1939	京都市北区	父、母、7人弟妹の長女	織屋経営など	4歳のとき、母親が出産のため、父親を残し一時帰郷。6歳のとき、小学校入学のため、再渡日。4年生の頃、父親に小学校へ通学することに猛烈に反対された。5年生で再び小学校に通い始めるが、終戦を迎え、帰国のため、小学校の除籍手続きを行った。結局帰国することが出来なかった。14歳の頃、日本の小学校の教室を間借りして行われた民族学校で、昼間は働きながら、夜は朝鮮語の勉強をした。学校が建設されてからは、昼間の労働のため、行けなくなった。長女として、家事や仕事を手伝うが、弟妹は、全員朝鮮学校に通う。16歳で結婚。2005年、清掃業を71歳で退職。同年春、夜間中学入学。日本語を読むことは問題ないが、書くのは苦手。朝鮮語の会話はゆっくりなら理解できるが、読み書きは忘れてしまった。
C	1934	1940	京都市南区	父、母、6人兄妹の三女	農業、飴屋など	小学校入学したものの勤労奉仕などで勉強どころではなかった。10歳のときに若狭へ疎開。終戦直前に母死去。姉二人は挺身隊対策のために早期結婚していたので、戦後は母親代わりに働いていた。朝鮮学校にも一時通うが、家事などで行けなくなり、そのうち17歳で結婚。50代の頃、食堂や焼肉屋を自営していたとき、夜間中学に入学したが、仕事との両立は困難で断念。2001年に再び夜間中学に入学。幼い頃に、本が好きで読んでいたこともあり、日本語を読むのは問題がない。朝鮮語はある程度できるが、書くのは難しい。
K	1935	1941	大阪	父、母は記憶になし。9人兄弟姉妹で、残されたのが本人、妹、弟	記憶なし	大阪から、奈良の朝鮮部落に移住した。物心付いた頃には両親が死去していたと言う。9歳くらいのときに、農村で子守りに勤めた。農村の子どもが文字や算数を教えてくれた。終戦後、大阪の叔父のところへ、妹と弟と3人で身を寄せる。配給や鉄くず拾いで生計を支える。11歳くらいのとき1日だけ朝鮮学校に通うが、叔父の死後は、14歳で、日本人の縫製会社に勤め、妹とともに弟を養う。20歳で結婚。夫の仕事で京都へ移住。夫が働かないので、女1人で家族を支える。68歳で退職、まもなく老人会に参加したり、2004年には夜間中学に入る。日本語の読み書きは、子育てや生活の中で独学した。朝鮮語は全く分からない。

注：敬称略

Yさん：2007.8.31、2007.10.4 インタビュー。

Cさん：2007.4.13、2007.4.18 インタビュー。

Kさん：2007.8.3、2007.9.7 インタビュー。

多くありませんでした。だけど私の家は父が村の男の子ばかり集めて教えていましたが、苦しい生活のため女の子は皆、日本からわたってきたしぼりのないしょくを、やすいてまで朝から夜おそくまでやりました。／私は六人兄弟で一番末っ子でした。当時兄さんとお姉さんたちは、けっこんしたため、私たちをふりむくまもなかったのでした。だから私はくるしい生活をおくってきたため、自分のためにならうことは考えてもなかったし、両親も私のことまでは、とてもかんがえるよちがなかったとおもいます。」(No.1 全文)

この作文は、「生活体験」以外の要素を全く含んでいない。学校という領域が入り込んでおらず、なぜ学校に行けなかったのか、を訴えている作文になっている。覚えたての漢字を所々に散りばめた作文になっている。

おそらくこの女性は、朝鮮半島の田舎で生まれ育ったようで、「時代の流れ」とは、日本による植民地支配のことを指しているのだろう。支配されていることさえ、「なんにもしらない」のかもしれない。男も勉強しない時代であったが、父親がいわゆる寺小屋式の書堂（ソダン）のような塾を開いて、村の男の子に勉強を教えていたようだ。当然そこでは、漢文やハングルを教授していた。一方で、女の子は「苦しい生活」のために、内地である「日本からわたってきたしぼりのないしょく（絞りの内職）」を、「やすいてま」（＝安い手間賃）で家計を支えていた。兄弟姉妹も多く、両親も振り向く余地もなかったのだろう、と振り返っている。彼女は、「苦しい生活」と「女の子」であることが、学ぶことから遠ざけたと同時に、「日本」による朝鮮人女性労働者への経済的搾取の現実を暗に示唆しているのではないだろうか。したがって、ハングルの習得機会さえも恵まれずにいた。

では、女性が教育機会から疎遠になってしまった要因とは何か。次の作文は、教師による聞き書きを添削したもので、漢字がふんだんに使用されている。幼少期から現在に至るまでの生活史が記録されているが、その一部を見てみよう。

「私は韓国慶尚南道安東が故郷で九人の男四人、女五人の末子として生まれた。女の子が勉強したら出戻りが多く裁縫と家の事をやれば嫁に行けばまちがいなく、出戻りすれば親が世間に顔向け出来ず、女の子に勉強さしたらあかんと叱られた。」（№89一部抜粋）

確かに、女性の教育をめぐるこうした言説は、一般家庭に広く流布していた。一九二〇年代の朝鮮のエリート層「新女性」の家父長制に対する女性解放運動が、後に自由恋愛や離婚率などマイナスイメージへと転化されていくが、一般大衆にとっては旧来の伝統的家族形態の破壊を懸念する要素となったに違いない(96)。「新女性」が理想とする近代家族は、最終的には日本の利害と一致して、親日派へと転換していくことからも説明がつく。

また、植民地期朝鮮には義務教育制度が設けられておらず、教育費の負担は大きい。家庭での教育費の割り当ては、主に男性が優先されたと考えられる。植民地を生き抜くためにも、まずは将来有望な男性から学校へ送る、という戦略的でもあったに違いない。

次に、差別や家庭環境によって、学校に行くことができなかった、という女性の作文を見てみよう。彼女は、現在でも根深く残る差別とかつての差別を重ね合わせて、このように幼少期を綴った。

「にほんにきて、61ねんかん。ちょうせんじんといって、いじめられて、じもかけずに、べんきょうも、さしてもらえなかったし、がっこうにもさべつされて、いれさしてもらえなかった」（№85一部抜粋）

一九九六年度の作文なので、六一年前というと、一九三五年に日本に渡日していることになる。酷い差別を受ける上に、「がっこうにもさべつ」と言うのは、一九三五年時点、義務教育制度が在日朝鮮人にも適用されていたとは言え、形式上に過ぎず、施設の余裕がなければ入学を拒否しうる。結局のところ、日本人児童優先で、民族の序列化が図られていたのだ。彼女はそのことを言っているのではないだろうか。また、平仮名のみで綴られた作文からも、初等教育から疎外された事情が想像できる。こうして平仮名によって被差別体験を明快に綴った作文は、支配者の言語である日本語でもって、差別の実態を露呈させる。日本語を解放の道具として捉えているのではないだろうか。

次の女性は、学校を卒業していないことによって、子育てなど日常生活における苦痛を強いられ、親を恨んだこともあったところから、作文の冒頭が始まっている。しかし、それに続く戦争体験は、必ずしも親の責任のみを突きつけていない。

「…せめて中学でも卒業していたらと、良く親を恨んだ事もあった。／子供の頃、父は徴用で日本に渡り働いた。何年か後幼い私を連れて言葉も何も知らぬのに、母は父を頼りに日本に来日、其の日から苦労の始まり。いきなり私を入学させたが、一ヶ月もせず転校。仕事が変わる度に、引越し、転校の繰り返し。其の内戦争がひどく学校どころではない。…」（No.40一部抜粋）

父親が「徴用」で先に日本に渡っていたらしい。「国民徴用令」は、一九四四年から朝鮮に適用される。しかし、彼女の場合は、その何年か後に母親と渡日し、戦争が激しくなる前の三年生までは学校に在籍していたので、もう少し早い段階の一九三九年から一九四二年までの「募集」時期ではないかと仮定できる。官憲協力下の「募集」であるので、「徴用」を思わせるような強制性が伴っていたのだろう。母に連れられて、日本に渡るが、「其の日から苦労の始まり」であった。その頃は、「国民学校令」によって、むしろ就学を強要されていたが、仕事と戦争の激化で「学校どころではない」のであった。しかし、少しは学校にいたことによって、漢字も巧みに使用した作文になっている。皇民化教育の影響もあっただろうことが推測できる。自己選択の余地のない人生に対して、親に怒りをぶつけるが、親もまた植民地支配下において選択不可能であった。

この時期には、少し学校に通ったという小学校中退者は無数に存在する。一二歳で夜学に入学し、やっと学校へ行けたことを喜んでいたが、翌年に戦争が始まり通えなくなった（No.47）などである。要するに、皇民化教育からも排除された、と言うことができるだろう。

一方で、Yさんからは、さらに興味深い語りが得られた。Yさんは、一九三三年に京都で生れたが、四歳くらいの頃に、母が出産のために父を残し一時帰郷し、約二年間は朝鮮半島で過ごしている。Yさんが学齢に入るときに、小学校入学のため日本へ再び渡る。小学校へは日本語の会話と読み書きのできる父親に連れて行ってもらったという。父親は、文具などをいろいろ購入してくれていたそうだ。しかし、一九四三年、四年生の時に、学校に連れて行ってくれたはずの父親が、徴用に行く直前に、学校へ行くことに猛烈に反対した。Yさんは、「帰ってきたら、遠足行ってたんかな、そろばんやら本やら、道路ほかしてあんねん。それでしばらくいかしてもらえへんかってん。」と語る。なぜ反対したのかは、分からなかったようだが、戦争や皇民化政策と密接に関係しているようだ。学校の教育が気に入らなかったのか、という質問に対して、父親は「神さんが嫌い」だったと言う。しかし、母親は父親に隠れて神棚を祭っていて、それを知った父親はその神棚を破壊したと同時に、学校の教科書も捨てた。Yさん自身、父親の「神さん嫌い」と通学反対との結びつきがよく理解できなかったのだが、「神さん」と「そろばんや本」への破壊行為は一体化していたことを肌で感じ取っていた。これは、貧困や女という理由ではなく、皇民化政策に対する抵抗であったのだろうか。ただし、この点に関しては、想像の域を出ることはできない。

Yさんの父親が徴用へ行っている間は再び学校へ通ったが、戦争も激しくなり、勉強どころではなかったようだ。六年生のときに終戦になったが、帰国のために学校から除籍手続きを行った。帰国船を待つものの、結局乗り込むことができず、日本に留まることになった。混乱の中で、再び学校に行くこともできず、長女として子守りや家事に追われていたという。Yさんは「私らでも終戦ならんとそのままあれやったら学校行ってるかもしれんね、続いてたら。帰る言うたから……。」と語り、皮肉にも解放が再び苦労の始まりだった。

一方で、Kさんは、YさんやCさんと年齢は変わらないが、全く学校に行っていない。Kさんは、日本で生れ朝鮮人集住地区で育ったが、物心のついた頃には両親が亡くなっており、姉も早くから嫁いでいために、ほとんどKさんと妹と弟の三人で生計を立ててきた。Kさんは幼少期をこう語る。

「外国人登録（一九四七年）が出来たときに、自分の誕生日が初めて分った。私がほんとに何でも知るようになったのが、じゅう……一、二くらいやろな。それまでは自分の歳さえもわからんかったなー。それは親がおらへんさかいに。やっぱし朝鮮部落で、その町内の人が自分の子も人の子もなしに、隔てんと一緒にこう御飯食べさせしてくれたり。残ったら食べもって分けて食べて。朝鮮の人は案外誰でも来たら御飯食べ御飯食べ言うて、朝鮮の人の情っていうのかな。そういう中で大きくなったんや。」

両親がいないことで、自分の誕生日も知る事もなく過ごしてきたが、朝鮮人コミュニティの中である意味守られてきたと言える。学校に連れていってくれる人はおらず、九歳のときには近所の農村の家庭で子守りをやっていた。そのとき、部落内の日本人の女の子が、勉強を教えてくれたことがあるという。

「その子いつもキャラメルとかなお菓子持ってくるねんやんか。手招きして来なさい言うねん。うちらなんで行くいうたらな、飴とお菓子ほしいからさかい。その子がな、学校の先生になりたいねん。弟と妹とな, 弟も小さいから、妹と二人座らしてな。字書かさはんねん。ほんでな、棒こない（叩いて）すんねんやか。最初に言うてくれんねんやんか、「カ」とか「ア」とか、そんなん見てへん、お菓子しか。アハハハ。」

これが微かな記憶として、後々に買い物するとき、子育てのときなどに、役立ったそうだ。一方で、この時期には、読み書き学習に何ら興味がなかったことが伺える。常に空腹に晒されていたからだ。生活に追われ、学校や勉強に関心を持つ余裕さえなかったのだろう。

以上は、学齢期における不就学経験によるものが中心であるが、一方、家族呼び寄せ、結婚渡日、早期結婚についてはどうだろうか。以下、結婚による渡日を経験した女性の作文である。

「…娘のころ、結婚の話があった。夫になる人は日本にいた。私は韓国に。親どおしで結婚は決まった。そのとき日本にいるその人から手紙がきて、私がどこかの学校へ行ったかときいてるという話を聞いた。そのとき私はショックだった。よめには行かないと思うたが、親が決めたものだから、行かないとは言えないと考えた。／よめに行ってはたちで、私は日本の国へ来た。そのとき日本は戦争だから、生活と子育てで、毎日が何も考えることできない。」（№44一部抜粋）

彼女は、日本にいる男性と結婚が決まっていたが、学校に行ったかどうか聞かれて大きなショックを受けている。日本に到着した頃は、おそらく一九四一年以降であると考えられるので、彼女は一九二〇年代の生まれである。朝鮮半島では女性の不就学は常態化していたので、彼女もそうだったのだろう。日本に来てからは、生活に追われる日々が続く。

次に、早期結婚についてである。前者は一〇歳くらいのとき父を頼って日本に渡日した女性の作文であり、後者は結婚によって日本に渡日した女性の作文である。

「十八才で結婚をしたのは、朝鮮の娘や子どもはどこかへひっぱって行かれると言う噂が広がり、両親もびっくりして親どうしが結婚を決めた。結婚式の当日始めて主人の顔を見た。主人が福井のつるがに住んでいたので、私は京都から主人のところへ行った。」（№98一部抜粋）

「…私は親もとにいる時は苦労をしらずに大きくなりました。戦争のために嫁に早くだされました。未婚の女の子は、ちょうようにひっぱられるとのことでした。それで日本に居る男と結婚させられて、自分を大事にしてくれた親にはあえないし、死にたいほどの苦労もしました…」（№114一部抜粋）

朝鮮にいても、日本にいても、未婚女性への「ちょうよう」が朝鮮人家族を震え上がらせたようだ。おそらく女子挺身隊のことをさしているのではないだろうか。Cさんの姉が早く嫁いでいったのも、未婚女性は「慰安婦」に捕らわれるという噂を聞いてのことだったと言う。女子挺身隊を「慰安婦」と誤認していたと推測できるが、それほど情報は錯綜していた。作文の両者とも学齢期に学校に行けたかどうかは分からない。前者は一〇歳という年齢で日本に来ているので、途中入学できたかもしれないが、就学義務が強化されたころには、既に学齢期を過ぎていたようだ。後者は結婚渡日なので、当然学校どころではなかったであろう。この両者の作文をみても、在日朝鮮人社会内部における伝統的ジェンダー規範だけが、在日朝鮮人女性の不就学を規定したわけではなかった。日本帝国主義自体がジェンダー化されていたと言える。

②解放直後～帰国と民族教育

作文では、戦前・戦中の経験が比重を占めているが、解放直後の経験についてはあまり語られていない。解放後の混乱は、在日朝鮮人にとって、新たな抑圧の始まりであった。作文では、到底表現できるものではなかったのだろう。解放直後の様子を綴った作品が一点だけある。彼女は在日二世で、戦前は小学校に通っているが、民族差別への矛盾を感じてきたという。しかし、戦後に状況は大きく変化したと綴る。

「激しい民族差別偏見の中で、第二次大戦を境に一変した。一人息子であった父は、再三再四帰国に迫られた。父に連れられ私は祖国に帰ったが、一日として日本を忘れる事ができず、日本の山河、空気が恋しく来る日も来る日も日本に戻る事を願った。／祖父母のいつくしみも身に浸みますが、私は、幼い弟二人を連れ日本に戻った。其の時、十三歳であった。末弟の出産を終え、後の整理を済ませ、帰国する予定の母は驚き、家屋も生活の全てをも失った我が家は其の日から母の行商から始まる。／せめて義務教育だけはと切望する思いも虚しく断ち切られ、断念した。病弱であった年子の妹の入院、看病の甲斐なくこの世を去った。／いつしか気付いた時には、弟を背に負い、幼い妹を抱いていた。それ以来、母の代わりとなり、せめて弟妹には勉強させたいと念願し、努力した。」（№57一部抜粋）

戦後の混乱期では、帰国者が再度来日することは珍しくはない。残留している家族や完全に整理できていない生活基盤を戻すために、往来することは当たり前だった。しかし、多くの者が密航で、厳しい取締に晒されていた。そんな中で、日本の生活に慣れ親しんでしまったために、帰郷しても馴染めず、再来日する者も多かった。日本で生まれ育ったこの彼女のように、差別が存在しているにもかかわらず、日本への愛着を捨てきれなかった、という屈折した感情が読み取れる。まだ日本に残っていた母親は、荷物を既に帰国船に乗せて、帰国する寸前だったが、彼女の決意によって、日本での生活が再スタートしたのだった。しかし、学校へ行きたいという切実な思いは、弟妹の子守りによって、とうとう叶わなかった。作文内容から分かるこうした感情と、漢字の扱い方や文章構成から何処となく感じ取れる日本の学校教育の影響が、より一層ポスト植民地主義的状況を浮かび上がらせている。

先述したYさんは、帰国船を待っていたが、なかなか順番が回ってこないので、闇船で帰る選択をしたが、それも叶わなかった。そのうち戦後から始めた織屋業や家事を手伝うようになり、生活に追われた。終戦二年後、昼間仕事をしながら、週二〜三日民族学校へ通い始めたという。民族学校は、帰国後の生活に向けて、朝鮮語を学べなかった児童や青年のために在日朝鮮人たちが自力で立ち上げた。その頃は、小学校を間借りして、留学生が朝鮮語を教えていた。まだ夜学形式の学校で、学齢を超過した青年まで生徒は多様であったようだ。

「三年くらいかな。いや、二年もしてないわ。ちょっとしただけやな。それは、もうよーう必死になって、トイレの壁にガーって書いてたりしたな。暗誦するのに必死やった。」

「必死」だったと語るYさんは、朝鮮語を習得する喜びももちろんあっただろうが、「それがそうでもなかってん」とも言う。抑えられていた学ぶ欲求をここで満たしていたように思える。しかし、民族教育体系も整い始め、学校が設立されてからは、昼間仕事で通えないので、行けなくなった。

Cさんは、激しい空襲にあった疎開先の若狭で終戦を迎えるが、母親が終戦の二週間前に死亡してしまう。帰国する意思はあったものの、金銭面などで結局留まることになる。民族学校に通い始めるが、母親代わりに家族を支えていかなければならず、まともには学校に行けなかった。

「戦争終わったあとね、民族教育を受けなあかん言うて、ちょっと行ったんですけど、私なんか母親がいないから、今みたいに電化製品なんかないですし、洗濯もみな自分の手で洗って、炊事洗濯、家のことすんのに、もうーお母さん代わりです。学校もまともに行けず。」

姉も既に結婚し、妹はまだ小さかったので、彼女が一番の働き手だったそうだ。学校にも行けず、そのうち一七歳でお見合い結婚させられ、それを彼女は「口減らしやねーあれは一種のね」と捉えている。これまでは自分の親、きょうだいのために、今度は夫や子どものために家計を支えていくことになった。

Kさんも終戦後一年経った頃に、民族学校に一日ほど通ったようだ。しかし、生活に追われ、行かなくなる。このように、三人ともが民族学校に少しでも通った、という証言を得ている。当時、ほとんどの在日朝鮮人児童や学齢期を過ぎた青年たちが民族学校に通っていたということが伝えられているが、それを裏付けるような証言である。男も女も関係なく、子どもも大人も民族教育を少なからず受けていた。しかし、そうした大衆的な民族教育運動は、占領軍や日本政府に弾圧され、壊滅状態に追いやられる。ただ、上述の三人の女性は、そうした権力の直接的な脅威によって民族教育から切り離されたのではない。確かに、弾圧とは無縁かと思われる貧困や結婚によって、民族教育を受けられなかったかもしれない。しかし、在日朝鮮人はただでさえ生活苦であるにも関わらず、就職差別などで仕事もなく、女性も子どもも家計を支えなければならない状況は、日本社会と無縁ではない。女性たちは、自分たちの言葉や文化を取り戻す民族教育運動にも参加出来なかったのだ。民族運動も激しい弾圧によって、安定した教育基盤を構築していくのを阻まれ、同胞たちの生活実態に即した運動を促進していくのでさえ困難な状況を強いられていた。

③夜間中学入学前史～結婚、子育て、仕事

小学校未修了及び完全不就学状態に追い込まれ、解放後の民族教育の機会からも疎外された彼女たちは、その後、結婚や子育て、仕事などに追われ、ますます学校から遠ざかっていく。そうした生活の中で、不就学・非識字の経験がどのように影響しているのか、という視点から考察してみたい。以下の作文は、子育てに奮闘してきた女性の作文である。

「十八さいで、けっこんして、五人の子どもを生みました。子どものおなかをいっぱいにすることだけをかんがえて、はたらきました。きがついたら自分のとしが七十近くなりました。としがいって字をしらんのがもっとつらいのです。…」(№20一部抜粋)

子どものために我武者羅に働いてきて、七〇歳近くになって、子育てや就労から解放されたとき、初めて「字をしらん」不便さが湧き上がってくる。

次は、結婚のために渡日し、飯場で働き生活をしていたという女性の結婚後の生活体験である。彼女の作文には、教師による聞き書きも含めた詳細な記述があるので、引用したいと思う。時代は前後するが、

以下は聞き書きを添削したもので、戦前の飯場での生活から引用する。

「働いても天引きをされるので二人でちがう職場へ行った。十八才で長男が出来、お父さんの妹さんのところへ赤ちゃんを見せに行った。日本語もわからないのに、トンネルの中に入り、マンガン鉱掘りや土方もした。松の木のゴザの上で生活したり口では言えない苦労をした。／朝五時に起きて頭に洗濯物をのせたが寒いので洗濯物がこおってアカギレが出来て苦しかった。字がわからないので、だまされているのかわからず買物も自分一人ではわからなかったが六人の子供を育てた。長男も五十六才となり法事先祖民族のことなど朝鮮の伝統を守り生活している。／…蒸やのたたみに三十年間働いた。子供が一人前になるまで歯を食いしばってがんばった。ジュース一つも買って飲んだことがなかった。…」（No.94一部抜粋）

以上の作文は、一九九七年度の作文集であるので、長男の歳と出産年から一九二三年生まれの在日一世であることが分かる。彼女が朝鮮での教育を受けたかどうかは、ここからは判断し難いが、少なくとも渡日してすぐに結婚生活が始まっているので、日本語を習得する機会は得られていない。この世代の女性は、ほとんどが同様の経験を共有しているだろう。生活のために、女性でもほとんど搾取に近い土方に従事し、その上家事労働も担っている。仕事は土方だけでなく、「蒸やのたたみ」などにも長年従事していた。文字が分からないために、仕事や家事にも大きな支障をきたしている。

では、その前年の作文集からこの女性の作文をみてみたい。今度は、聞き書きではないので、漢字混じりの作文になっている。

「きょ年の夏休みまで、大学の掃除に四年間いきましたが、字がわからないので、いちばん苦労しました。

／名前もよう書かないので、娘にいつも書いてもらっていました。娘の近所の八十のおばあさんがこの学校へきていたので、お母さんも学校へ行けと、いつも言われました。／回らんばんもよめないので、とばしてもらっていました。トイレが水洗ではないので、汲みとりの日がわからなくて、となりの人にいつも教えてもらっていました。／このごろは、その日を書いたものとカレンダーを見て、ちょっとわかるようになりました。／仕事を引退して学校へ来られるようになりました。よう決心したなあと、娘が言ってくれます。」（No.84一部抜粋）

夜間中学に入学するまでは、大学の清掃に従事していたようだ。既にその頃、近所の人が夜間中学に通っており、夜間中学の存在は知っていた。読み書きはほとんど出来ない状態にあるために、日常生活における困難を至極強調しており、学校の必要性を感じていたようで、仕事を引退してやっと学校に行けるようになったようだ。引退したのがおそらく七三歳くらいであろう。これは夜間中学に入学する在日朝鮮人女性に共通しているが、仕事が少しでも落ち着いて、学校と両立できるようになってから、または完全に仕事から引退もしくは自営業を閉店してからでないと夜間中学に入学する事が難しい。Cさんは、五〇代の頃に店を営みながら、夜間中学に入学したが、両立は難しく断念した。しかし、店を閉めてから六七歳で再び夜間中学に通い始めている。Yさんは、友人が夜間中学に通っていたので、行きたい思いは強く持っていたが、仕事と夫の反対によって諦めざるをえず、二〇年後に仕事を引退したのと同時に夜間中学に入学した。多くの在日朝鮮人女性は、多様で零細な仕事に従事し、その上に家事労働と、多重に役割を担わされていた。また、高齢になるまで働かなくてはならない要因として、彼女たちは口を揃えて「うちらは年金がないから…」と語る。これが在日朝鮮人高齢者に突きつける現実である。

一方で、学校に一度も通ったことのないKさんは、子育ての中で文字を必死で獲得してきた。

「ひらがなはな、何で分かるいうたらな、子ども四人学校いってるときな、働いてるさかい、いつもここへなメモするねん。今日何時に帰ってるって、何々しい言うて。字なんかむちゃくちゃやけど、娘らがな、全部字書きかえてくれてるねん。わからんさかい書くやん、わかったらええおもて。これはお母さん、こう書くねんでって。それでな、覚えだしてん。それでやっぱし子どもらも高校行くまではみな、私も働いてるさかい、お互いにメモ。私も出来るだけ書くようになってん。そのひらがなを書けるんじゃなくて、読めるようになったから、私は新聞を取るようにしたんや。取ってまだ間ないねん。まあまあ一〇年くらいやろなー。んで新聞はな、ほんまのことわからん、漢字は全部飛ばす。ふりがな付いてたら読むねん。初めはな、そうして読んでて、ただ読むだけやってん。なるほどこれはこうやなこうやって読むんかて。漢字も何年かしてからな、漢字のひらがなをな、みな書き写すようになってん。それを学校（洛友中）行く一年か二年前に、それが自分で気づくようになって、漢字書き写す練習をようさんしたわ。」

子どもとのメモのやり取りから、字を覚えるようになったKさんは、新聞を読み、書き写すようになった。算数に関しては、

「掛け算なんで覚えてたいうたら、子どもが小学校行ったら、そっからべたべた学校からあのー書いたやつあるやん九九算の。あれを子どもと一緒に覚えて。私がな、こう台所立ちながらでもな、トイレでも貼ってな。九九算はなんやしっかり読めるねん。足し算と九九算あれは分かったけど。先生分数かかはってん。先生これ何って(笑)、分数って何って言うてん。こんなん見たことないって。子どももな、親が字しらんかったら、見せへんって。」

掛け算は、子どもが学校から持ち帰ってくる教材を使って、一緒に覚えた。それ以上の学習については、子どももKさんに配慮して見せなかったようだ。一度子どもには、「大人のくせに字がしらんのか」と言われ深く傷ついているが、子どもとのこうしたやり取りが、現在のKさんの学習意欲に結びついている。

この語りの興味深い点は、必ずしも学校教育が識字をもたらすわけではないということだ。夜間中学に入学して三年目だが、驚くほどの読み書き、計算能力であった。学校教育でしか習得できないものだと言う固定概念を覆された。しかし、Kさんは夜間中学に入学する前は、自信が持てず、人前で字を書くことが出来なかった。Kさん自身も、学校教育を絶対的なものとして受け止め、自己解放されていなかったのだろう。ただし、日本社会に生きるということは、自然と日本語の識字を受け入れることとも言えるのではないだろうか。

以上、生活と識字の問題との関連性を中心に言及してきた。当然、帰国事業や日韓条約など在日朝鮮人にとって激動の時代であったが、語りの中ではあまりそれを感じさせなかった。それはきっと彼女たちが、日々の生活で精一杯であったからではないだろうか。

しかし、指摘しておかねばならないのは、帰還運動の盛り上がりの中で、兄弟姉妹が朝鮮民主主義人民共和国に帰国したことにより、多くの家族離散を生み出したことである。Cさんの妹は帰国し、手紙によって連絡を交わしていたが、字が書けないために、Cさんから手紙を送ることはほとんどなかったという。帰還運動の一環で始まった成人教育も、仕事と家庭を持つ女性にとってはなかなか通うことが難しかったであろう。組織と疎遠である者にとっては、さらに難しかったと考えられる。

④夜間中学との出会い～彼女たちの主体性

夜間中学との出会いは、どのようなきっかけだったのだろうか。ここに、彼女たちの主体性が浮かび上がってくるように思う。以下、識字教室を経て夜間中学に入学することになった女性の作文を引用する。

「人生もなかばをすぎた私でしたが、ある日突然私に不幸がおきました。一九七一年に、長男をなくしその時、「文字の読み書きでも出来れば良い」とどれほど思ったか知れません。それから少し時が過ぎ私が娘に、「どこか文字を教えてくれる所はないものかしら。」と聞くと、ある日九条の方に「オモニ」（お母さん）学校があると聞き、そこで私はオモニ学校へ行ってみようと思い、そして一年通いました。週に一度の、それも二時間の勉強をしましたが、私には週に二時間の勉強がとても楽しく思いました。二ヶ月程通っているうちに、週に一度の勉強が物足りなく感じて来たくらいでした。それに長男をなくした淋しさもやわらぐようになり、何よりも少しだけではあるが読んだり書いたりできるようになった。その一年が見る間に過ぎてしまいました。中途半端に文字をおぼえた私は、何か物足りなげに思っているうち友達から郁文中学校という夜学があることを聞き、さっそく願書を申し込みその時年齢は、五十三才でしたが、「ほんとうの中学生になった気持でがんばろう。」と思い、そして今日まで三年間郁文中学校へ通いました。」

（№８一部抜粋）

おそらく頼りにしていた長男が亡くなったことによって、非識字による障害が顕在化したのであろう。娘の紹介で識字教室に通うようになるが、そこでの学びがさらなる学習意欲を高め、友人から聞いた夜間中学への入学と繋がっていた。

夜間中学の存在は、口コミで広がっていくことが多い。ある女性は、

「…おかしいもので入学したきっかけも近所の友達が大宮で朝鮮の人でも夜、文字を教えてくれるとこがあるというのを聞いて、私はこの年齢になるまで日本の文字の読み書きができないので、「それでは行ってみようか。」と思って入学しました。／…この郁文中学校に来ていなかったら、きっといつまでも家の中で、家事だけにおわれていたと思います。…」（No.16一部抜粋）

日本の学校で朝鮮人に文字を教えない、と考えていたようだ。文字の読み書きだけでなく、他の科目の授業や、行事があることで楽しいと後に続いている。そのような学校での体験によって、「家の中」「家事だけ」だった状況から解放されている。

しかし、夜間中学に入学することは必ずしも容易ではない。様々な不安や心配も抱えている。

「…郁文中学校二部学級のことを知った時は、一筋の光が見えたようでした。でも、もうこの歳になり、頭が堅く、理解力もなくなっている自分が、皆さんについていけるだろうか、私がいないと何一つ出来ない主人が、毎晩一人で食事が出来るだろうか、色々不安が、ありました。でも、永年の夢であった勉強、出来るチャンスを逃すのはもったいないと思い入学する決心をしました。…」（No.32一部抜粋）

当然、年齢の問題もあるし、家事のできない夫の心配が一瞬躊躇させるが、強い思いが決心にするに至っている。このようにして、夜間中学への入学は、常に抑えられ従属させられていた在日朝鮮人女性イメージを覆す。

しかし、これを「主体性」と名づけるには、「女として」「非識字者として」など限定的な意味においてである。自らの意志で日本の学校へ行き、日本語を学習するという行為自体は、さまざまな矛盾を孕んでいるからだ。日本語を主体的に学ぼうとする積極的意義を見いだす一方で、聞き取りをしたKさんやYさんは、朝鮮語の学習意欲に対しては「日本で暮らしていくしね」と消極的な姿勢を示す。無論、在日朝鮮人教育に配慮された夜間中学という空間において、直ちに同化志向へ結びつけることはない。しかし、それは日本人教師たちや周囲のものが、相当の自覚がないと成り立たないものである。したがって、ここでの主体性とは、留保付きの主体性だと言わざるを得ないだろう。

三―三　問題点の考察

以上、キーワード検索や作文とライフヒストリーを吟味してきた。

キーワード検索では、在日朝鮮人女性が複数のカテゴリーによって規定されていることが明らかになった。彼女たちは、母であり、主婦であり、稼ぎ手である、ということだけでは十分に説明できない。彼女たちが朝鮮人である、ということがさらに重なり合って位置づけられている。

そのような錯綜した状況下で、彼女たちはどのような経験を共有してきたのか、作文とライフヒストリーでさらに詳しく考察した。作文とライフヒストリーを、①植民地時代〜不就学体験、②解放直後〜帰国と民族教育、③夜間中学入学前史〜結婚、子育て、仕事、④夜間中学との出会い〜彼女たちの主体性、という四つに時期区分して検討してきた。①に比較的重点を置いているが、植民地時代の不就学体験が、彼女たちの人生を決定付けたなら当然のことであるし、また当事者の作文にもこの頃の記述が圧倒的に多いことからも容易に理解できる。

植民地時代における不就学要因は三つに整理することができる。第一に、在日朝鮮人に対する義務教育制度の適用がタテマエであったことから、朝鮮人児童の入学は拒否されるなど、日本人との序列化が図られていたこと（民族要因）。第二に、日本社会の底辺に追いやられ、生活苦に置かれていたために子どもでも働かなくてはならず学校どころではなかったこと（階級要因）。第三に、民族内部と日本社会と双方のジェンダー規範によって教育機会を妨げられたこと（ジェンダー要因）。第二の要因とも関連して、限られた財源から、男性を優先的に学校へ送った。これら三つの諸要因は、独立して語られるのではなく、それぞれが折り重なっている。また、植民地支配秩序においては、朝鮮の伝統的ジェンダー規範が抵抗の言説にさえなっていたかもしれない。また、皇民化政策によって、朝鮮人女性も教育を受け銃後を守る重要な存在として転換されていた。このように、常に植民地支配を土台にして、それぞれが交差していた。

そのような不就学体験は、解放後の彼女たちの人生にどのように影を落としていったのだろうか。第一段階として、解放直後の在日朝鮮人独自の民族教育の展開期において、全在日朝鮮人に対して、抑えつけられていた学習意欲に刺激を与える。しかし、帰国などの戦後の混乱状況と生活苦の中で、次第に民族教育からも切り離されてしまう。特に女の子は、家事や子守りなどに従事しなければならなかった。さらに占領軍と日本政府による激しい弾圧は、民族教育基盤を崩壊し、子どもたちのそうした生活実態に目を向ける余裕さえないほど、抵抗運動に従事しなければならなかった。作文にこの時期の記述がないことは、文章にならない壮絶な経験だったと想像できる。第二段階として、学齢期も超過してしまった在日朝鮮人女性たちは、結婚、出産、子育てと家庭の中に囲い込まれる。あるいは、家庭の中の役割だけでなく、稼ぎ手としても家計を支える存在としても担わされることになる。総聯による成人教育事業が展開されるが、生活状況がそこへの参加を許さない、または在日朝鮮人社会の分断の深化に伴って、組織へアクセスできないこともあり、状況が改善されることはなかった。生活における不便さを強いられ、夜間中学の必要性を感じたとしても、家事や仕事を持つ限り、諦めざるを得なかった。また、社会保障制度からの阻害によって、高齢であっても、働き続けなければならない状況も加わっていた。

このような不就学・非識字体験は、日本の学歴社会や文字社会によって、彼女たちをさらに疎外していくのだった。文字の読み書きができないことは、生活において困難を強いるだけでなく、行動範囲を狭めることにも繋がった。植民地支配の清算がされてない現在、このような「強制された非識字」の状態に彼女たちを置き、支え続けている状況はポスト植民地主義的状況と言えるのではないだろうか。このような状況が存在している事実を見て、「戦後」が始まったと言えるのだろうか。まずは、彼女たちの存在を可視化することで、植民地主義の継続的状況が把握できたと言える。

そして今日、ごく一部の者でしかないが、在日朝鮮人女性が夜間中学に通い読み書きを学んでいる。植民地時代には学ぶことを蔑ろにされ、または強制された日本語を、皮肉にも再び学ぶことになった。生活の必要性から生じたものであると同時に、夜間中学への入学が契機となって、彼女たちの主体性や自己回復がこのとき初めて実現したと言える。

しかし、作文が日本語で書かれることの意味への問いかけを忘却してはならない。書くことによって、言葉が肉体からどんどん切り離され、権力を生み出すならば、当然彼女たちが書き記した作文自体にも矛盾が生み出される。かつては同化や抑圧の道具であった日本語の文字を習得し、それを書けば書くほど、自民族の言葉を失う可能性もある。また、日本語教師の評点に配慮しながら綴る作文は、彼女たちの生活史総体そのものとは限らない。さらに、彼女たちが学ぶほど、同胞女性間の格差を生み出すことにもなる。このように、作文自体もポスト植民地主義的な状況を孕んでいる。

日本の夜間中学で日本語の読み書きを自ら学ぶ在日朝鮮人女性、この複雑な状況がポスト植民地主義の諸矛盾を物語っているのだ。

四章　ポスト植民地問題の矛盾と課題

四―一　要約と結論

以上のように本研究は、夜間中学に学ぶ在日朝鮮人女性の不就学・非識字過程とその経験が現在までどのような影響を及ぼしているかを明らかにするため、関連文献の考察や、夜間中学生の作文並びに、ライフヒストリーの分析を実施してきた。

第二章では、日本の朝鮮植民地支配と朝鮮人の渡日を背景に、在日朝鮮人の教育機会のジェンダー化過程を見てきた。以下の五段階に区分できる。

①植民地時代の初期は、政策上も民族教育運動も在日朝鮮人男性労働者を対象にしていた。また、日本の義務教育も形式的に適用されたに過ぎず、実際には日本人を優遇し、民族による序列化を図っていた。

②植民地時代の後期は、協和事業による皇民化政策を、全在日朝鮮人に強要し、民族教育運動も激しく弾圧した。同化教育であった上に、戦時動員として勤労奉仕などまともな勉強もしていない。一方で、それでも不就学の在日朝鮮人女性が多く存在した。

③解放直後は、帰国を前提として、民族教育運動が広範囲に展開されるが、激しい弾圧のため、朝鮮人の主体的な民族教育は常に不安定な位置にあった。生活苦によって、家事を任されていた女性は、疎遠になるものが圧倒的であった。

④一九五〇年半ばから一九六〇年代の民族教育高揚期に、青年や女性を対象に成人教育が盛んに行われるが、民族分断の現実、そして仕事と家事に追われていた主婦には、あまり根付かなかった。

⑤帰国事業の終了と、日韓条約、夜間中学の増設運動の成果、在日朝鮮人女性の高齢化を背景に、日本語への関心が高まった。一九七〇年代から夜間中学や識字教室に、在日朝鮮人女性の姿が見られるようになった。

植民地時代に幼少期を過ごした在日朝鮮人一世・二世の女性たちは、植民地支配秩序の下、不就学・非識字を余儀なくされ、解放後も続く民族差別や生活苦の中で、民族教育への参加が許されなかったばかりか、夜間中学への入学も高齢になるまで待たなくてはならなかった。

こうした在日朝鮮人女性の教育実態を具体的にみるために、夜間中学に通う生徒を対象に考察した。作文分析では、本名作文を抽出して、その範囲内でキーワード検索を行った。「生活領域」と「民族領域」に分けて検討を行ったが、彼女たちが負っている「家」や「生活」への責任が顕著に現れており、そのため「仕事」にも従事しなければならないことが分かった。さらに、そうした彼女たちを取り巻く状況は、民族によって複雑に規定されていることも明らかになった。民族・階級・ジェンダーという複合的差別構造下に生きる在日朝鮮人女性像が浮かび上がったと言えよう。

さらに、学校という日常生活とは切り離された空間で、かつ教師と生徒という権力関係の下で書かれた作文にも関わらず、作文全体のなかで「生活体験」要素を含んだ作文が三二％存在していたのは、大きな発見であった。夜間中学への入学が、彼女たちの「生活体験」抜きにして成立しないことを意味している。「生活体験」要素を含む作文を取り上げ、より詳細に検討した。植民地時代に、「差別のため」「貧困のため」「女性であるため」、学校に行けなかった経験は、解放後も彼女たちの人生に重く圧し掛かってきた。自らの尊厳を守る朝鮮語も、生活に必要な日本語も、読み書きできない状況を強いられた。

しかし、解放後も続く差別構造は、社会的に、経済的に影を落としていた。生活苦から女性も稼ぎ手にならなくてはならないが、就職差別によって正規雇用は望めないので、自営か非正規の仕事に従事した。さらに家事や子育てなど主婦業にも追われる日々であり、夜間中学の存在を知りながらも、通えない状況に置かれていた。その上、社会保障制度からの除外によって、高齢になるまで仕事を続けなくてはならなかった。

そうした不就学・非識字経験が、もう一度勉強したいという思いを募らせて、家事や仕事から解放された頃にやっと夜間中学に通う。学校で綴られた作文であるにもかかわらず、生活空間が垣間見られる様相は、在日朝鮮人女性の生活体験と夜間中学が密接な関係にあることは既に述べたとおりである。

朝鮮語を学ぶよりも、日本語を学んでいるのは、生活の必要性という現実的な選択だったのだろう。しかし、自民族の文字以上に日本語に関心を寄せざるを得ない現代社会とは、一体何を意味しているのであろうか。意識しなければ、自民族の文字や文化を保持できない状況に置かれている。一九七〇年代、夜間中学に在日朝鮮人女性生徒が急増することが、偶然ではなく社会構造によって、その行動を規定した。そして、夜間中学では、「国語」の時間に、日本語の学習をする。その日本語を学ぶことで、自己の尊厳を回復していく、その皮肉さを感じずにはおられない。

フランツ・ファノンは、言語をめぐる黒人と白人の力関係を植民地支配の直接の結果とし、以下のように述べた。「話すとは、…一つの文化を引き受けること、一つの文明の重みを耐えることなのである。…アンティル諸島の黒人は、フランス語を自分の国語とすればするだけ、より一層白人に近くなる、言いかえれば、より一層本当の人間に近づいていく、ということ。…この言語によって表現され、内包された世界を所有する。…言語を所有するとき、そこには、異様な力が伴うのだ。」(97) 在日朝鮮人女性たちは、長年の日本の暮らしによって、日本語を話すことは身についている。日本生まれの二世は、日本語しか話せないこともある。ファノンの言葉を借りれば、既に彼女たちは一つの文化を引き受けている。その話し言葉が、書き言葉で変換されることによって、ますます彼女たちを分裂させてしまうのだ。時には、日本語を「解放の道具」(98)として主体的に獲得しようとすることもある。これが植民地支配の結果であり、現在まで再生産されてきた諸矛盾である。

以上のように、植民地時代に在日朝鮮人女性の不就学・非識字を規定した諸要因は、民族・階級・ジェンダーの相互作用に集約することができる。こうしてようやく可視化された実態は、在日朝鮮人女性の「常態的不就学」であり、しかしながらこの就学構造が、「〝包摂〟の暴力と〝排除〟の暴力」(99)という両側面を持ち合わせていたことは、植民地主義の暴力性を象徴している。不就学体験は、その後の人生をまさに束縛していくからだった。

したがって一九四五年八月、植民地支配からの解放は、真の意味で解放と言えるものではなかった。在日朝鮮人は、常に法的、政治的、経済的にも不安定な位置に置かれ、有形・無形の差別に晒された。植民地支配によって奪われた生活基盤、民族の文化や言葉を取り戻す営為さえ、攻撃された。こうして戦後六〇年以上経った今でも、植民地主義克服を論じなければならない現状がある。これらが植民地支配からの連続性を意味し、彼女たちがその後の人生で極めて困難を強いられ、高齢になってから皮肉にも日本語を学ぶ、その状況自体がポスト植民地主義的状況とは言えないだろうか。彼女たちの存在を無視してきたこともまた、植民地主義的態度に他ならない。

彼女たちが綴った作文、語ったライフヒストリーは、そうした様相を突きつけてくれた。さまざまな矛盾と葛藤しながら、それでもこれらの声に耳を傾け、事実と向き合っていく必要がある。植民地支配の現実と彼女たちの存在と真摯に向き合うことが、脱植民地主義への第一歩となるのではないだろうか。

四―二 残された課題

在日朝鮮人女性の教育をめぐる問題は、あらゆる角度から検討しなければならない課題が山積みである。残された課題を提示し、今後の研究へと繋げていきたいと思う。

まず研究方法上の課題を挙げると、四点に整理することができる。

①公立夜間中学を対象にフィールド調査してきたために、日本学校への就学および日本語の識字への関心に偏りがあり、朝鮮語の識字問題に関する考察が浅くならざるを得なかった。植民地支配構造の性格を踏まえるならば、今後は朝鮮語の識字の問題を検討しなければならない。特に一九六〇年代民族教育高揚期の在日朝鮮人社会における女性の識字問題への関心に注目する必要がある。

②データの吟味でも言及したが、通称名の作文を扱えなかったのが、本研究の欠点である。在日朝鮮人が日頃から本名を名乗ることのできない社会で生活する限り、通称名の問題を念頭に置かなければ実態に近づくことはできない。今後、考察方法を再検討する。

③作文とライフヒストリーの表現方法に着目して考察することが必要である。識字の観点から、書き言葉と話し言葉の相違点は重要である。

④今回、夜間中学に通えない状況にいる者を除外したことについては、不就学・非識字を課題とした本研究の限界を感じる。今後、識字教室ももちろん、デイサービスや民族団体など調査対象を広げ検討する必要があるだろう。

次に、今後検討しなければならない研究課題として、以下の四点に整理した。

①識字の意義の再検討が必要である。日本語の識字がどこまで価値あるものなのだろうか。生活上必要性が生じるのは確かだが、同化や社会的序列化を図る道具としても働いている側面がある。無論、生活面

における日本語の識字からの疎外については、解決されるべきである。ただし、識字を基準として優劣化する社会を変え、非識字者でも、例えば地域などで助け合えるようなシステムが取り組まれるべきである。また、識字が日本語を前提に議論されることにも、慎重にならなければならない。それぞれに置かれた社会的状況によって、識字の意義が異なってくる。在日朝鮮人にとっての識字とは、日本語だけでなく朝鮮語も意味し、生活上の必要性よりもむしろ、自己の尊厳の回復に重要性を求めるものだ。二重の意味で、植民地支配の責任を考えなくてはならない。これは本課題とは別途議論する必要があろう。

②識字同様、就学の意義の再検討が必要である。今回は、夜間中学を対象としてきたので、就学に関しての議論も合わせて行ってきた。しかし、就学が社会的序列化、また国民化教育を押し付けてきたことを踏まえれば、就学の制度化や学歴社会を解体していく方法の模索が必要ではないだろうか。また識字は学校だけで学べるという固定的な概念が広く浸透している。識字教室以外にも、多様な教育の機会が可能だし、また認められなくてはならない。朝鮮学校のような民族教育の場も想定して議論する広がりも考えられる。こちらも別途議論の必要がある。

③在日朝鮮人女性の不就学・非識字過程のより細かな歴史の掘り起こしが必要である。今回は、既存の資料と研究、そして実際の生活体験を照らし合わして検討した。しかし、仮説程度に留まっているに過ぎない。今後は、日本社会や在日朝鮮人社会において、在日朝鮮人女性の教育をめぐる言説についても探る必要があるだろう。新聞記事や雑誌などの資料を用いて検討したい。

④在日朝鮮人女性の限定的な意味での主体構築の場として、夜間中学を位置づけたに過ぎず、民族運動や地域社会などさまざまな領域における可能性を考察する必要がある。在日朝鮮人および女性が、常に従属的な存在として語られる傾向にある中、彼／彼女たちの主体的な生き方を尊重することは、対等な人間関係構築のためにも今後さらに重要な議論になってくるだろう。

以上を今回は扱えきれず残らざるをえなかった課題として、今後の研究にいかしたいと思う。

おわりに

筆者は、夜間中学に学ぶ在日朝鮮人女性生徒と出会うまでは、在日朝鮮人三世の友人に誘われて、日本人学生と在日朝鮮人学生の友好団体「日朝友好関西学生の会」に参加していた。活動を通して、在日朝鮮人問題に携わり、断片的であるが歴史や今日的問題に触れるとともに、同世代の在日朝鮮人学生たち自身による民族運動を目の当たりにした。彼／彼女たちは、植民地支配の直接の被害者ではないにも関わらず、いまだに根深く残る民族差別、同化への危機感、民族分断の現実と闘っている。それまで日本人である筆者は、その姿が見えていなかった、その声が聞こえていなかったことを振り返った。無関心であったのと同時に、自身を当事者とは思っていなかったからだ。現在に至るまで声をあげなくてはならない現実社会を支えていることは、疑いなく当事者であり続ける。この在日朝鮮人問題の根源が何かを知ること、つまり植民地支配の歴史を知ること、そしてそれがどのように継続しているのかを知ることは、自ずと自分自身が何者であるかを知ることになるのではないだろうか。自分と向き合うことではないだろうか。こうした問題意識が、本研究を支えている。

今回、さまざまな繋がりから、夜間中学の在日朝鮮人女性と出会った。彼女たちの存在こそが、何かを訴え語りかけている。彼女たちは、孫と同じくらいの筆者を「先生」と呼び、いつも戸惑いを覚える。そんな中で一緒に学習するが、筆者が学校教育の中で身につけた計算方法を前提にしていると、彼女たちの積み上げてきた人生経験から発想された計算方法を否定し、傲慢な態度を反省することがよくある。このようにして、毎回問い直し、発見する作業の繰り返しだった。

こうして信頼関係を構築してきたにも関わらず、聞き取り調査の依頼の段階になると、何人かが拒否をした。最初は快く受けてくれたが、約束前になると、プレッシャーで身体の具合を壊された方もいる。「ようそんな大事な話できひん。私はな、日本で生まれ育ってるし、少し学校も行かせてもらったから、日本人と一緒や。あの頃は、みんな苦労してたんや。もっと学校行けなくて字かかれへん人に聞いたほうがええ。」というのが、彼女の最後の言葉だった。この言葉一つに、まだポスト植民地問題が終わっていないことが、表れていると思う。この「沈黙」をも捉えていくことを、私たちは胸に留めておかなくてはならないだろう。

今回語ってくれた女性たちや、作文資料の提供など全面的協力をしてくださった洛友中学関係者には、深く感謝申し上げる。また、全夜中大会資料をお貸しして下さった神戸市立丸山中学西野分校の草京子教諭にも大変お世話になった。筆者の感謝の意としては、本研究が、しっかりと問題解決に向けて還元されることである。

また、本研究は、経済学研究科フィールドワーク調査補助費によって執筆できたことを付記しておく。多くの方の協力・援助を改めて感謝申し上げる。

参考文献

板垣竜太「植民地期朝鮮における識字調査」、東京外国語大学アジア・アフリカ言語文化研究所編『アジア・アフリカ言語文化研究』、五八号、一九九九年九月、二七八―二一六頁。
I・イリッチ（東洋・小澤周三訳）『脱学校の社会』（現代社会科学叢書）、東京創元社、一九七七年。
岡真理『彼女の「正しい」名前とは何か――第三世界フェミニズムの思想』、青土社、二〇〇〇年。

——『棗椰子の木陰で——第三世界フェミニズムと文学の力』青土社、二〇〇六年。

梶村秀樹『朝鮮史——その発展』、明石書店、二〇〇七年。

梶村秀樹著作集刊行委員会・編集委員会編『近代朝鮮社会経済論』（梶村秀樹著作集第三巻）、明石書店、一九九三年。

G・C・スピヴァク（上村忠男訳）『サバルタンは語ることができるか』、みすず書房、一九九八年。

国際識字年推進中央実行委員会編『識字と人権——国際識字年と日本の課題』、解放出版社、一九九一年。

小尾二郎『夜間中学の理論と実践——成人基礎教育学習への提言』、明石書店、二〇〇六年。

駒込武「植民地教育史研究の課題と展望（課題と展望）」、日本教育史研究会編『日本教育史研究』、一〇号、一九九一年九月、六五—八〇頁。

——『植民地帝国日本の文化統合』、岩波書店、一九九六年。

舘かおる「歴史認識とジェンダー」、歴史科学協議会編『歴史評論』、五八八号、一九九九年四月、四四—五二年。

田中宏『在日外国人新版——法の壁、心の溝』、岩波新書、一九九五年。

——「帝国日本の残影——その膨張と収縮」、龍谷大学同和問題研究委員会編『高瀬川を歩くⅣ——ウトロと日本の戦後処理』、二〇〇六年三月、五一—一四頁。

玉野井芳郎監修『ジェンダー・文字・身体』、新評論、一九八六年。

朝鮮史研究会編『朝鮮の歴史〈新版〉』、三省堂、一九九五年。

辻本雅史・沖田行司編『教育社会史』（新体系日本史一六）、山川出版社、二〇〇二年。

中野敏男「〈戦後〉を問うということ——「責任」への問い、「主体」への問い」、青土社『現代思想　総特集：戦後アジアとアメリカの存在』、二九巻九号（臨時増刊）、二〇〇一年七月、二九一—三〇九頁。

中村尚司「民際学の課題と方法——全体と部分の架橋」『龍谷大学経済学論集』、三七巻二号、一九九七年一二月、一二三—一三四頁。

野田陽子『学校化社会における価値意識と逸脱現象』（淑徳大学社会学部研究叢書一二）、学文社、二〇〇〇年。

橋澤裕子『朝鮮女性運動と日本』（橋澤裕子遺稿集）、新幹社、一九八九年。

原尻英樹『在日朝鮮人の生活世界』、弘文堂、一九八九年。

韓東賢『チマ・チョゴリ制服の民族誌――その誕生と朝鮮学校の女性たち』、双風舎、二〇〇六年。

パウロ・フレイレ（小沢有作（他）訳）『被抑圧者の教育学』（A・A・LA教育・文化叢書Ⅳ）、亜紀書房、一九七九年。

フランツ・ファノン（鈴木道彦・浦野衣子訳）『地に呪われたる者』、みすず書房、一九九六年。

水野直樹編『生活の中の植民地主義』、人文書院、二〇〇四年。

むくげの会編『身世打鈴――在日朝鮮女性の半生』、東都書房、一九七二年。

本橋哲也『ポストコロニアリズム』、岩波新書、二〇〇五年。

Yuval-Davis, Nira.Anthias,Floya., *Woman-Nation-State*, Mcmillan, 1990.

Susan Himmelweit, The Discovery of Unpaid Work: The Social Consequences of The Expansion of "Work," *Feminist Economics*,Vol.1, NO.2, summer 1995, p.1-19.

註

（1）呼称をめぐってはさまざまな議論があるが、本論文では、「在日朝鮮人」とは日本の植民地時代に渡航を余儀なくされた者とその子孫であり、国籍表示に関わらず朝鮮民族総称として用いた。

（2）ここで言う「ポスト」は、単に「後」を示す言葉ではない。植民地支配からの独立・解放によって支配構造が終焉したわけではなく、継続性と連続性を持って、その暴力が現存している状況を意味している。なお、「植民地」とは領地などを意味し、「植民地支配」とは制度的な概念、「植民地主義」は思想・信条ないしは関係性を意味する用語で、国際法的な植民地支配が終了しても継続し得るものだ、と定義しておく。

（3）今日、識字が学校教育の中で習得されるという前提が固定化しているため、識字と学校教育は切り離して議論できない。ユネスコにおける「機能的識字」の概念では、社会生活を営む上で最低限必要とされる読み書き計算能力であり、それが社会・文化・経済の発展に必要不可欠なものであるとした。さらに識字は近代学校教育の枠組みの中で、制度化されたものになる。学校教育の範囲で言いきれることはできないが、識字を持つもの持たざるものと序列化し、権力関係を生み出した（菊池久一『〈識字〉の構造――思考を抑圧する文字文化』勁草書房、一九九五年、一五―一九頁）。識字と学校教育の密接な関係を踏まえる必要性からも、本研究では、極力同時に検討していきたいと考える。また、識字の絶対的価値が、文字を持たない民族への抑圧を正当化してきたが、ここでの識字は「強制された非識字」（ガヤトリ・C・スピヴァック「女性史の異議申し立て」『思想』、八九八号、一九九九年四月、四三頁）という側面を持っていることを強調したい。

（4）日本の児童に対しては、一八九〇年以降就学督励を強化している。土方苑子『近代日本の学校と地域社会――村の子どもはどう生きたか』（東京大学出版会、一九九四年）が、日本児童の就学に詳しい。

（5）一九六四年の段階で、文部省（当時）は、ユネスコの調査に対し「日本では、識字の問題は完全に解決ずみである。…現状において、識字能力を高めるために特別な施策をとる必要はまったくない」と回答し、識字に関する本格的な調査を実施していない（元木健「国際識字年と識字問題」日本社会教育学会編『国際識字一〇年と識字問題』（日本の社会教育第五〇集）、東洋館出版社、一九九一年、七頁）。

（6）京都市社会課『市内在住朝鮮出身者に関する調査』、一九三七年一月、一四〇頁。

（7）米山リサ「批判的フェミニズムの系譜からみる日本占領――日本人女性のメディア表象と「解放とリハビリ」の米国神話」『思想』九五五号、二〇〇三年一一月、六〇頁。

（8）田中勝文「夜間中学問題を通して学校を考える」、日本教育学会編『教育学研究　現代学校論特集』、四五巻二号、一九七八年六月、三二一―三二五頁。

（9）田中勝文（一九七八年）を含めて、本間郷子「長欠児童の問題と夜間中学の果たす役割」（『日本福祉大学論叢』、三号、一九七〇年三月、八六―九六頁）、大橋謙策「へき地教育・夜間中学――貧困の世代継承と「教育福祉」」（小川利夫（他）編『教育と福祉の権利』（教育法学叢書二）、勁草書房、一九七二年、一五七―一八五頁）、松永健哉「夜間中学のあり方について――底辺教育の観点から」（『日本教育経営学会紀要』、一九号、一九七七年六月、四五―五〇頁）。

(10)棚田洋平「非識字者とは「だれ」か——夜間中学在籍生徒の経年比較より」『日本教育社会学会大会発表要旨集録』、五八号、二〇〇六年九月、一二七—一二八頁。
(11)棚田洋平「成人マイノリティ教育における教育実践に関する一考察——夜間中学の授業実践を事例として」『大阪大学教育学年報』一二号、二〇〇七年、五三—六三頁。
(12)徐阿貴「在日朝鮮女性による「対抗的な公共圏」の形成と主体構築——大阪における夜間中学独立運動の事例」、お茶の水女子大学ジェンダー研究センター編『ジェンダー研究』、八号、二〇〇五年三月、一一三—一二八号。
(13)高野雅夫『夜間中学生タカノマサオ——武器になる文字とコトバを』、解放出版社、一九九三年、一二三頁・一一〇頁。
(14)中村尚司「書くことの権力性」、思潮社『現代誌手帖　特集：読むことの最定位——身体・記憶・ことば』、四〇巻二号、一九九七年二月、三二—三七頁。
(15)小沢有作『在日朝鮮人教育論—歴史編』、亜紀書房、一九七三年。
(16)その他の戦前の在日朝鮮人教育研究としては、田中勝文「戦前における在日朝鮮人子弟の教育」(『愛知県立大学文学部論集——人文・社会自然』、一八号、一九六七年一二月、一五七—一七三頁)、伊藤悦子「一九三〇年代を中心とした在日朝鮮人教育運動の展開」(在日朝鮮人運動史研究会編『在日朝鮮人史研究』、一五号、一九八五年一〇月、三三—五八頁)、伊藤悦子「国民学校令下の在日朝鮮人教育」(本山幸彦教授退官記念論文集編集委員会編『日本教育史論叢』、思文閣出版、一九八八年、二五七—二七七頁)、中島智子「「在日」が「ニューカマー」だった頃——戦前期在日朝鮮人の就学実態」(『プール学院大学研究紀要』、四五号、二〇〇五年一二月、一四一—一五六頁)。
(17)解放直後の在日朝鮮人教育の特に京都を対象とした研究としては、中島智子「解放直後の京都における朝鮮人民族教育——1945〜49」(『在日朝鮮人史研究』、二〇号、一九九〇年一〇月、三一—四五頁)、松下佳弘「京都における在日韓国・朝鮮人教育の成立までの経過」(世界人権問題研究センター編『研究紀要』、九号、二〇〇四年三月、一一五—一三四頁)。
(18)金徳龍『朝鮮学校の戦後史——1945—1972〈増補改訂版〉』、社会評論社、二〇〇四年。

(19)小沢有作にあっては、後に夜間中学や識字運動に関わっていたことから、在日朝鮮人の不就学・非識字を規定した民族差別と、その継続性に常に注意を払っていたことが伺える。「かながわ識字国際フォーラム」の基調報告で、在日朝鮮人女性の八割は学校へ行けず、日本の文字やハングルを知る機会が奪われたのは、「植民地支配のためであり、その後遺症としての民族差別が引き続いているため」であると指摘している(小沢有作編『識字をとおして人びとはつながる——かながわ識字国際フォーラムの記録』、明石書店、一九九一年、二六頁)。

(20)伊藤るり「ジェンダー・階級・民族の相互関係——移住女性の状況を一つの手がかりとして」『ジェンダーの社会学』(岩波講座現代社会学第一一巻)、岩波書店、一九九五年、二一五頁。

(21)米山リサ、前掲論文、六四頁。

(22)マリア・ミース(奥田暁子訳)『国際分業と女性——進行する主婦化』、日本経済評論社、一九九七年。

(23)宋連玉の論文として例えば、「在日朝鮮人女性とは誰か」(岩崎稔(他)編『継続する植民地主義——ジェンダー／民族／人種／階級』、青弓社、二〇〇五年二月、二六〇—二七五頁)、「「在日」女性の戦後史」(上田正昭編『歴史のなかの「在日」』、藤原書店、二〇〇五年三月、一三一—一五二頁)、「在日朝鮮人女性にとっての戦後三〇年」(歴史学研究会編『歴史学研究』(現代史部会複合的視角から見た戦後日本社会——高度経済成長の外縁)、八〇七号、増刊号、二〇〇五年一〇月、一二三—一二九頁)。

(24)宋連玉、前掲論文、二〇〇五年一〇月、一二九頁。

(25)金富子『植民地期朝鮮の教育とジェンダー』、世織書房、二〇〇五年。

(26)伊藤悦子「国民学校令下の在日朝鮮人教育」、本山幸彦教授退官記念論文集編集委員会編『日本教育史論叢』、思文閣出版、一九八八年、二五八—二六二頁。

(27)田中勝文「戦前における在日朝鮮人子弟の教育」『愛知県立大学文学部論集——人文・社会・自然』、一八号、一九六七年一二月、一六二頁。

(28)神戸市社会調査「在神半島民族現状(一九二七年九月)」、近現代資料刊行会編『神戸市社会調査報告書』、一六巻、二〇〇三年、二六九頁。

(29)朝鮮総督府庶務部調査課「朝鮮人労働者の教育施設(一九二四年)」、小沢有作編『近代民衆の記録一〇——在日朝鮮人』、新人物往来社、一九七八年、三二六頁。
(30)同上、三二一—三二六頁。教育内容は、「内鮮融和」が基本方針で読み方、算術、修身、地理、歴史、漢文、英語など、それに朝鮮語が加わっている。これは3・1独立運動の教訓からきていると思われる。
(31)伊藤悦子「一九三〇年代を中心とした在日朝鮮人教育運動の展開」、在日朝鮮人運動史研究会編『在日朝鮮人史研究』、一五号、一九八五年一〇月、三三一—三四頁。この労働夜学の流れが引き継がれて、「キリスト教系」・「融和主義系」・「共産主義系」・「民族主義系」など理念のさまざまな団体が運営していた。教育内容は、団体によって異なっていたが、朝鮮語と日本語の両方を教授していたようだ。
(32)同上、四五—四六頁。
(33)同上、五一頁。
(34)許光茂「戦前京都の都市下層社会と朝鮮人の流入——朝鮮人の部落への流入がもつ歴史的意義をめぐって」、在日朝鮮人研究会編『コリアン・マイノリティ研究』、四号、二〇〇〇年一二月、七二頁。
(35)小沢有作『在日朝鮮人教育論——歴史編』、亜紀書房、一九七三年、七〇頁。
(36)同上、七一頁。
(37)田中勝文、前掲論文、一九六七年一二月、一六一頁。
(38)京都市社会課、『市内在住朝鮮出身者に関する調査』、一九二七年一月、一三五頁。
(39)伊藤悦子、前掲論文、一九八八年、二五八頁。
(40)小沢有作、前掲書、一九七三年、八八—八九頁。
(41)同上、九六頁。
(42)伊藤悦子、前掲論文、一九八八年、二六六—二六七頁。「協和お母さん学校」などがある。
(43)小沢有作、前掲書、一九七三年、五頁。
(44)金徳龍『朝鮮学校の戦後史——1945—1972〈増補改訂版〉』、社会評論社、二〇〇四年、二九頁。

(45) 同上、六五頁。
(46)「ソンインハッキョエノレ（成人学校の唄）」の一番の歌詞は、「聞けよ、私たちの江山解放の声　強い世界を建設することは民主の朝鮮　あなたもわたしも学んで、柱になろう、働いて働いて教わろう、成人学校に行って一緒に学ぼう」（日本語訳）と歌った（『人民解放歌謡集』、一九四八年七月、金慶春提供）。
(47) 学務局長通達（一九四八年一月二四日官学五号）「朝鮮人設立学校の取り扱いについて」「朝鮮人の子弟であっても学齢に該当する者は、日本人同様市町村立又は私立の小学校、又は中学校に就学させなければならない。」「学齢児童又は学齢生徒の教育については各種学校の設置は認められない。」とした。
(48) 朝鮮人学校を公立に移管したところもあった。東京、大阪、神奈川、京都、兵庫、岡山等で認可申請手続きを強要した。
(49) 民事局長通達（一九五二年四月一九日民事甲四三八）「朝鮮人および台湾人は、（日本）内地に在住する者も含めてすべて日本国籍を喪失する」とした。
(50) 文部省初等中等局長通達（一九五三年二月一一日文初財七四号）「朝鮮人の義務教育諸学校への就学について」。
(51) 金徳龍、前掲書、一五三頁。
(52) 小沢有作、前掲書、一九七三年、四二七頁。
(53) 一九五九年一二月に第一次帰国船が新潟港に入港し、一九六七年一一月に終了した。
(54) 一九五九年総聯中央委員会第一六次拡大会議は「成人教育事業を義務的に実施することについて」を採択し、二～三年のうちに成人学校を全国に一〇〇〇箇所設置することを決議している。成人学校は、全国的に期間（一～三ヶ月間）を設定し、夜間に週二、三回の頻度で開講する形で統一的に運営され始めたのは、一九六四年二月から四月までの「成人学校第一次事業」からで、その後、第二次（同年五月から七月）、第三次（同年九月から一一月）と系統的に開講、修了を繰り返していった（金徳龍、前掲書、一八二―一八三頁）。
(55) 鄭禧淳インタビュー、二〇〇七年七月一七日。識字運動を通して出会った在日一世の女性たちが高齢化し、日本語も読み書きできず、会話も忘れ、朝鮮語しか話せなくなることがあるという。日本の福祉施設では彼女たちに対応できないので、在日コリアン対象のデイサービスを運営するようになった。

(56) 鄭禧淳の記憶では、その歌詞は「字が分からないから切ない気持ち、腹立たしい気持ち、タメ息だけつかないで、仕事の暇をみてもっと学ぼう、アーヤ、オーヨと、私たちの文字を知らなかったら、恥ですよ、前に学んだものは、今から学ぼうとするものの手を引き、後ろから付いてくるものは、前の人の手をつかみ、みんな前に一緒に進もうよ」と作者不明だが、広く歌われたという。

(57) 京都朝鮮第三初級学校四〇周年記録映画企画にて。一九六七年建設当時の母親五人のインタビュー、二〇〇七年九月三〇日。現在七〇歳代である在日一世・二世の彼女たちは、一九六〇年代民族教育の盛り上がりとともに建設された京都朝鮮第三初級学校の草創期に携わり、学校建設を支え、成人学校にも参加したことがある。

(58) 正式名称は、「日本国に居住する大韓民国国民の法的地位及び待遇に関する日本国と大韓民国との間の協定」、(一九六五年六月二二日調印)。

(59) 一二月二八日の二つの文部次官通達の一つは「朝鮮人のみを収容する教育施設の取り扱いについて」(文管第二一〇号)、もう一つは「日本国に居住する大韓民国国民の法的地位および待遇に関する日本国と大韓民国との間の協定における教育関係事項の実施について」(文初財第四六四号)である。前者は、「朝鮮人としての民族性または国民性を涵養することを目的とする朝鮮人学校は、わが国の社会にとって、各種学校の地位を与える積極的意義を有するものとは認められない」とし、朝鮮学校の存在を否定した。この具体策として、一九六六年「外国人学校法案」が出され、「反日教育」をしているとして、実際は朝鮮学校を攻撃するものであった。これは朝鮮学校側の断固とした抵抗運動によって、阻止した。後者は、「永住を許可された者が日本国の公の小学校または中学校へ入学を希望する場合には、その入学が認められるよう必要と認める措置を執り、および日本国の中学校を卒業した場合には、日本国の上級学校への入学資格を認めること」とし、「韓国籍」児童を優遇的に日本学校へ就学させることを示唆した。当時の文部省福田初等教育局長は、永住許可を受けた児童の教育上の取扱は、「できるだけ好意的」に取り扱い、その「好意」とは「できるだけ日本人なみにする」と示したという(金徳龍、前掲書、一九八頁)。

(60) 詩人である金時鐘は、「在日朝鮮人にとって〈朝鮮〉とは「在日」のことなのだ。…本国に似せて〈朝鮮〉に至るのではなく、至り得ない朝鮮を生きて〈朝鮮〉であるべき自己を創りだそう。」と若い在日世代に呼びかけ、祖国の隔絶していることが負い目であってはならず、在日世代が独自に創りだしているものだ、と論じた（金時鐘「展望する在日朝鮮人像――中京焕裁判が問いかけるもの」（初出は一九七六年一〇月）『「在日」のはざまで』立風書房、一九八六年、四六六―四八四頁）。こうした「在日論」とも名づけられる新たな思想展開は、「帰国」・「同化」・「分断」の現実に、在日朝鮮人にとってもう一つの生き方を示したとも言えるが、在日社会の複雑な分裂を意味するものであった。

(61) 京都市社会課、前掲書、九四頁。

(62) 田中勝文、前掲論文、一九六七年一二月、一六〇頁。

(63) 京都市社会課、前掲書、一〇〇頁。

(64) 山根実紀「オモニがうたう竹田の子守唄――改進地区の「おかあちゃん」との出会い」、龍谷大学同和問題研究委員会編『高瀬川を歩くV――京都南部における社会的排除』、二〇〇七年三月、二九―三〇頁。本書収録（第Ⅰ部）。

(65) 宋連玉、「在日朝鮮人女性にとっての戦後三〇年」、歴史学研究会編『歴史学研究』（現代史部会：複合的視角から見た戦後日本社会――高度経済成長の外縁）、八〇七号、増刊号、二〇〇五年一〇月、一二二―一二九頁、一二六頁。

(66) 公営住宅法、国民年金法、児童手当三法などの社会保障制度は、「国籍要件」や「国籍条項」が設けられており、在日外国人を対象外としていた。ベトナム戦争（一九七五年終結）による難民の受け入れを日本も始めるが、難民の生活上必要な社会保障の制度的差別が、国際的に批判を浴び、ついに重い腰をあげ国際人権規約及び難民条約を批准した。その結果、公営住宅関係の「国籍要件」を撤廃し、一九八二年一月には国民年金法と児童手当三法の「国籍条項」を削除する法改正が施行された（田中宏「日本の社会保障・学校教育と国籍――コリア系介護事業所の背景となっていること」、久場嬉子編『介護・家事労働者の国際移動――エスニシティ・ジェンダー・ケア労働の交差』、日本評論社、二〇〇七年、六六―六七頁）。しかし、国民年金法においては、経過措置をとらなかったために、多くの無年金者が生じた。その多くが在日朝鮮人一世・二世の高齢者である。一方で、二〇〇〇年四月に施行された介護保険法には、「国籍要件」がないので、在日朝鮮人を対象にしたNPO法人京都コリアン生活センター・エルファのような介護事業所が誕生したが、無年金者の経済苦から保険料の納付の自己負担を懸念して、要介護認定を拒む人も多いという(河本尚枝「多文化共生に向かうケアサービス――コリア系介護事業所の設立」、同上、八三頁)。

(67)田中勝文「夜間中学問題を通して学校を考える」、日本教育学会編『教育学研究　現代学校論特集』、四五巻二号、一九七八年六月、三二―三五頁。

(68)松崎運之助『夜間中学――その歴史と現在』、白石書店、一九七九年、三八頁。

(69)同上、一一〇―一一一頁。

(70)文部事務次官、厚生事務次官、労働事務次官通達(一九五五年九月三〇日文初中第三七一号、厚生省文児第一八八号、収婦第四四号)「義務教育諸学校における不就学および長期欠席児童生徒対策について」。

(71)田中勝文、前掲論文、一九七八年六月、三四頁。

(72)一九五六年六月、五〇〇人の警察隊を導入して「地方教育行政の組織及び運営に関する法律」を強行採決し、同法により教育委員会の公選制を任命制へと改悪し、教育委員会の性格を大きく変えた。

(73)松崎運之助、前掲書、一六四―一六五頁。

(74)答弁書では「生活困窮などの理由から、昼間に就労又は家事手伝いなどをよぎなくされた学齢生徒などを対象として、夜間において義務教育の機会を提供するため、中学校に設けられた特別の学級であり、その果たしてきた役割は評価されなければならないと考えている。現在、中学校夜間学級に義務教育未修了のまま学齢を超過した者が多く在籍しているが、現実に義務教育を修了しておらず、しかも勉学の意思を有する者がいる以上、これらの者に対し何らかの学習の機会を提供することは必要なことと考えている。この点については、今後とも生涯教育の観点から配慮する必要があるが、当面、中学校夜間学級がこれらの者に対する教育の場として有する意義を無視することはできない」と述べている(第五二回全夜中大会記念誌、二〇〇四年、一一七―一一八頁)。相変わらず「生涯教育」の観点は否めないが、夜間中学に関する法的根拠を否定していない点は注目される。ここで言う法的根拠とは、学校教育法施行令の第二五条「市町村立小中学校等の設置廃止等についての届出」の「5、二部授業を行おうとするとき」だと言える。実際に、この法体系にしたがって運営されている夜間中学もある。

(75) 田中勝文、前掲論文、一九七八年六月、二六—二七頁。

(76) 京都市内の夜間中学の歴史については、全夜中大会記録/資料、郁文中学校(現洛友中)二部学級二〇周年記念『二〇年のあゆみと研究』(一九八九年)、「京都市の二部学級のあゆみ」(『京都市立中学校二部学級開設五〇周年記念誌』、二〇〇〇年、一四—二一頁)を参照する。

(77)「郁文中学校二部(夜間)学級の開設にあたって——仲田直先生に聞く」、部落解放同盟改進支部『解放新聞改進版』、三五三号、二〇〇六年一一月二〇日、三—四頁。

(78)『二〇年のあゆみと研究』、二七頁。

(79) 第二〇回全夜中大会要項・資料、一九七四年、二七—二八頁。

(80) 第二二回全夜中大会大会記録、一九七六年、四八—四九頁。

(81) 第二〇回全夜中大会要項・資料、一九七四年、五四—五八頁。

(82) 洛友中教頭・小林民和のインタビュー、二〇〇七年一一月二日。

(83) 全国夜間中学研究会第五一回大会実行委員会編『夜間中学生——一三三人からのメッセージ』(東方出版、二〇〇五年)など。京都市では京都市識字問題連絡協議会主催による識字展を、一九八九年から毎年開催している。

(84) 洛友中作文集『夜空』、一九九〇年三月、七四頁。

(85) 洛友中作文集『夜空』、一九八九年三月、六五頁。

(86) 例えば、本名に「男」という漢字が使われている場合、即座に男性であるとは判断し難い。しかし、作文の内容から、女性であることが分かった。朝鮮の伝統的な慣習によれば、男の子が産めなかったために、次に男の子を産めるよう祈願の意を込めて「男」という漢字を女の子に付ける場合があるという。

(87) 一九七〇年代からの全夜中大会の分科会では、毎回のように「本名呼び」をめぐって、教師たちの立場が問われてきた。「本名呼び」については共有し合っていたが、本人の意思に委ねる立場と名乗らせるように説得する立場との対立が続いた。前者は差別に向き合おうとしない教師の姿勢として批判され、後者は本人の意思にお構いなく押し付けに陥る可能性を指摘されている。「本名呼び」は基本的に在日朝鮮人生徒が圧倒的に多い近畿圏の夜間中学の取り組みであり、議論は後者に押されていた感がある（一九七〇年以降の全夜中大会資料参照）。

(88) 各地方共通の外国人教育方針等において、「民族的自覚を高める」教育により比重をかけてきた。「本名呼び」もこの中に盛り込まれており、民族的自覚を高める教育は「本名を呼び名のる」教育と典型的に言われ、創氏改名などの歴史を理解し、日本人には通名を支える差別意識を変えさせ、外国人には本名を名のり差別に負けない力をつけることを課題とし、本名で呼び合う両者の関係づくりが必要だと認識されている（仲原良二「在日外国人教育方針・指針の内容」、鄭早苗（他）編『全国自治体在日外国人教育方針・指針集大成』、明石書店、一九九五年、三三頁）。

(89) 大阪市内の学校では、一九六〇年代初期に本名問題が議論され、本名使用の意義が日本人教員に認識されるようになり、一九七〇年以降の在日外国人の教育指針の制定はこの実践の結果である（鄭早苗「在日コリアン教育の推移と在日外国人教育方針・指針」、同上、四二頁）。

(90) 『二〇年のあゆみと研究』、三七頁。

(91) 同上、七八頁。

(92) 正式名称は「京都市立学校外国人教育基本方針——主として在日韓国・朝鮮人に対する民族差別をなくす教育推進について」。一九八一年、京都市の学校教員や指導主事が組織している外国人教育研究推進委員会によって「外国人教育の基本方針（試案）」が提示され、それに基づいて外国人教育研究会の創立や研修会の実施などが取り組まれてきた。しかし、二〇年経過しても民族差別は根深く現存している状況にあり、人権教育として一層推進していかなければならず、さらに国際化が進展する中、共に生きていく大切さを理解させる教育が重要であるとする視点に立ち、外国人教育は京都市立学校に在籍するすべての児童・生徒を対象に、すべての学校で組織的、計画的かつ断続的に推進しなければならない、としている。「指導に当たっての留意事項」の五項目には、「在日韓国・朝鮮人児童・生徒が通称名（日本式氏名）を名乗ることについては、当然視することはあってはならない。民族差別がもたらした民族の主体性にかかわる矛盾としてとらえ」、本名を名乗ることができる環境を作るとともに、「基本的には本名を名乗ることに向けて保護者・本人と十分な話し合いを行うこと」と言及されている（鄭早苗（他）編、前掲書、二二一―二二九頁）。

(93) 洛友中作文集『夜空』、一九九三年三月、六〇―六二頁。

(94) 洛友中教頭・小林民和へのインタビュー、二〇〇七年一一月二日。

(95) 二〇〇七年現在、作文作成は、大抵国語か社会の時間に行われる。先述したようなテーマが与えられることもあるが、生徒の自由意志に委ねている。指導は、教科担当の教員が当たるが、完成した作文は各学級の担任に手渡される。これは、生徒の思いを担任がよく知っておかなければならない、という方針からだ。作文集の編集の際には、一年間に書き溜めた作文の中から、担任が選出することになっている（洛友中教頭・小林民和のインタビュー、二〇〇七年一一月二日）。

(96) 宋連玉「朝鮮「新女性」に見る民族とジェンダー」、三宅義子編『日本社会とジェンダー』（叢書：現在の経済・社会とジェンダー第三巻）、明石書店、二〇〇一年、一五三―一五四頁。

(97) フランツ・ファノン（海老原武（他）訳）『黒い皮膚・白い仮面』、みすず書房、一九九八年、三九―四〇頁。ファノンは西インド諸島（アンティル諸島）近くのフランス領マルチニック島に生れた黒人。精神科医であり、アルジェリア独立闘争に参加する。三六歳の若さで逝去。

(98) フランツ・ファノン（宮ヶ谷徳三（他）訳）『革命の社会学』、みすず書房、一九八四年（新訳）、六四頁。

(99) 金富子『植民地期朝鮮の教育とジェンダー』、世織書房、二〇〇五年、一八一―一八二頁。

付 表：「個人史」作文 156 作品一覧

作文No	発行年度	①入学	②卒業	③学校行事	④先生	⑤学習	⑥学校生活	⑦生活体験
1	1980	0	0	0	0	0	0	1
2	81	0	1	1	0	1	1	1
3		1	0	1	1	1	1	1
4		0	0	0	0	0	0	1
5		1	0	0	1	1	0	1
6	82	1	0	1	0	1	1	1
7		0	0	1	1	0	1	1
8		1	1	0	0	1	0	1
9	83	1	0	0	0	1	0	1
10		1	0	0	0	1	0	1
11		0	0	0	0	1	0	1
12		0	1	0	1	0	0	1
13	84	1	0	0	0	0	0	1
14		1	0	0	0	0	0	1
15		0	0	1	0	0	0	1
16		1	1	1	0	1	0	1
17		1	1	1	1	1	1	1
18	85	0	0	0	0	1	0	1
19		1	0	0	1	0	1	1
20	87	0	0	0	0	0	1	1
21		0	0	0	0	1	0	1
22		0	0	0	0	1	1	1
23		0	1	0	0	1	1	1
24	88	1	0	1	0	1	1	1
25		1	0	1	1	1	1	1
26		0	0	1	0	0	0	1
27		0	0	0	0	0	0	1
28		0	0	0	0	0	1	1
29		0	0	0	1	1	1	1
30	89	0	0	1	0	1	0	1
31		1	0	0	0	0	1	1
32		1	0	0	0	1	1	1
33		1	1	0	0	1	1	1
34	1990	0	0	0	0	0	1	1
35		1	0	0	1	0	0	1
36		0	0	0	1	1	0	1
37		0	0	0	0	1	0	1
38		1	0	0	0	1	0	1
39		1	0	0	0	0	1	1
40		1	0	0	0	0	0	1
41		0	0	0	0	1	1	1
42		0	0	0	0	1	0	1
43	91	0	0	0	0	0	1	1
44		0	1	0	1	1	0	1
45		0	1	0	0	1	1	1
46		0	0	0	0	1	1	1
47		0	0	0	0	1	0	1

作文No	発行年度	①入学	②卒業	③学校行事	④先生	⑤学習	⑥学校生活	⑦生活体験
48	91	0	0	0	0	1	0	1
49		1	1	0	0	1	0	1
50	92	1	0	1	0	0	0	1
51		1	1	1	0	1	1	1
52		1	0	0	0	1	1	1
53		1	0	0	0	0	0	1
54		1	0	0	1	1	1	1
55		0	0	0	0	1	1	1
56		0	1	1	0	1	1	1
57		0	0	0	0	0	0	1
58	93	0	0	0	0	1	0	1
59		1	0	0	0	0	1	1
60		0	0	0	0	0	1	1
61		1	0	0	0	0	0	1
62	94	0	0	1	0	1	0	1
63		0	0	0	0	1	1	1
64		0	1	0	0	1	0	1
65		0	0	0	0	1	1	1
66		0	0	0	0	1	0	1
67		0	1	0	0	0	0	1
68		0	0	1	1	1	1	1
69		0	0	1	0	0	0	1
70		1	0	0	0	0	1	1
71	95	0	0	0	0	1	0	1
72		0	0	0	0	1	1	1
73		1	0	0	0	1	0	1
74		0	0	0	1	0	0	1
75		0	0	1	0	0	0	1
76		0	0	0	1	1	0	1
77		1	1	0	0	0	0	1
78		0	0	0	0	0	0	1
79		0	0	0	1	1	0	1
80		0	0	1	1	0	0	1
81		0	0	0	1	1	0	1
82		0	0	0	1	1	1	1
83		0	0	0	0	1	0	1
84	96	0	0	0	0	1	0	1
85		0	0	1	0	1	0	1
86		0	0	0	0	1	0	1
87		0	0	0	0	1	1	1
88		0	1	0	0	1	1	1
89	97	0	0	0	0	0	0	1
90		0	0	1	1	1	0	1
91		0	0	0	0	1	1	1
92		0	0	0	1	1	1	1
93		0	0	0	1	0	1	1
94		0	0	0	1	1	0	1
95		0	0	0	1	1	1	1
96		0	0	0	0	1	0	1
97		0	0	0	1	1	1	1

作文No	発行年度	①入学	②卒業	③学校行事	④先生	⑤学習	⑥学校生活	⑦生活体験
98	97	0	0	0	1	0	1	1
99		0	0	0	1	1	1	1
100		0	0	0	0	1	0	1
101		0	1	0	0	1	0	1
102		0	0	0	1	1	0	1
103		1	0	0	0	0	0	1
104		0	1	0	0	0	0	1
105		0	0	1	0	0	0	1
106		1	0	0	0	0	1	1
107	98	0	0	0	0	1	0	1
108		0	0	0	0	1	0	1
109		0	0	1	1	1	1	1
110		0	0	0	0	1	0	1
111		0	0	1	0	0	0	1
112		0	0	0	0	1	0	1
113		0	0	0	1	1	0	1
114	99	0	0	1	0	1	0	1
115		0	0	0	1	1	1	1
116		0	0	0	0	0	1	1
117		0	0	0	0	1	0	1
118		0	0	0	0	1	1	1
119		0	0	1	0	0	1	1
120		0	0	0	1	1	1	1
121	2000	0	0	1	0	0	0	1
122		0	0	0	0	1	1	1
123		0	0	0	0	1	0	1
124		0	0	0	0	0	0	1
125		0	0	1	0	0	0	1
126		1	0	0	0	1	1	1
127		0	0	1	1	0	0	1
128	2001	0	0	0	0	0	0	1
129		0	0	0	0	0	1	1
130		0	0	0	0	1	0	1
131		0	0	0	0	0	1	1
132		0	1	1	0	1	1	1
133	2002	0	0	0	0	1	1	1
134		0	0	0	0	0	0	1
135		0	0	1	0	0	0	1
136		0	0	0	0	0	1	1
137	2003	1	0	0	0	0	0	1
138		1	0	0	0	0	1	1
139		0	0	0	0	0	0	1
140		0	0	1	0	1	0	1
141		1	1	0	0	0	1	1
142		0	0	1	0	0	0	1
143	2004	0	0	0	0	1	0	1
144		0	0	1	0	0	0	1
145		0	0	0	0	1	0	1
146		0	0	0	0	0	0	1
147	2005	0	0	1	0	0	0	1

作文No	発行年度	①入学	②卒業	③学校行事	④先生	⑤学習	⑥学校生活	⑦生活体験
148	2005	0	0	0	0	1	0	1
149		0	0	0	0	0	1	1
150		1	0	0	0	1	1	1
151		0	0	0	0	1	1	1
152		0	0	1	0	0	0	1
153	2006	0	0	1	0	0	0	1
154		0	0	0	0	0	0	1
155		0	0	1	0	0	0	1
156		0	0	1	0	0	0	1

発言

自分の身近な人たちへ、アピールを

［解題］二〇〇八年三月二六日、大阪市で開かれた市民集会「今こそつながろう！朝鮮学校との交流でみえたもの」での発言の記録である。著者は既にチャリティコンサートなど様々な朝鮮学校支援に取り組んでいたが、当時は学生中心の新たな交流、支援プロジェクトを立ち上げ、衝き動かされるように理解と支援を広げようとしていた。背景には二〇〇六年の「ミサイル報道」や同年の「核実験」で強まっていた官民あげての総連、在日朝鮮人への差別、不当弾圧の強まりへの焦りがあったとみられる。発言中、言及されている二事件もその一つ。「滋賀朝鮮初級学校への警察の強制捜査」とは、二〇〇七年一月、大阪府警公安部が同校を捜索した事案。容疑は、大阪で使う業務車両を滋賀の学校用地で車庫登録した「車庫飛ばし」。微罪による弾圧だった。「大阪朝高グラウンド問題」とは、二〇〇六年に東大阪市が大阪朝鮮高級学校に対しグラウンドの明け渡しを求めて民事訴訟を起こしたこと（二〇〇九年に学校側の買い取りで和解）。発言内容には、「朝鮮フォビア」への危機感と、足元から状況を変えたいとの思いが詰まる。二〇〇七年一月には官製差別に後押しされるように差別主義者団体「在日特権を許さない市民の会」が結成され、この当時も活動を活発化させていた。翌二〇〇九年には京都朝鮮第一初級学校襲撃事件が発生、高校無償化からの朝鮮学校排除もほぼ同時に進められ、朝鮮学校差別は新たな局面に入る。（中村）

龍谷大学大学院を三月に修了したばかりで、「朝鮮学校を支える会・京滋」に関わらせていただいたり、「日朝友好関西学生の会」の日本学生代表でやっています。今回の大阪朝高グラウンド問題にもかかわらせていただいています。

日朝友好の学生の会のメンバーの出身校である大

阪朝高の問題にかかわることで、日朝の会の仲間ともまた向き合えることができるような気がしています。

「ハナから～日朝友好プロジェクト」という名称の「ハナから」というのは、日本語の「はなから」と朝鮮語の「ハナ（ひとつ）」をかけてるんですが、「ハナ」という言葉は「統一」をすぐに思い浮かべると思います。日朝をまた「統一」させるのかという批判を受けたことがあるんですが、「始めから」、「一から」という意味を込めてつけました。もう一度始めからちゃんと向き合ってみようという思いが込められています。

二〇〇六年夏に朝鮮民主主義人民共和国がミサイル発射したという報道がありました。それから、朝鮮学校の子どもたちに対する暴言・暴力が起こってきまして、それに対して日本人の責任として何とかそれを食い止めたいという思いがありました。わたしも何かしなければという思いはありながらどんどん時が過ぎていったんですけれども、伊関さんに声をかけてもらって一緒にやってみようということで集まりました。それが二〇〇七年三月です。

何から始めようかということで、一番ターゲットにされている子どもへの暴力もそうなんですけれども、特に滋賀朝鮮初級学校に対する警察の強制捜査と大阪朝鮮高級学校グラウンドの土地の裁判がその時にありましたので、この二つの問題から始めていこうということで、滋賀の方は聞き取り調査をして、それをまとめて冊子をつくりました。

大阪朝高グラウンド問題に関しては、二〇〇七年四月から一般の通行人が多く通る京都駅前と大阪駅前でメガホンを持ってアピールしました。また自分の通う大学の学生たちに伝えていかねばならないということで、立命館・京大・龍谷の学生がいたので、大学の正門の前でアピールをしました。それぞれ二〇〇とか三〇〇名の学生が署名してくれました。

身近なところで訴えていきたいという思いが強く、自分の大学でメガホンを持って訴えることが夢だったので、それがかないました（笑）。度胸もついたので、それがよかったと思います。

それから東大阪市の住民の方とか、東大阪市役所前でやりました。あまり人通りが多いところではないんですけれど、市役所の職員でお昼に出てくる人に声掛けました。こういうことを知らないという人もいましたし、結構近い部署にいるからわたしできないというようなこともあったんですけれども、それでも何人もの職員に署名をいただくことができました。

また、大阪朝高ラグビー部が出場する花園ラグビー場でも署名行動を行って、相手チームの保護者の方とか子どもさんが署名をしてくれたりしました。最終的に二〇〇八年二月時点で五〇〇〇筆以上の署名を集めました。日本人のこれだけの関心の高さはやっぱり東大阪市や裁判所にも影響を与えたと思います。

裁判では終始土地問題として扱われていたんですが、第六回口頭弁論を傍聴させていただいた時に、マイノリティという言葉が裁判官の口から出てきたことはすごく画期的だと思います。署名活動が効果的かどうかは自信がありませんが、地道で小さな活動でも、確実に着実に影響を与えたんじゃないかなと思います。今後の活動としては、気を緩めることはできないので、教育委員会や行政の担当の方に訴えていける基盤を固めてアピールしていきたいと思います。

報告書

朝鮮学校とジェンダーを語る視点

［解題］同志社大学社会学部社会学科で開講されている学部科目「社会調査実習」の二〇〇八年度報告書「朝鮮学校の社会学的研究・京都朝鮮第三初級学校を中心に」（二〇〇九年三月発行、板垣竜太指導担当）の分担執筆。著者は二コマ通年の授業にアシスタントとして参加し、先行研究の整理と、オモニ会のことを描いた第四章の監修を担当した。同報告書は、民族教育が公教育制度内で実施不可能であるという日本の構造的条件下において、朝鮮学校の運営にかかわる教員、保護者らにかかるさまざまな負担の

問題を調査にもとづき叙述したものである。負担には経済的負担のみならず、無償の「アンペイド・ワーク」も含まれる。そうした観点からまとめた調査実習報告書の「先行研究」部分をここに掲載する（第四章は学部生らとの共著になっており、著者の執筆箇所のみ抽出することが困難であるため掲載を見送った）。単なる研究史整理にとどまらない、朝鮮学校とジェンダーを語るための著者なりの視点が提示されている。なお、のちにこの報告書は、二〇〇九年一二月に起きた京都朝鮮第一初級学校襲撃事件に関する民事裁判に証拠資料として提出され、朝鮮学校側の勝訴判決文でも参照された。（板垣）

本報告書は、朝鮮学校の独自の教育と、それらを囲い込む社会的状況と複雑に絡み合った、私的・公的空間で発揮されるジェンダー分業とその内容を扱うにあたって、民族教育論、ジェンダー論、エスニシティ論、アンペイド・ワーク論などの研究領域を跨ぐことになる。よって、以下では「民族教育研究」、「エスニシティとジェンダー」、「アンペイド・ワークとエスニシティ」という三つのキーワードに基づいて、本報告書の位置づけを行いたい。

（1）民族教育研究

戦後の在日朝鮮人研究史は、冷戦構造下で研究活動自体も制限されてきた。つまり、植民地からの「解放」、南北朝鮮の分割占領、朝鮮半島への帰還と残留、日本政府の弾圧と「国民的」権利からの排除、分断政府の樹立、民族団体の対立、朝鮮戦争、いわゆる「帰国事業」、日韓条約と続くプロセスのなかで、在日朝鮮人社会は複雑に分断され、研究もそれらに規定されることになる。

小沢（一九七三年）が、戦前・戦後の主に「同化教育」と民族教育運動に焦点を当て、体系的に整理している。また、金徳龍（二〇〇四年）は、朝鮮学校の民族教育運動史を資料集成的にまとめた。しかし、こうした史料を基礎とした通史的な研究においても、両者とも一九七〇年代前半までで留まっている。朝鮮民主主義人民共和国（以下、共和国）への帰還事業、日韓条約の調印、「本国」での南北対立の激化など激動の情勢が、一九七〇年代の在日朝鮮人の位置づけをさらに複雑にしていったことが背景にあろう。こうした背景の下、登場したいわゆる「在日論」は、在日朝鮮人の複雑な状況を象徴したものだった。さらに、「祖国志向的」な運動を支えてきた日教組教研活動に対して、日本の学校に在籍する朝鮮人児童の教育に取り組む日本人教師たちもあらわれはじめた（稲富、一九八八年、三三―三四頁）。日本の学校における在日朝鮮人教育や民族学級設置に関心が高まった。

一方で、一九九〇年代以降、共和国の「核疑惑」や「ミサイル疑惑」などが報道されると、「チマ・チョゴリ切り裂き事件」など朝鮮学校の児童に対する暴言・暴行が頻発し、いわゆる「北朝鮮バッシング」と朝鮮学校へのマイナスイメージは常に結びついた。二〇〇二年の「拉致事件」発覚以後は、日本社会だけでなく、在日朝鮮人社会においても、深刻な朝鮮学校離れを招くことになる。

その間の民族教育研究は、ある意味、停滞してきたといえる。しかしそのなかでも、各地域での歴史の掘り起こしは着実に進んでいる。京都では、中島（一九九〇年）と松下（二〇〇四年、二〇〇八年）が、いずれも解放直後の民族教育における京都の地域的な特徴を押さえており、現在の京都朝鮮第一初級学校の前身となる民族教育の形相、学校閉鎖の代替策としての民族学級設置要望運動なども歴史学的に考察している。また、松下（二〇〇八年）は、行政文書の記録から、学校閉鎖後の昼間の日本人学校への転校にも注目している。ただし、やはり核となる時期が解放直後に限定される傾向にあるのと、資料上の限界は否めない。実証的研究が難しい中で、聞き取り調査の重要性も増しているが、当事者の高齢化により、歴史的叙述作業が急務のこととなっている。本調査では、地域と学校を限定し、さらに時期としても一九六〇年代から現在に至るまでの社会学的考察をすることで、空白を埋めることができよう。

また、既存の研究では、ジェンダー的視角についても弱かったといわざるを得ない。だが、近年、後述するように、フェミニズムの「第三の波」とも言えるような流れの中で、韓東賢（二〇〇六年）のような朝鮮学校とジェンダーに焦点を当てた研究も登場している。韓東賢は、南北朝鮮両国でも制服にならなかったチマ・チョゴリという伝統的民族衣装が、朝鮮学校の制服として採用された過程と女性たちの意識について注目した。一九六〇年代前半に生まれたチマ・チョゴリ制服の背景として、共和国への帰国運動による「祖国熱」などがあり、チマ・チョゴリ制服は「民族性の象徴」だとされてきた。しかし、女生徒だけに採用されたことが、家父長的な言説に回収されることを韓東賢は拒否する。なぜなら、朝鮮学校のチマ・チョゴリ制服が近代に生まれた改良型であること、そして一部の女生徒の自発的な着用が制服化を促したという点を分析する必要があり単純ではないという。このように、朝鮮人女性たちの自律的な主体性を可視化したことは、朝鮮学校の歴史叙述に貢献を果たし、本報告書の重要な先行研究となる。ただし、ジェンダーの観点からは、考慮すべきことはまだ多く残されている。このことについては、次項でも触れたい。

したがって本報告書は、歴史学的・社会学的視点で、一九六〇年代後半に設立した京都朝鮮第三初級学校をフィールドに、教員や保護者などの活動に着目し、民族やジェンダーなどの立体的で新しい民族教育研究を切り拓くものとなるだろう。

(2) エスニシティとジェンダー

一九七〇年代以降のフェミニズムの「第二の波」は、欧米の都市白人中産階級女性によって担われ、同質的・普遍的な女性を前提にし、マイノリティの女性が直面する人種主義、民族差別の問題は捨象される傾向にあった(伊藤、一九九五年)。しかし、「ウィーメン・オブ・カラー・フェミニズム」や「第三世界フェミニズム」などとよばれる、異議申立てを含むフェミニズムの登場により、一九八〇年代半ばから人種的・民族的な権力への問題関心も強まりつつある。米山(二〇〇三年)はこのような動きを、「性差別への対抗的視座を中心にすえつつ、同時に、多くのフェミニズム批評の位置が前提としてきた「女性」というカテゴリーの同一主義的(identitarian)で普遍主義的な理解を批判的に見直そうという姿勢を重視するフェミニズム批評のあり方を示すものとして」、「批判的フェミニズム」の視座として提示した。こうした批判的な態度は、普遍的なフェミニズムの弱点を克服しようとするものである。

日本では一九九〇年代に、韓国で日本軍「慰安婦」制度の被害者が、沈黙を破り訴えたことにより、植民地研究・戦争研究におけるジェンダー的視点の不可避性が明らかになった。一九九〇年代以降、植民地支配の歴史をジェンダーなど複合的な視点で書き換える作業を行う過程では、注目すべき議論が展開され、さまざまな論点が提起されてきた。

特に一九九七年九月に「日本の戦争責任資料センター」が行ったシンポジウム(日本の戦争責任資料センター、二〇〇三年)は、基本的な論点が明確にあらわれている点において重要なので、ここで少し詳しく見ておこう。

パネリストの一人である上野千鶴子の主張には、重要な指摘を含みつつも、厳しい反論も寄せられた。上野が指摘するポイントはいくつかあるが、ここで重要なのは次の三つである。①「慰安婦」問題を植民地支配の枠で捉えると、日本人「慰安婦」を問題化できなくなる、②植民地支配は在日の闘いであり、性暴力被害の問題は女性の闘いである、③「フェミニズムはナショナリズムを超えられるか」(日本の戦争責任資料センター、二〇〇三年、六〇—六三頁)。

当日、コーディネーターを務めた金富子は、「日本人女性は政治的共同体としての加害国民の一人として戦争責任を果たすことによって、はじめて国境を超えた女たちとの連帯が可能である」と主張している(日本の戦争責任資料センター、二〇〇三年、六〇—七五頁)。また、その会場に居合わせた岡真理も、「たとえ女性であるということが被抑圧者であることを意味しうるとしても、日本人フェミニストが、在日朝鮮人というカテゴリーにフェミニストというカテゴリーを対等なものとして並置するなどという所作が、彼我のあいだに存在する植民地主義的な関係性を無視することなくして、いかにして可能なのか」と問いかける(日本の戦争責任資料センター、二〇〇三年、二二四頁)。つまりここでは、植民地主義的な関係性の問題を捨象したかたちで、「ナショナリズム」を越えるフェミニズムを志向することの不可能性が指摘されている。フェミニズムの議論が、他の権力関係から切り離されて語られることの問題が浮き彫りになったのと同時に、他者の問いかけにいかに応答するかという「責任と主体」の課題にまで踏み込んで議論され、その後の植民地主義とジェンダーをめぐる課題を考える際において、重要な参照枠組みを提供していると言える。

以上の議論を引き継ぐように、米山リサ・金富子・李孝徳（二〇〇五年）の「『戦後』を構成する暴力」と題する対談の中で、米山が批判的フェミニズムの視点から「すべての女性を男性の暴力と家父長制による犠牲者とみなす、という普遍主義的で同一主義的な視座」の二項対立では、「女性が男性の暴力や家父長制の被害者であると同時に、別の力関係においては支配者・抑圧者にもなりうるという事態を把握できない」とし、「女性を被害者としてだけ捉える」「フェミニスト自身の支配者・抑圧者としての「責任回避」につながる」と批判している（米山（他）二〇〇五年、一三一―一三二頁）。さらに、金富子は、民族とジェンダーの二項対立についても問題化する。「ジェンダーだけを救い出していて民族は選択可能な条件になっているけれども、それははたして在日朝鮮人女性というときに切り離せるものなのか…だからどちらかを選ぶものではない。実は、どう交差しているかをこそ読み取るべきものなのに、どちらかは切り捨てられてしまう、しかもそれは民族だったりするという読み方・読まれ方をされてしまうのが問題」（米山（他）二〇〇五年、一四三―一四四頁）だと。それに対して、米山は「二項対立にものごとを純化して語れること自体が特権であることに加えて、単純な声は輻輳性を語る声よりも聞き届けられやすい」（米山（他）二〇〇五年、一四四頁）と警鐘を打ち鳴らす。こうした論点は、個別具体的なテーマにおいてさらに掘り下げられなくてはならないだろう。

こうした問題提起に関わって、戦後の在日朝鮮人女性に関する研究について初めて取り組んだのは、宋連玉である（二〇〇五年a、二〇〇五年b、二〇〇五年c、二〇〇六年）。在日朝鮮人社会が、性差別的な通説で描かれる傾向にある一方で、男性中心的な資料に基づく傾向にあり、実態が見えないと指摘した上で、戦後の在日朝鮮人女性を可視化する必要性を主張した。また日本の戦後復興の中で、日本人女性が解放を実現していったことと、在日朝鮮人女性が家族に封じ込められたことは、東アジアの冷戦構造におけるコインの裏表の現象であり、見えない存在として隔たってきたという（宋連玉、二〇〇六年）。

例えば、朝鮮戦争時、就学機会が与えられずに密造酒で生計を立てていた朝鮮人女性に対し、日本の公権力は反社会行為だとして暴力的に弾圧しようとした。しかし、「私的領域を侵そうとする国家の暴圧に向かっては、在日朝鮮人女性も男性との葛藤を抱え込みながら、共闘して生活を守った」とし、「多くの在日朝鮮人家庭は、日本社会の政治的暴圧と経済的封鎖の下で家族を守るために家父長制を強め、そのなかで女・子供の労働力を生き延びた」とする（宋連玉、二〇〇五年a）。在日朝鮮人社会が日本社会と分断国家に規定されながら家父長制イデオロギーを強めていくなかで、在日朝鮮人女性が、家庭のなかで「母」として「妻」として生きていくと同時に、日本の植民地主義的な抑圧に対しては男性とともに抵抗するという、単純にジェンダーという単一の変数だけに回収することのできない輻輳する状況を描き出そうとしている。このように在日朝鮮人女性を、重層的な権力の構造に置いてみようという視点は、本報告書の諸前提ともなっている。

一方、先述した韓東賢は、少し異なる立場から女性の主体性に着目した。解放後においても、言語や文化を抑圧されている植民地主義的状況下で、チマ・チョゴリ制服の着用はまず人間性を取り戻さないと、女性としての自立はない。そして、民族性による人間性回復が、女性の自立につながる」（韓東賢、二〇〇六年、二〇八頁）と考えられた。従属的な朝鮮人女性というステレオタイプを乗り越え、女性たちの主体性（agency）を明らかにし、そこにはまず民族性の回復が切実な課題であったというポストコロニアルな状況を示した。

結局のところ、このような在日朝鮮人女性たちの取り巻く錯綜した状況をいかに把握していくかが、差し迫った課題である。本報告書でも、朝鮮学校に関わる女性たちの生を丁寧に叙述していくことを意識していきたい。

(3) アンペイド・ワークとエスニシティ

古典的な労働研究は、賃金労働を前提としてきたために、家庭や地域内で無償の労働をしている女性たちの存在が軽視されてきた。フェミニズムの批判によって、女性に押し付けられてきた家庭内労働の性別役割分業が問題化された。いわゆる家事労働論は、生産労働のみの価値付けを乗り越え可視化しようとしてきたが、議論は先進国内部に終始し、第三世界の問題を欠いていた。一方、従属論や世界システム論では、先進国と第三世界の関係性が明らかになったものの、ジェンダー論は周辺的な位置しか与えられてこなかった。第三世界開発論における非公式部門論でも同様である。そうしたなかで、第三世界の女性の労働の不可視の部分を組み入れ、賃金のともなわない労働を再評価しジェンダーバイアスを是正していくためにアンペイド・ワーク論が提起され、それを測定して可視化することを模索されるようになった（古田、二〇〇〇年）。「国際的に合意された規準（いわゆる「第三者規準」等）」による時間利用調査データの活用が注目されるようになる（矢澤、二〇〇〇年）。時間利用調査は、市場労働の枠をこえる「広義の労働」を量的に捉えるので有効的であると考えられた。

しかし、アンペイド・ワーク論だけでも包括できない部分が出てくる。マイノリティに位置づけられる在日朝鮮人を規定する、制度的差別などによって、必然的に負荷される「労働」が明らかにされない。朝鮮学校で働く教員たちは、学校の財政難によって、ボランティア同然で働いている。あるいは、あえて財政難の朝鮮学校を選択する保護者にとっても、学校での活動は単純に子育てだけに直結するアンペイド・ワークとは言い切れない。したがって、アンペイド・ワークの定義そのものを再考する必要に迫られていると言えよう。

実際に、国連（United Nations 2005）で作成された時間利用調査票は、本調査でそのまま援用することが出来なかった。エスニシティの観点がないので、不十分な調査結果に陥る可能性があった。例えば、コミュニティでの活動は、日本社会と在日同胞社会に対する働きかけとは全く意味を異にするため、項目の分割を求められた。

このように、民族的なアンペイド・ワークにも焦点を当て、日本社会から囲い込まれた朝鮮学校と、それを支える教員や保護者たちの生活実態を把握するために、複眼的な調査分析を行った。

参考文献

古田睦美「アンペイド・ワーク論の課題と可能性——世界システム・パースペクティブから見たアンペイド・ワーク」、川崎賢子・中村陽一編『アンペイド・ワークとは何か』藤原書店、二〇〇〇年。

韓東賢『チマ・チョゴリ制服の民族誌——その誕生と朝鮮学校の女性たち』双風舎、二〇〇六年。

伊藤るり「ジェンダー・階級・民族の相互関係——移住女性の状況を一つの手がかりとして」『ジェンダーの社会学』(岩波講座現代社会学第一一巻)岩波書店、一九九五年。

金徳龍『朝鮮学校の戦後史——一九四五—一九七二〈増補改訂版〉』社会評論社、二〇〇四年。

松下佳弘「京都における在日韓国・朝鮮人教育の成立までの経過」、世界人権問題研究センター編『研究紀要』九号、二〇〇四年。

——「京都における朝鮮人学校閉鎖期(一九四八〜一九五〇)の状況——府・市による閉鎖措置と公立学校への転校の視点から」、世界人権問題研究センター編『研究紀要』一三号、二〇〇八年。

中島智子「解放直後の京都における朝鮮人民族教育——一九四五〜四九」『在日朝鮮人史研究』二〇号、一九九〇年。

日本の戦争責任資料センター『ナショナリズムと「慰安婦」問題——新装版』青木書店、二〇〇三年。

小沢有作『在日朝鮮人教育論——歴史編』亜紀書房、一九七三年。

宋連玉「在日女性の戦後史」『環』一一号、藤原書店、二〇〇二年。

——「在日朝鮮人女性とは誰か」、岩崎稔(他)編『継続する植民地主義——ジェンダー/民族/人種/階級』青弓社、二〇〇五年a。

——「「在日」女性の戦後史」、上田正昭編『歴史のなかの「在日」』藤原書店、二〇〇五年b。

——「在日朝鮮人女性にとっての戦後三〇年」歴史学研究会編『歴史学研究』八〇七号、二〇〇五年c。

——「在日朝鮮人女性にとっての「戦後復興」——植民地主義の完成と家族への封じ込め」、中野敏男(他)編『沖縄の占領と日本の復興』青弓社、二〇〇六年。

United Nation, 2005, *Guide to Producing Statistics on Time Use: Measuring Paid and Unpaid Work.*

矢澤澄子「アンペイド・ワークをめぐる国内の研究と議論の現在」、川崎賢子・中村陽一編『アンペイド・ワークとは何か』藤原書店、二〇〇〇年。

米山リサ「批判的フェミニズムの系譜からみる日本占領——日本人女性のメディア表象と「解放とリハビリ」の米国神話」『思想』九五五号、二〇〇三年。

米山リサ・金富子・李孝徳「「戦後」を構成する暴力」・岩崎稔(他)編『継続する植民地主義——ジェンダー/民族/人種/階級』青弓社、二〇〇五年。

III

在日朝鮮人女性にとっての夜間中学

ライフストーリーからのアプローチ

［解題］

初出は『龍谷大学経済学論集（民際学論集）』（第四九巻第一号、二〇〇九年八月）。本論集は、龍谷大学の田中宏教授の退官記念論文集として編纂されたものである。大量の作文を資料として活用した修士論文とは対照的に、本論文では洛友中学二部学級に学ぶひとりの在日朝鮮人女性のライフヒストリーを描くという手法をとっている。同時に、インタビュー対象が、夜間中学の規則や慣行、識字以外の学習の意味に懐疑的な見解を抱いていることや、あるいは出生時の複雑な事情のために自身が「本名」を知らないという事実に着目し、教師たちのあらかじめ設定した生徒像におさまりきらない主体に着目する必要性を強調している。著者は、二〇〇八年春に京都大学教育学研究科の研究生となり、翌二〇〇九年春に同修士課程に入学している。学校とはなにか、ということが鋭く問われる環境において、夜間中学にたいしても、在日朝鮮人女性に識字の機会を与える「解放」の場という理解だけでよいのかという問いが前面にあらわれるようになってきている。

（駒込）

一　はじめに

日本では、一九〇〇年前後に就学率が急増し、一九二〇年代までに男女とも就学率が九九%を達成している(1)。しかし他方で、全く学校とは無縁だったものもいる。在日朝鮮人の特に一世・二世の女性が、多くの場合そうだった。植民地時代、朝鮮半島では義務教育制度が施行されなかったが、日本に在住する朝鮮人児童に対しては、一九三〇年に日本人児童と同様の義務教育制度が適用されている。さらに、後の「皇民化教育」によって、就学奨励が強化されたにもかかわらず、不就学の在日朝鮮人女性が存在したのである。

解放後の在日朝鮮人の民族教育運動も、GHQや日本政府の厳しい弾圧が待っていたし、在日朝鮮人女性たちは、これらの民族教育を受ける機会もなく、家庭や仕事に従事しなければならなかった。そして、子育てや仕事が落ち着いた頃、高齢になって夜間中学や識字教室に通うという現象が、一九七〇年代から各地でみられた。これが彼女たちの初めての学校経験となる。

このような歴史的事実は、日本の文字社会で暮らさなければならなかった在日朝鮮人女性たちの生活にも大きな影をもたらした。夜間中学で彼女たちによって綴られた作文は、そのような不就学や非識字による不利益を訴えてきた。また同時に、夜間中学がいかに彼女たちに「解放」をもたらしたかが表現されてきた。

確かにその意味の重さを受けとめる必要がある。民族差別や性差別によって不就学・非識字に追いやられた女性たちが、夜間中学を通して積極的に「自律的な主体」を取戻していくという在日朝鮮人女性像は、夜間中学の運動の中で語りつくされてきた。これらは作文集(2)や夜間中学の教師たちの実践記録(3)などを通して周知され、これまで不可視の存在であった在日朝鮮人女性の実態を浮き彫りにしたことで評価できよう。しかし一方で、これらがマスター・ナラティブとなり、夜間中学やその生徒である在日朝鮮人女性のイメージが、一面的に当てはめられてきたとも言える。夜間中学の重要性が、「解放」という名のもと過度に強調され評価されることになり、公教育のあり方や日本語優位的な文字社会の再考を不十分なものに留めてきたのではないだろうか。そのことによって、夜間中学入学が、非常に矛盾を抱える言語社会の上に成り立っているにもかかわらず、自発的行為だと見なされ公権力に回収されてしまう。また、夜間中学入学以前までを従属的なイメージとして語ることによって、公教育の周辺部の存在を矮小化させてしまう傾向を持ってきたし、それは彼女たちの主体性や多様な生きざまの埋没さえも意味する。

そこで筆者は、夜間中学に学ぶ在日朝鮮人女性たちの各々のライフストーリーを追ってきた。夜間中学の作文集には描かれていない生活世界に出会った。少なくともそこには作文との距離を感じるのだ。つまり、積極的に評価される夜間中学の空間や実践は、これまで言われてきた通り、彼女たちの意識にさまざまな影響を与えてきたが、一方で後述するように公教育だからこその弊害も見受けられるのである。この両面性を、在日朝鮮人女性が置かれた錯綜した状況を象徴するものとして向き合わねばならないのではないだろうか。これらの語りは、夜間中学のステレオタイプ的な言説を揺るがすと同時に、彼女たちにとっての夜間中学の意義の問い直しへの一歩を踏み出させてくれるだろう。本研究では、ある一人の夜間中学出身の在日朝鮮人女性の語りに焦点を当て、彼女にとって夜間中学とはどのような意味を持ち得たのか、そしてそれはどのような葛藤が孕んでいるのかという視点から読み取っていきたい。

まず、上記のような課題意識に接近するために、本研究の方法論としてのライフストーリー法を採用する有効性について言及しておく必要がある。桜井厚は、「女性はこれまでの男性中心社会から疎外され、いわば家父長制的支配、性支配的文化のなかでは抑圧され沈黙を余儀なくされるだけでなく、たとえ声をあげてもなかなか聞く耳が育たない現実がある」ので、女性を対象とするフェミニスト・リサーチがオーラルヒストリー法やライフストーリー法に大きな関心を示したのも無理からぬことであったと指摘している(4)。そして、桜井はライフストーリーにおけるジェンダー差が、「ドメスティック/プライベートな領域」に語り、他者との関係性において自分の人生を語り、そしてその間接的な言い方では直接話法を多く用いるのでいきいきとしているという。

さらに、ライフヒストリーは「事実や出来事について時間的、空間的に位置づけられて構成されている「物語世界」を、語り手が「いま―ここ」というインタビューの場(「ストーリー領域」)で、どのように価値判断しているのかという「評価」も大事な構成要素」であるが、社会変動は、支配的なマスター・ナラティブやモデル・ストーリーに対し、女性のライフヒストリーにおいて「同調、妥協、葛藤、反抗、拒否などの対応関係で自己を呈示すること」を求める。なぜなら、男性のジェンダー・カテゴリーは無徴化されてきたから自己を語るだけでよかったが、有徴化されてきた存在として女性はジェンダー・カテゴリーとの関係で自己を位置づけなければならなかったからであるとする。このようなジェンダー差の特徴は注目に値するだろう。しかし、桜井も「ひとはジェンダー化された存在であるが、だからといって女/男で〈ある〉ことは、そのひとすべてを物語るわけではない」と留保しているように、民族や階級などによっても女性は規定されているので普遍化することはできない。本研究では、これまでなかなか聞き取られなかった在日朝鮮人女性の豊かな語りにおいて、支配的なストーリーに対し彼女が同調したり葛藤したりする姿が読み取れるのではないかと思う。

一方の在日朝鮮人研究では、女性の聞き取り作業は未だ不十分である。宋連玉は、在日朝鮮人研究が、男性中心的な資料に基づく傾向にあり、実態が見えないと指摘し在日朝鮮人女性の存在の可視化を試みた。宋はできるだけ歴史資料に基づいて在日朝鮮人女性の全体像を把握しようとした(5)。しかし、宋が難色を示すように、歴史資料や統計には限界がある。周縁化された在日朝鮮人において、女性は家事や統計に表れないようなより零細な仕事に従事していたために、一層周縁化され実態が見えにくい。男性中心的な日本社会と在日朝鮮人社会の双方で、彼女たちの声は、発したとしてもなかなか聞き取られることはなく、沈黙を余儀なくさせられていたと言える。そういう意味でも、ライフストーリーの聞き取りは、彼女たちの可視化に大きく貢献するのではないだろうか。在日朝鮮人の高齢化が進む現在、その作業は急務のことであり、それらの経験に基づいた個別具体的な研究の必要性を感じる。

夜間中学に学ぶ在日朝鮮人の先行研究としては、一九七〇年代以降さまざまな形で取り上げられている。初期には、先にも触れたような夜間中学の教師による実践記録が占めていたが、一九九〇年代には、在日朝鮮人教育史分野で「同化教育」批判を行ってきた小沢有作が、夜間中学や識字教室にも言及するようになった。ただし小沢は、日本の識字教育運動全体で捉えており、当事者の経験の具体的な差異、かつて批判してきた「同化教育」との連関性、ジェンダーの視点などが欠落している(6)。

近年では、民族とジェンダーの視点で聞き取りをしている、徐阿貴と金美善のような論考も増えてきた。徐は、大阪の某夜間中学の分教室の独立運動に参加した在日朝鮮人女性生徒の聞き取りを行い、独立運動が公権力の予期せぬ形で「下位の対抗的な公共圏」を形成し、在日朝鮮人女性の主体が構築されたとする(7)。それら主体の構成要因として、三つ挙げている。まず「①人権教育による民族的アイデンティティの再定義」によって、自らに内面化された朝鮮民族に対する否定的イメージの転化、そして民族名使用によって個を獲得したとする。次に、「②日本語による表現能力の獲得」では、文字の獲得によって抑圧されてきた自らの声を発することができたとする。最後に、「③討議の場としての生徒会の役割」では、日本人教師に触発されながらも、集合的アイデンティティの生成の中で彼女たち自身の能動性が表出し可視化させたとする。それらが、日本社会、私的空間、民族的共同体に対する女性たちの主体形成に繋がったというわけだ。

金の場合は、夜間中学に学ぶ在日朝鮮人女性の「識字戦略」に注目している(8)。非識字者の「生存戦略」

として、「文字に付随する周辺情報の記号化」と「人的ネットワークの強化」という形で工夫されてきたとする。後者においては、外部との接触だけでなく、子どもや家族が教育を受けることで識字者を確保し、日本社会との通訳として役割を果たしてきたという。しかし、それでも克服できない劣等感や疎外感などの心理的ダメージを、夜間中学などの学習への参加で乗り越えようとする。そこでは、日本語の読み書き能力によって思いを発信する能力の獲得だけでなく、夜間中学独自の取り組みである朝鮮文化学習などを通じて、自己の否定的イメージを払拭することができた。

両者とも女性たちの生活史に寄り添い、さらに夜間中学入学の積極的な意味付けを行っている。前者については、民族やジェンダーにおける主体形成、さらに夜間中学の教師からも自律的主体であるとの指摘は注目に値する。しかしながら、夜間中学の独立運動の特殊性という側面を踏まえなければならないだろう。そもそも夜間中学という制度が不安定な位置に追いやられてきた一方で、行政から一定程度の予算を得ていることを鑑みれば、夜間中学は簡単に切り捨てられもすると同時に包摂されもするというグレーゾーン的な存在であるからだ。後者については、見落としがちである夜間中学入学以前の彼女たちの多様な「生存戦略」を踏まえ、夜間中学を相対化した点について参照されるべきであろう。ただし、あくまで「戦略」に着目しているに留まり、徐と同じく夜間中学の両義性を越えるには至っていない。在日朝鮮人女性にとっての夜間中学とは何かという問いを立てるとき、彼女たちの具体的な経験に即して、多角的な視点が必要とされるだろうし、さらに相反する側面までも紡いでいかなければ、問題の本質を把握することはできないと考える。

二　聞き取りについて

金井京子（仮名）さんは、京都市U区に在住、一九三二年生まれの在日朝鮮人二世である。彼女との出会いは、京都市で唯一の夜間中学である京都市立洛友中学校二部学級（以下、洛友中）(9)で、彼女が生徒として、筆者が学習ボランティアとして授業に参加したことがきっかけだった。彼女は、二〇〇八年三月に五年間通った洛友中を卒業したが、引き続き学習をしたいという思いから、筆者に家庭教師のボランティアを依頼してきた。二〇〇八年四月から週に一回のペースで、一人暮らしの彼女のお宅に訪問し、読み書きの学習をしている。その合間の雑談などを基にフィールドノートをつけ、時にはＩＣレコーダーを置いて少しずつ聞き取りを行ってきた。本研究では、二〇〇八年四月から一一月までの訪問を対象とする。

ＩＣレコーダーを使用してのフォーマルな聞き取り作業は、以下のような内容となっている。基本的には、筆者から質問を投げかけそれに応えてもらうが、そこから話題が広がることもあった。引用する場合は、カッコ内の番号を用いることにする。

第一回目（No.１）二〇〇八年六月二二日：基本的な情報に加え、幼少期からの記憶をたどってもらった。
第二回目（No.２）二〇〇八年七月二七日：前回の続きと、夜間中学での出来事を語ってもらった。
第三回目（No.３）二〇〇八年一一月一六日：これまでの補足、新たな情報の確認を行った。

毎回、滞在時間の半分を学習時間に充て、残りの時間は夕食をご馳走になりながら、おしゃべりをしていることが多い。彼女にとっては、当初の目的である学習以上に、筆者と過ごす時間も一つの楽しみとなっている。それ故か、ＩＣレコーダーを置いていない時にも、重要なお話をされることがあるので、記憶の限りフィールドノートを付けた。フィールドノートからの情報は、例えば四月四日は「（04／04）というように日付を記している。

ただし、たった一人の対象者を取り上げ、さらにボランティアといえども教師―生徒という関係においては、ある程度のバイアスがかかる可能性も否めないだろう。しかし、金井さんと筆者との幾度ものやりとりは、ラポール（信頼関係）を構築させてきた。日本人である筆者が、ラポールのない段階で複数の在日朝鮮人女性の聞き取りを行ったとしても、表面的な語りしか得られない。気を使って事実認識まで自ら歪曲してしまうこともあるだろう。金井さんの場合、夜間中学を出て、筆者と私的な関係性を築いていく中で、学校という公的な空間では語ることのできなかったことも表出させてきたと言える。後述するが、金井さんの語りの中で、それでも事実関係の齟齬が現れた。ただ、その齟齬さえも彼女の体験を規定するものであるから、事実ではないとして切り捨てることはしたくない。既にラポールが高度に構築されている筆者とのやり取りでは、そのような事態でも修復可能性は十分ある。彼女が常に抱える矛盾そのものを捉えていくことが必要だという立場から、検討していきたいと思う。

引用するインタビュー記録で、意味や主語などが分かりにくいと思われる場合には〔　〕にして注記を加えた。繰り返し述べられている箇所は、省略もしている。また、（……）などは、沈黙の間隔を意味している。あと会話文中の「韓国」などの呼称は、金井さんの言葉になるべく即すようにした。本文では、植民地期の朝鮮半島は「朝鮮」、現在の朝鮮半島全体を示す場合も「朝鮮」、朝鮮民族あるいは文化総体として「朝鮮人」・「朝鮮文化」、朝鮮半島分断後の南部を「韓国」と解釈し用いている。

三　在日朝鮮人女性の個人史

金井さんの語りから、簡単な個人史を追った。金井さん自身の記憶が曖昧であるということと、まだ確認が出来ていない出来事も多いのだが、差し当たり彼女の歩みの大要を、また学校に行けなかった要因を知ることができよう。

(1) 幼少期の記憶

金井さんは、一九三二年に日本に生まれたと普段から聞いていたが、記憶が曖昧ではっきりしない。日本で一緒に生活していた叔母から聴いた話では、故郷と行ったり来たりしていたので、「韓国で生まれたのと一緒や言われたこともあんねや」(No.1)という。確かに故郷での記憶が僅かに残っているのだ。例えば、故郷での暮らし向きは良い方で、旅館で出されるような小さなお膳で御飯を食べていたが、彼女がわがままを言って食べないので、母親に偽ヘビを見せられ驚かされたという思い出。また、父親は木浦(モッポ)(10)の港で漁業をやっており、ある日の大嵐で行方不明になったため、金井さんが二歳のころ母親の悲しみに浸る様子をみたという。

就学経験については、一人娘であった彼女に対して、「昔の人はな、ちょっと家柄がええとな、女の子はあんまり勉強させへんねん。生意気になる言うて」(No.2)と、祖父母が学校に行かせてくれなかったという(04/04)。金富子によると、植民地期朝鮮において、朝鮮社会の女子に教育は不要とする「伝統的」「儒教的」教育観があったが、一九三〇年代には「女性解放論」と「賢母良妻」規範が流布し、女子の普通学校入学希望者が増加し、女子教育をめぐる言説は時代ごとに変化している(11)。しかし、普通学校に就学した女性は、上層の限定的な階級に属するものであった。金井さんの出身階級が明確ではないが、「ちょっと家柄がええ」漁師の家庭経済環境なので、限られた上層の家庭ではなかったと言える。金が分析している一九三〇年代の農村調査では、「自作農」「自小作農」「小作農」の各階級のうち、比較的余裕のある「自作農」の黒字の家計であっても女子は就学させておらず、赤字の家計であっても男子を就学させている例が多くある(12)。「自作農」と漁師の家庭を並べられないが、伝統的なジェンダー秩序に基づいた教育観が残っていた可能性は高いだろう。

そこで母親が、勉強させるために、大阪十三に在住していた叔母のところへ預けたというのだ。日本での生活が鮮明に記憶されているのは、この叔母のもとへ身を寄せてからである。ただし、いくつの頃に叔母のところへ来たのか、はっきりしない。学校に入る年齢を考えると、六歳(一九二八年)か七歳(一九二九年)以降のことになろう(13)。当時は、入学年齢を超えることも珍しくないので、もっと時間が経っていたかもしれない。

しかし、叔母のところでも学校に行けず、やがて一九四五年の空襲に巻き込まれた。金井さんが一三歳の頃である。毎回のインタビューの冒頭で、その時の様子を、「あんたは経験してないから分からんやろうけど」と戦争を体験していない筆者に必死で伝えようと、強い口調で語り始める。爆撃から無事に生還したものの、戦後の混乱の中で生き延びなければならなかった。十三の家は全焼し、高槻市まで逃れて、小さな小屋を借りて再び叔母と暮らし始めた。しかし、生活が苦しい中では、家事の手伝いや叔母の養子の子守のために、またしても学校に行かせてもらえなかった。以下の聞き取りにあるように、怒りを抱えながらも彼女は「戦争直後やから」と納得しており、必ずしも叔母を責めているわけではない。さらに付け加えると、民族学校(14)にも行くことはなかったという(No.1)。

金井：おばさんのとこあたしを預けたんやん。家では甘えて出来ひんさかいに言うて、おばさんとこ勉強する言うて、おばさんがな、家の掃除や用事させて。勉強できひんとな、あのおばさんとこ来たらどうすると思う？　おばさんがな、家かったんとちゃうかな。ふんで弟が一人おったんや。その子が戦争の被害者や。〔中略〕産んだけど育てへんさかいに、産婆さんにどっかええとこあったらやってくれ言うて。うっとこのおばさんが頼んだんちゃうか、男の子がないから。ほんなら連れてきはったんやんか。

筆者：養子として？

金井：うん。その時分は、もうそういう人はいっぱいおるし。黒人を産んだ人もおるし。外人も産んだ人もおるし。日本人同士でも付き合って、そうやって子ども産んだ人もおんねん。〔中略〕私なんかな一三か四くらいやし、こんなもん何しに連れてきたんやろ思て。自分の子でもないのに思って。ほいだらな初めはな自分でみたけど、後は自分やっぱり仕事しなあかんやん。その時でもみんな食べんならんし。ほんならなミルク飲ますのも私、寝るのは私やねん。家のことでせんで、みんかったら怒ってばっかりが。腹が立って！〔トーンが上る〕。それで、その子にな、あのー〔トーンが下がる〕、私なその時から子ども好きやったんかなー、気が良かったんかしらんけど、その子しばいたり苛めたりしんかったな。もう何でうちがこの子をみんならんのや、もう嫌やなー。そのときはな、仕事行って食べらなあかんからしゃーない思てんねや。自分で育てて、自分がいーひん時、うちがせんならんしな。もう嫌やなー思て。泣いたら、「泣かんとき！」言うて思て。乳飲ませてー寝かし、子守したわー。

（No.1）

以上にみてきたように、「女の子」であることによって、教育全般から疎外されていた。「勉強」のために叔母のところへ来たとしても、戦争、生活苦、子守などで学校どころではなかった。また在日朝鮮人に対して義務教育が適用されていたとしても、ほとんど無視されていた背景もある。そして、このような環境は、植民地支配によって故郷から大きく切り離された在日朝鮮人の離散状況に規定されていたともいえよう。

(2) 結婚生活

戦後は叔母の手伝いをさせられていたが、二～三年後には叔母が見合いを企て、一六歳という若さで嫁に出されることになった（No.2）。見合いといっても、夫となる男性の顔を見ることはなかったという。その当時は、「好きも嫌いもない」し、「親が決めてしたから、別れていっても、悪いこと親の顔にかかる言うてそんなこと出来ひんねんやん」と、結婚が自分の意志によるものではないだけでなく、親（親代わりの叔母）や夫側の親族の力がいかに強力で拒否できないものか、さらに離婚という選択も難しいということを主張している。朝鮮人女性は、こうした一方的な結婚を強いられることが珍しくなかった。韓国式の結婚式を夫の自宅でし、夫の住む京都市U区で暮らすことになる。このような若さで結婚したために、学校からますます切り離されることになってしまった。

結婚後も戦後の混乱を引きずっていたので、やはり生活は苦しかったようだ。当時の生業について以下のように語っている。

筆者：結婚した当初は、水飴をやってたんですか。

金井：んーそうや、みんなそうやな、だいたい韓国の人は飴やったり酒やったりしてたな。工事やったり。そいでな、だいたいな日本の人ってな、あんまり韓国人、仕事がないやんか。ノカタ〔土方のこと〕かダンプマンか、何かせえへんかったら、運びせえへんかったら普通の仕事さしてくれへんやん。今はあんたな一代二代三代は、苦労せんでな、おんなじように楽してんねんやん。うちのおじさんでもな、徴用からお父さんでも来たやん。ふんで北海道のトンネルやらな、みんなつくったりして。あれで死んだ人もおるやろ。あんた何人死んでる、ようけ死んでるねんで。そこらじゅう掘ったら骨がいっぱいあるんやって。韓国人とかよその人らばっかりやで。ほんでそのノカタのな掘ったりな、ダムつくったりな。なんやあれ、トンネルつくったりして、みな韓国人やって。徴用でみなひっぱられてきてから。（No.2）

結婚当初の夫は、その当時仕事のない在日朝鮮人が多く営んでいた水飴売りを姑とやり、彼女自身は朝五時に起きて家事を担っていたという（No.2）。金井さんは、この水飴の仕事を、職業差別として捉えているが、「だいたいな日本の人ってな」と切り出しながら、糾弾調で語っていないのは、聞き手である筆者が日本人であることに配慮したと思われる。そして水飴の仕事を、民族差別の結果として、「徴用」によるトンネルやダムの建設業に従事する「ノカタ」や「ダンプマン」などの朝鮮人労働者の経験と同様のものとして捉えている。さらに、後になってから、在日本大韓民国民団（以下、民団）の婦人部での北海道ツアーで朝鮮人強制連行について見聞きしたことと、徴用を経験した夫の「お父さん」に聞かされた話を重ねて、「みんなこうしたんやとおもったら、自分でなんか心苦しくなってくるねん」と心情を語ってくれた（No.2）。日本人にこれまで特にいじめられたことがないと述べたこともある（04／14）金井さんは、確かに直接の差別発言を浴びせられることはなかったのかもしれないが、このような見えにくい制度上の差別を身近に感じていたとも言えるし、直接の体験ではなくとも親の世代の劣悪な労働状況に心を痛めていたのだろう。

ところで、筆者が何度か足を運ぶうちに、結婚後の数年間、岩手で暮らしていたことが明らかになった。一回目、二回目のインタビューでは、全く触れられなかった出来事である。ある時、文化や習慣の違いについて会話していたとき、地域差の話に拡大した（11／02）。金井さんは、かつて岩手に暮らしていたので、岩手弁の影響があると語り出した。筆者にとっては、初めての事実だったので、詳しく聞こうとするが、叔母と「疎開」で身を寄せていて、「まあいろいろあったよ」と言葉を濁した。三回目のインタビューの際、岩手での生活について問うと、叔母とではなく、結婚の約三年後、夫と一歳になった娘と一緒に、夫の友人がいた岩手に商売をしに行ったと言う（No.3）。「向こうで旦那が仕事してるから、まあ行っただけで。行って、まあいろんなことあるわな。人間って生きるから、いろんなことあったけど、まあ肝心なことはみな自分の心に思っとるだけで、あんま人には言わないけど、いろんなことあって。」と、おしゃべりな金井さんの口調も弱まり長い沈黙を挟んだ。「今更な、旦那もおったらいいけど、おらんのにそういうこと言ってから今更出してもうても困るねん。そういう肝心なことは。ほんまにテレビ出してもすごいくらい、ほんまに小説一つ書けるくらいあってもな、旦那でもおったらいいけど、旦那もいいひんのに、今から言うてそんなしてもろてもしゃーないしな。」と、戦争のこと、結婚で京都に来たこと、学校のことなど「簡単なこと」は話しても、「肝心なこと」は他人には言わないと心を閉ざした。その中身については、知ることは出来なかったが、語ることのできない記憶、その彼女の記憶を想像することさえも許されない厳しさを痛感した。逆に言えば、次節以降で考察していく夜間中学をめぐる語りは、金井さんにとって「簡単なこと」であったのに、耳を傾けられることはなかったのだ。

夫は後に、友禅染の絵師に弟子入りしている（04／04）。七年の長い修業を経て、その当時有名だった「イトチュウ」の専属の絵描きになった。「アロハシャツ」や「手ぬぐい」に挿絵をしていたようだが、「イトチュウ」という企業の詳細については金井さん本人も曖昧であった。夫が専属絵師になった後は、それなりの暮らし向きだったようである（No.２）。「私らちょっとええ目おうたけど、旦那がな、死ぬ前によその保証人になってたんや。」と言うように、一九八九年、金井さんが五七歳のときに夫（六一歳）が死去し、再び残された家族で苦難の日々が続いた（No.２）。彼女自身は、三〇歳までに四人の子どもを出産してから、友禅の蒸屋(15)など複数の仕事を転々としており（No.１）、夫の借金は息子たちの協力で返済された（No.２）。

戦後の混乱状況において、既にそのとき一三歳であり、そして何よりも若年で結婚してしまったことは、学校という選択肢を奪い去ってしまった。学齢期も超過してしまったその後の人生は、ますますその考えを及ばなくさせたであろう。

四　夜間中学という空間

（１）非識字の生活

以上にみてきたように、金井さんの個人史においては、戦争や子守、早期結婚、そして子育てなどで学校とは疎遠の状態であった。そんな彼女が、初めての学校＝夜間中学に出会う。一般的に、非識字の生活における困難が、夜間中学入学の大きな要因の一つと考えられている。そのためまずは、金井さんの識字の実態を把握しておきたい。また、非識字の生活の中では、どのように過ごしていたのだろうか。

筆者：金井さんはね、学校〔洛友中〕行く前は、読み書きはどれくらいやったんですか？
金井：私、学校行ってへんさかいに、何にも普通に字は知らんし。自分の名前くらいは書けた。行かんでも、自分の名前とか算数くらいはな。お金みんな渡して計算するやろ、んで、算数は分かってた。一、二、三とかな、一〇〇とか二〇〇とか。一、二、三は、まあみんな分かってへんでも、だいたい分かってたし。自分の名前も上手じゃなくても書いてたね。
〔中略〕
筆者：読み書きのことで困ったこととか？
金井：読み書きのことではな、学校行って困ったと思ったけど。家では、読み書きして、算数したらええし。途中で、子どもらが〔学校〕行ってから、してくれる。銀行でも行ってしてくれるやん。ふんで自分で書く時は、ちょっとごめん字が汚いし、名前も書けへんねやて言うたら、私らの時代は書いてくれるんやん。
筆者：役所とか？
金井：うん。区役所も書いてくれるし今も。ふんで、せやけど、銀行は今はあかんねや。自分で書かなあかん。前は子ども連れで、子どもが書くか、自分できちゃない字やから書いてくれ言うたら書いてくれたけど、このごろはあかんねん。で、自分で書くけど。そやなー。
筆者：じゃあ、お子さんがだいたい助けてくれた？
金井：：うん。ふんでー、あーこんなやったら、今考えたら、勉強、中学校、高校まで行っといたら、何かお店でもして、何かしたらお金儲けとんのにな。字が知らんでそれが出来んかったなと思って。それが腹が立つだけで。それが知らんで苦労したことはないな。ただ自分が、何かして、この家も腹が立つ、出て行って、何かして金持ちになって、苦労せんでもいいのにと思ってるけどもー。普段にはそれ、学校〔洛友中〕行ってはじめは、困ってる言うたって、みな「あいうえお」くらいは書くから。それはそこまでなかった。いやや一これどないして書くんですか先生て言うたら、「ここに書いてるさかい、これ見て書いたらいい」言うたから。そないにな一。

（No.1）

実際のところ、現在、金井さんは、高齢による能力低下も加速して、教材を前にした時だけかもしれないが、平仮名も読めないことがある。しかし、自分自身の最低限の識字能力については比較的ポジティブに捉えており、なお且つ子どもが学校に行くようになってからは、子どもに手を借りることが出来ていた。また、以下のようにも語る。

金井：旦那さんがみなしてくれるし、私してない。旦那が、「お前は字知らんし良かったな。字知ってたら、頭かしこいし、わしは困るわ」言うて笑ろとったけどな。「普通の女の人より頭かしこいから な、良かった。字知らんでもいけるから」言うて、みな旦那がしてくれたし私何にもしてないわ。でも、そのとき自分の算数とか、お金の計算とか出来てたから、生きてたんちゃうかな一。

（No.3）

夫はというと、小学校を出ているので、夫が手助けをしてくれていた。また、お金の計算程度の算数は出来ていたので、生活上の困難をそれほど感じているわけではなかったようだ。夫の言葉は、「かしこい」女は「困る」と軽視しており、妻を「字知らん」ままで留めようとしているようだ。ただ、「普通の女の人より頭かしこい」と褒めている言葉が続き、彼女も複雑な表情を浮かべながらも喜んでいる。彼女の持ち前の器用さや勘の鋭さは、生きていく力にもなり得たし、娘や夫という識字者や地域の広範なネットワークを媒介して、先述したような「生存戦略」を立てることができたのである。「字を知らん」ことと「字を知らんでもいける」ことは、否定と肯定が交じり合って、彼女自身の自己呈示の揺れを読み取ることができる。それは、「学校行って困ったと思った」と言うように、計算能力に誇りを持っていたとしても、生活に必要な読み書きや計算以上の学力が求められ自信を打ち消されてしまうことにも現れる。

また、「この家も腹が立つ」と言うのは、姑との関係をさしているのだろうが、お店を出して、経済的に自立することができない悔しさを物語っているのではないだろうか。そういう意味では、お店を出して生きていく上での基本的なニーズを埋め合わせることが出来たとしても、よりステップアップしていくための技術を得ることが出来なかったという点では、彼女自身の人生を限定したと自覚している。しかし、「お店でも」というような考えに至ったのも、洛友中に通ってからではないかと筆者は想像する。そのことについては、後に述べる。とにかく、金井さんにとって、非識字の生活における困難は、主要な問題ではなかったことが窺える。

ちなみに、ハングルの読み書きは出来ず、聞き取りと簡単な返答はできる（08／16）。両親も日本語を話していたというが、幼少期における朝鮮半島での生活環境の影響に加えて、結婚後に暮らした地域周辺には在日朝鮮人が多く集住しており、自然と朝鮮語が耳に入ってくる環境だったことが背景にある（11／27）。また、金井さんは、夫の家族と暮らしており、夫の両親の友人が来た時は、よく朝鮮語が飛び交っていたという。近所に「古いおばあさん」がいたときは、よく挨拶を交わすことがあったが、今ではもういなくなってしまったと寂しげな表情を見せた。

そして、これらの経験により、以下のような学校認識を持つに至った。

筆者：ちっさいときは、学校行けへんかったときに、学校てどんなとこかなーとか、どんな風に思ってたんですか？
金井：私何とも思てへんかった。
筆者：行きたいなーとか。
金井：そんな学校行きたいも思てへんしな。だいたいな私な、算数とか計算は出来たんや。
筆者：小さいときから？
金井：うん。そやから小さいときに勉強してたらかしこー出来てたと思う。算数とかな、一、二、三、とかな、計算は出来んねん。（No.2）

筆者は、ここでの「学校」は学齢期のことをさしているのだが、金井さんは洛友中をさしている可能性があるので時期の特定を留保しなければならない。しかし、彼女にとっての「学校」はそれほど憧憬の対象ではなかったことが窺われる。幼い頃から生活の中で計算を身に付けてきたからだとも言えるし、「学校」がどんなところか全く想像が付かなかったのかもしれない。夜間中学でさえ「学校」を求めて行ったわけではなかった。

（2）夜間中学との出会い

在日朝鮮人女性の夜間中学入学増加傾向は、一九七〇年代以降に起こっているが、その背景としては、朝鮮民主主義人民共和国への帰還運動の終了と日韓協定の締結など情勢の変化、在日朝鮮人一世世代の高齢化（子育てや仕事が落ち着く年齢）、あるいは夜間中学増設運動（16）の盛り上がりなどの条件が重なり、それまで「日本国民」の不就学生徒を対象にしていた夜間中学に転機が起こった。一九七〇年代当初は、まだ若かった一世の女性たちの多くは、非識字の克服という明確な目的があったと思われる。それは数々の夜間中学生をめぐる証言から窺い知ることができる(17)。例えば、洛友中の過去のある生徒の作文には、「長男をなくしその時、「文字の読み書きでも出来れば良い」とどれほど思ったか知れません」と、頼りにしていただろう息子を亡くし、非識字の困難さに直面し、読み書きできる場を探しだしたとある(18)。

金井さんが、日常生活でそれほど困ったことがないというならば、夜間中学に入学する契機は一体何であったのだろうか。

筆者：じゃあね、金井さんが郁文〔現洛友中〕に行くきっかけになったのは？

金井：んー私はな、勉強がしたいとも思てないし。今までいろんな生きてきてね、今更学校て思たけど、事故起こしてから、運動のために。行ったり来たりしてな。人もたくさんおるし。ふんで今の娘が、ある日、あれが載ってたんや。チラシに。

筆者：新聞の？

金井：うん。だから、〔娘が〕「お母さんも家でな、しんどいし、家で友達におったってな毎日行かへんし、学校やったら毎日あるし、運動でな、空気吸うしええやんか」て。ふんで行っただけで。ふんで行ったんや。

筆者：ふーん。

金井：学校自分で申し込んで行ってへんし。それで自分の名前は、下手で書けへんけども、忘れて書けへんけども。その時〔学校の面接〕もな、何かしらんけど書けたし。その時分は、どこ行ってもな、書いてくれ言われたら書いてくれるやん、銀行でも。今は自分で書かなあかんし。よかったと思うけど。

筆者：学校行って読み書きをしようとか、そういうんじゃなくて、運動のために？

金井：運動でな、もう身体悪いさかいにな、それもな事故してな、半年で入院して出てきてな、家でじっとしてても、言うてくれて行っただけで。自分でな、学校でも前は一回行こかな言うてた時があったんや。そやけど覚えるため、勉強にどうしても行きたいな思て行ったいうんじゃなくてな、あー行ったら友達もたくさん出来るしええやろ言うて、事故起こしてないときに言うたことあるねん。〔娘が〕「お母さん、前学校行きたい言うてたけど、今日載ってるで。ちょうど事故起きたしな、運動のために行ったり来たり、友達もたくさん出来るしええで。」ふんで言ってたら、〔学校が〕「すぐ来てくれ」言うから行ったんや。

筆者：じゃあその前から二部学級〔夜間中学〕があるってことは知ってたんですか？

金井：知ってた。知ってた。みんな近所の人が行ってる人もおった。あっちのO町〔隣町〕の人が。あっち側の人が。行って卒業したんか辞めたんか知らんけど、二人ほど行ってた人が知ってた。〔友人が〕「姉さんも一緒に行くか、うち言うてあげるから」言うとったんや。「ええよ今度行くわ」言うて行かんかった。

筆者：何で行かんかったんですか。

金井：何でやろな。あのーその人らがな、二人ほどおんねん。〔友人が〕「あんた行くかー姉さん」言うて。「行くんやったら言うてあげる行こう」。一緒にお友達と行こうなて二、三回言うたことあるねん。学校行こかなー。行きたい気持ちもあるし、学校行ってもええなー言うてたことはあんねんや。せやけど行ってないし。しばらくして、〔娘が〕「お母さんそう言うてたし、まあ運動のためにお母さんどうや、行ったり来たりしてな」。それから一、二年は良かったけど、それがもっと悪うなったんや。

（No.2）

夜間中学の存在は、数十年前から夜間中学に通っていた近所の人の存在で知るようになり、友人の誘いに惹かれてはいたが、その時は「まあ今度行くわ」程度であった。それから数年を経て、二〇〇〇年（六七歳）に交通事故を起こしてから、娘が「運動のために」「たくさん友達ができるから」とチラシを持ってきて勧めてくれたため、行く気持ちになったという。特に「勉強がしたい」という動機で夜間中学の門を叩いたわけではない。不就学経験は、学びの欲求を必ずしも駆り立てるわけではないことがわかる。先に触れたように、困ったことがないということも影響しているだろう。ただ、銀行では「今は自分で書かなあかんし」と、前項から繰り返し述べられていることを考えると、生活を支えるために必要な銀行の手続きが昔と比べて困難に襲われていることを感じ取れる。

また、夜間中学は学習の場だけでなく、同級生ができるという楽しみもあり、一種のコミュニティ的な存在となっていることもある。一世が減少し、より高齢化した一世か二世に世代交代している現在、その目的は必ずしも学習だけにあるのではなくなった。高齢の彼女たちは、すぐに忘れてしまう識字という道具も中学校卒業の学歴も優先課題ではないことを承知している。金井さんもどちらかというと、運動にもなって友達もたくさんできるコミュニティ的空間を期待して夜間中学の門を叩いたのかもしれない。ただ、金井さんの場合、二世と言っても、朝鮮半島での生活も経験しており、経験としては単純に世代を区切ることは難しいが。

（3）学校生活

しかし実際に夜間中学に入学してみると、金井さんにとっては、クラスメイト、「国語」（識字）や数学の授業以外の科目、修学旅行など学校ならではの慣行に不満があったようだ。「国語」「数学」以外の科目は面倒臭いし、行事も楽しくないし、クラスメイトもうるさいし、大して良くなかったといつも愚痴をこぼす（07／20）。唯一お気に入りの担任の先生のために、他の科目や行事に参加したと話している。

筆者：行き始めは、やっぱり行って良かったですか？
金井：（……）行って良かった。
筆者：何が一番良かったですか。
金井：（……）何が良かったってこともないなー。学校行ってなーはじめはまだ元気やさかい、綺麗にしてたらな、「金井さんはセンスがええ」とか、「女優」とか言うから、おばさんいらんこと言わんでいい。「センスがいいし、垢抜けして、ええわー」て言うとったけど、まあ勝手に言うとけって。ほんで前の先生やらな、前の保健の先生が、「いやー女優みたいやな、垢抜けして、いつもなーちゃんとセンスがええな」言うてたけど。だいたいうるさい思た、学校行って。
筆者：うん。まわりが？
金井：なんでこんな韓国の人も日本の人も、勉強せんと、計算も知らんし、どないして生活してんやろ。「先生」言うて文句言うて。何で理解も出来ひんのやろ。はー子ども生んで、理解も出来ひんし、あんなんやったらどないして生活して結婚して今までおったんかなーいうて。うるさいなー思た。まああのー勉強な、教えてくれるのは好きやったな。遠足は、みんな行くさかい、そうやけど、たいしてな好きで自分から行く〔わけではなく〕、先生が行こう言うから行った。
筆者：先生が好きやった？
金井：うん。私ら行ってな、いらんこと思うねん。みんないろんな暮らしして、ここ来る人どう思て来てんのかな。私なんか身体悪いねんやろか思たり。修学旅行もあまり好きじゃなかったな。何で言うたらな。友達で若いとき行ったから、宴会もあるし。みんなええやんか。部屋はええけどな、宴会もすぐ済んだらすぐ寝るし。九時か一〇時になったら寝るし。宴会もそんなにせえへんやんか。この最近は去年と一昨年はしたけど、うとたり〔歌ったり〕したけど、その前は全然ないし。ふんで部屋行ったらな布団ひいてるけど、朝は自分で畳まんならんし（笑）。学校でみんなこう入れて掃除せなならんし。部屋なんか行っても冷蔵庫に何にもないねん。友達と行ったら自分で飲みたいもんあったら、ビール出してみなで飲んだり、ジュース飲んだり、何にもないねん。ふんで皆寝るだけやし。あんまりなーそう言うて好きなことないな。

筆者：それ何？修学旅行のこと？

金井：うん。ほんで修学旅行でも、まあまあ行ってきたら、はじめ行ってきたら、何やこれしょーもない先生言うたら、「いや学校の生徒やからしょうがないねや」言うて。息子に言うたら、「学校と同じにしてんちゃうか。わしが学校で旅行行ったらそんなもんやで。」それであーそうかな思て。修学旅行行ったらな、もう何か歩いたり、もう何か田舎のおくおく行って、山奥どっか行って、前にはな山とか海とかおるから、あんまりついてなかってん。外でな何か見よう思たら、何にもあらへんやん。なんじゃこりゃ言うて。先生も探すの大変やったやろうな言うて。

（No.2）

筆者の「行って良かったですか」という質問に、少し間を置いて「行って良かった」と答えたものの、「何が一番良かったですか」という二つ目の質問には、しばらく間を置いて「何が良かったってこともないなー」と答えが暗転した。最初は少し遠慮をして言いにくかったのかもしれない。

まず、クラスメイトの雰囲気について不満を述べている。「計算も知らん」クラスメイトが、先生に文句言ったり、騒いだりする中に、自分が肩を並べることに何か違和感を覚えるのだろう。

次に、修学旅行が友人たちのプライベートで行く旅行よりも期待はずれだったことを挙げている。「先生も探すの大変やったやろう」「何にもあらへん」、と修学旅行の行き先や行程への不満、集団行動の息苦しさというものを実感している。息子に「学校で旅行行ったらそんなもん」だと言われ納得しているのだが、先生は「学校の生徒やからしょうがない」、息子は「学校と同じにしてんちゃうか」と、両者の「学校」空間の捉え方に差異があることに注目したい。前者は、公的空間である「学校」を大前提にしており、後者はあたかも洛友中を「学校」とは別のものを想定しているかのようだ。学校では「そんなもん」である慣行も、学校経験のないことや、既に成人を経ている彼女には、疑問視せずにはおられなかっただろう。しかし、卒業した今でも「お金払うから連れていってもらおうかな」と、「面白くはないけど、皆で行く」楽しみは、揺ぎ無いもののようだ（09／11）。

金井さんの語りは、さらに続く。

金井：帰ってきていろいろなこと思うけど、たいして喜んでこれええな一思たことないな。私そうやねん。これがぱっと綺麗でも、「あぁ一綺麗なー！」思わへんねん。「あー綺麗なあ」思うだけで。ふんでこれええでも、ぱっと「ええな！」思わへんねん。みな友達がええ言うたら、「あーそうかまあええな」思うだけで。そういうなぱっとな、人間が変わっとんのかな、そうじゃないねん。ふんで人がな、「金井さん自分が綺麗やし面食いやな」言うけど、男の人でも女の人でも、「男前やなべっぴんやな」言うけどな、そうかな、男前やなべっぴんや思ったことないねん。「そうやなええな」言うだけでな。喜ばへんねん。「あんた育ちがええのかな上品。柄が悪いし育ちが悪いし、慌ててな、柄悪い。あんたは違う、育ちがええのかなー」てよう言われたことあるねん。先生たまに休んで、「先生！」って言う人おるけど。私は好きじゃないねん。（中略）学校の友達とおうても、たまにおうても、家の友達でもな、ガーっとようせんねん。「こんにちは元気やった、修学旅行みてへんなー」言うだけで。ガーっとこんなんするのかなわんねん。学校の友達でも、学校行ってる時みたらな、皆そういう人多いねんや。ふんで休んで先生みても、「先生ー！」てこんなやねん。何でそんなせんならんのやろ。「先生にこんにちは、長いこと休んですんませんなー」言うて、「また頼みます」言うて、「元気でしたか」、私はこれで終わり。ただ、ガーっとこうするのが、あんまりせえへんな。人間変わっとんねん。（No.2）

これは修学旅行の文脈で語られたのだが、感情の起伏について自己分析している。先生にしばらく顔を合わさなかったクラスメイトが、「ガーっと」先生に詰め寄る姿をあまり良く思っていない。皆と同じような感情を持たない自分自身にも「人間が変わっとんねん」と否定的であるはあるが、神聖化されやすい教師を特別視していなかったことも読み取れる。

こうした不満や体調不良があっても夜間中学生活を続けられたその支えは、最後に担任を受け持っていた一人の女性教師の存在が特に大きかった。

金井：好きでもないし嫌いでもないし、先生はこんなもんかな思て、まあ先生やろ思てまあ尊敬するだけで。そやけど、S先生は私好きや。S先生は私好きやし、二人ようケンカして、ケンカてこんな（殴り合うジェスチャーをする〕ケンカちゃうで。冗談で、「先生どこ行くの?、よそいかんと、ここ教えーな」言うて。「今日何でこんな算数ばっかりすんの、今日は漢字教えんねんやんか。今日はうち社会嫌いやし行かへんわ」とか。〔S先生が〕「何でやなー」言うねん。「金井さん行っておいで」て。ふんで「私理科嫌い」言うてな。運動も嫌いやねん。お針〔家庭科の授業〕もな一生懸命してきたのに、今更目も見えへんのに、せえ〔言われて〕嫌やねん。昼の学校と同じようにせなあかんから、しゃーないやんて。「金井さん行くやろて」、行かへん言うて、自分で他〔科目〕んとこ行って帰ってきたら、〔先生が〕「金井さんありがとう、えらいなー行かへん言うて、文句言うてもやっぱり行ってる」言うて。保健室でな、ここら測りにくるやんか。目やら、行かへんもん。こんな医者も中途半端な医者ばっかり連れてきて、歯医者やら耳医者やら診ても、何も言わへんのに行かへん言うたらな。「そない言うても、行かなんだらあかんやんか、一応行け」言うねん。先生そない言うから行くやんか、帰ってきたら、先生が「金井さんえらいな、かしこいな」。何がえらいですか、行かなしゃーないやん、先生が言うたし。「言ってくれへんと思ったけど、行ってくれたなて」(笑)

筆者:ふーん。え、じゃあそういう言えるのはやっぱりS先生だけでした?

金井:そうそう。

筆者:他の先生には言われへん?

金井:他の先生もな、言うのは言うけどな、あのー自分の担任じゃないから、そのーあれのときだけ。〔他の先生が〕「金井さんそれ嫌いやろー」言うから、「嫌いですわ、分からんし、もう休んできて特に分からん」言うだけで。しょっちゅう担任の先生のようにおらへんさかいに、その科目だけしか来いひんさかいに。ふんでな、社会の先生に、「うち社会嫌いですねん」言うたらな、「金井さんそれ言うけんど、わしの飯袋ないやんか」て。「そんな私一人くらいで、飯袋なくなることないですわ」

てよう言うてた。（No.2）

S先生とは、ときには友人のようにじゃれ合い、ときには親子のように親密な関係で仲良くしていたようだ。金井さんにとって、S先生は、頭が良くて、「ユーモア的」で、女性として憧れの存在であり、初めてみたときは、「自分も小さいときに勉強していたら、先生のようになれたんかな」と思ったという（08／16）。S先生との出会いが、先述したような「お店でも」と経済的に自立する選択可能性を意識させたのではないだろうか。金井さんは、否応なく自らの社会的立場を自覚せずにはおられなかったと言える。

S先生には、自分の組の担任になってほしいと思っていたが、四年目にそれが叶ったようで、とても嬉しかったそうだ。あと一年在籍しようか迷っていたところ、次年度もS先生が担任であることを知って、もう一年頑張ることにした。身体の調子が悪く、退学しようかと切り出した時も、「卒業式で金井さんの名前を呼ばせて」というS先生の言葉で、思いとどまった（07／20）。

金井さんは、教師という存在を、「まあ先生やろ思てまあ尊敬するだけで」と認識している。金井さんのいう「尊敬」のニュアンスは、本来の語意とのズレがあるように思う。なぜなら、すぐ次に「そやけど、S先生は私好きや」と話を反転させようとしているので、実は語義どおりに「尊敬」しているわけでもなく、「尊敬」はそれほど重要でもない。好きかどうかが重要であり、S先生に対する特別な感情が強調されている。

また嫌な授業でも「昼の学校と同じようにせなあかんから、しゃーない」と、修学旅行と同様に学校の規則に直面する。しかし、嫌いな授業は、「私一人くらいで、飯袋なくなることないですわ」とよく休んでいたようで、金井さんの学校という制度に対する一貫した反発心が垣間見れる。だが、金井さんは、S先生には包み隠さず不満をぶつけることも出来、一方でS先生の説得だったら耳を傾けるという、教師—

生徒以上の関係性を構築している。それに対して学校は、対照的に位置づけられているのではないだろうか。学校独自の規則、慣行、識字以外の学習などは、嫌悪の対象になっていたのだろう。しかし、S先生との関係は、生徒の社会状況に配慮してきた夜間中学だからこそ築けた側面があることも忘れてはならない。

そうはいっても、夜間中学やS先生との出会いは、金井さんの意識にさまざまな影響を与えたといえるだろう。以下は、金井さんの現在の認識である。

金井：これは思う。子どものとき勉強したら、私大学行ったやろ思う。それだけは思う。
筆者：やっぱ学校に行ってみて、ああちっちゃい時にやっととったら良かったなーて。
金井：うんそう。今頃考えたら。今考えたら、子どもの時勉強してたら、どうにかこうにか出来たのに思う。思う。思うだけで。フフ。

（No.2）

これは、洛友中に在籍していた頃、計算の全く出来ないクラスメイトと自分を比較して、また「変わっている」と否定的に謙遜しながらも、作文などを書くときに「この川は、どこまで続いて流れるやろな。私もこういうふうにすっと流れたらいいな」などと独自の感性を持っている自分をアピールして、交わされた会話である。彼女自身、洛友中に来て、相対的にもっと出来るはずだと思ったからこそ、先述したように店を持てなかった悔しさに繋がったのではないだろうか。また、憧れのS先生の出会い、勉強すれば先生のようになれたかもしれないという意識が芽生えたのだろう（No.2）。学校とは無縁だったこれまでの生活意識に、夜間中学との出会いが及ぼした影響力は大きい。学校は彼女自身の社会的立場を気付かせた。しかし、「大学行ったやろ」との思いや、先述した「お店でも」とか「S先生のように」と同様に、全てが未来形ではないことの切なさが感じられる。これが、公教育が生み出す相反する両義的な側面である。

(4) 民族名をめぐって

前項までは、今まで当然とされてきた「学校」という制度をみてきた。そこでは、識字学習以外にもいわゆる通常のカリキュラムが提供されてきたわけだが、それに加え夜間中学では独自の取り組みが行われてきた。在日朝鮮人教育を中心に据えた具体的な教育実践、つまり洛友中あるいは関西圏の夜間中学で力が注がれてきた「本名を呼び・名のる」教育実践である。本項では、この教育実践を通じて学校という空間や教師—生徒関係を相対化することで、金井さんの反発心を理解したい。

この教育実践は、一九六〇年代、特に大阪市内の学校で、日本の公立学校に通う朝鮮人児童の教育問題がフォーカスされるようになった頃、「本名」使用の意義が日本人教員に認識されるようになり、一九七〇年以降の在日外国人の教育指針の制定はこの実践の影響を受けるようになる(19)。大阪を中心に各地域にも拡がり、在日朝鮮人生徒が多い夜間中学にも影響を与えた。洛友中では、一九九二年に「京都市立学校外国人教育基本方針——主として在日韓国・朝鮮人に対する民族差別をなくす教育推進について——」が提示された前後に、「本名を呼び・名のる」実践が強化されている。二〇〇〇年度からは、強い指導をするよりも本人の意思を聞く、という姿勢に変わりつつあるが(20)、後述する金井さんの話を聞くかぎり、強制的でないにしても、やはり教師たちは「本名を呼び・名のる」ことが重要だと考えていることがわかる。

金井さんは、学校ではいわゆる通称名である「金井京子」で通学をしていた。しかし、家庭教師の時間、漢字の読み取りの練習をするため、過去に授業で使用したファイルを取り出したときのこと。当時先生が用意してくれた青いファイルに、「李○○」と記載されているのである。名前について問うてみると、これは約五〇年前、外国人登録証の切り替えに必要で、夫が記入した名前だという。この切り替えを、金井さんは「総連か民団かを選ばなくてはならなかったから」と説明するのだが、それがどの時期に相当するのかがはっきりしない。想像するところ、一九六五年の日韓協定に際して取り決められた「日本国と大韓民国との間の協定」のことではないだろうか。日本に居住する「大韓民国国民」が、「五年以内に永住許可の申請をしたときは、日本国で永住することを許可する」としたため、韓国籍に移行する在日朝鮮人が急増した。民団は、在外国民登録や旅券申請の代行などの窓口になっていたため、韓国籍への移行が、民団の支持とイコールとして受け止められたのかもしれない。

夫が記入した「李」は姑の名前だったそうだ。金井さんの「本名」は「金」で下の名前は漢字が難しくて役所に行っても分からず、夫が適当に書いてしまったというわけだ（07／20）。要するに、外国人登録証に記載されている民族名も「本名」ではないということになる。学校でどんなやり取りが行われたのだろうか。

筆者：郁文〔現洛友〕に入るときに、入学するときに、名前を本名でいってくださいって先生に言われるんですか。
金井：いや、私は金井でいった。
筆者：あ、そうなんですか。
金井：金井でいって、今度卒業するときに、それ〔本名〕をほしいから、一年前から先生が「あんたの名前何や何や」て言うて。登録ミスでこれじゃない、て。「何や何や」言うから。自分の本名じゃないから。区役所行っても分からんかった。登録手帳〔外国人登録証〕でしたあんねん。

筆者：卒業前に言われてたんですか。
金井：一年前から言われてた。そやけど、「もうええですやんか、日本の名前で」言うたら。やっぱりあれする言うからな、もう歳やして。それやったら一回聞いてくる言うて、区役所で聞いても、その字がないみたいや。ないからもうしゃーない。
筆者：卒業するときだけにね、名前変えても、学校の中では金井さんで？
金井：そうよ。ずっと金井でいってたんや。金井でいってたけど、卒業するときだけ、その何よ、あれかな韓国の名前が欲しい言うから、区役所二回行ってもないねん。戦争時分に焼けてしもたんちゃうか。そう言うとった。大阪行っても、戦争時分に燃えてないから、そら大阪全部焼けたもん。ないから、自分で名前つくったんちゃうか。大阪行っても、区役所の人が言うとった。どこ行ったらあるんですか。戦争時分に燃えたんちゃうか言うとった。
筆者：今登録手帳にはどんな名前になってるんですか。
金井：どないなっとんかな。区役所でだいたい似たような名前教えてもろたのあんねん。それも今どっか直してな、使うとこないしな。こないだ思ててん。息子にな、うち本名がないしな、死んだ時どうしよう言うとてな、今で使ってる名前でせなしょーがないやん。みなないのに。大阪も燃えてないし、韓国まで行けへんしな。そうかなーもうかなわんなー。親からもろた名前。韓国人それだけは。〔息子が〕「もうお母さんしゃーないわ」。それでもな区役所この名前ちゃうかってもうてきたのにな、それもなおしてどこ深くなおしてあんねん。これだけでも探しとかなあかんな思て。いつ死ぬか分からへん（笑）。息子に渡しとかなんななー。息子に言うたやん。どうしよう言うたらな、「そらお母さんしゃーないやん、そうなったらあれせんな」て。それでな、郁文〔洛友中〕やったら、これでいかな。今まで今更燃えたその区役所かて燃えてないし、資料が。韓国に行ってもあるかないか分からへんやん。きょうだいが私ないんだもん。一人やさかい、親が死んで分からへんやん。そこまでな息子にな行ってもうてするのかなわんやんか。そう思って。

（No.2）

朝鮮では、嫁に行くときに唯一の嫁入り道具は、名前だそうだ（07／20）。朝鮮では、伝統的に夫婦別姓であるので、姓は結婚しても変わらないからだ。死ぬまで大切にする風習があるという。だから、金井さんが亡くなったとき、果たして何を名乗ったらいいのか、金井さんは「『李』でいくんかな……」と寂しげだった。

結局ファイルの名前の真相は不明のままだが、卒業式ではせめて本名でという学校側の要望があった。夜間中学の教師たちは、「本名を呼び・名のる」教育実践において在日問題に対する教師の主体性の確認と、在日朝鮮人の民族意識や尊厳の形成に繋がるということに意義を見出してきたからだ。しかし、本名をめぐっての理不尽な一連の歴史的背景の中で、本人が「本名」を把握していないという象徴的な出来事に金井さんは直面する。「もうええですやんか」と言いながらも、「親からもろた名前」として重要性を感じている。このようにして「本名を呼び・名のる」教育実践では、金井さんの名前に対する意識を刺激するに至っているが、「卒業するときだけ」という姿勢は、「本名」をめぐる複雑な社会状況や個人の思い、「本名」に限定しない民族的な生活実態が、このような画一的な教育実践で切捨てられてしまう可能性がある。これまで評価されてきたこの教育実践も、教師―生徒関係において上からの取り組みになる傾向を否定できない。それは、教師たちの予め設定した生徒像を押し付け兼ねないのである。公的な空間である学校という夜間中学は、そのような側面も持ち合わせていることを忘れてはならない。

五　おわりに

一九九三年に制作された山田洋次監督作品『学校』によって、夜間中学は世間に広く知れ渡った。夜間中学は、「学校の原点」だとして注目された。しかし、映画の主役は、西田敏行扮する熱血な教師である。そんな教師に感化されていく生徒像が描かれているに過ぎない。もしも、それが「学校の原点」ならば、「原点」から問い直していく必要があるだろう。

少なくとも金井さんは、そのような生徒像には当てはまらない。彼女の聞き取りを重ねていくうちに、いったい「学校」とは何か、「教育」とは何か、という疑問がわいてきた。公教育を自明視していた筆者は、夜間中学生はこれまで当たり前に「学校」へ行きたいと思っていたはずだ、という先入観があった。だが、彼女の「学校」への執着は、それほど大きいものではないように思える。それは、これまで全く「学校」から切り離されてきたためではないか。しかし、それでも筆者を家庭教師として迎えて、学習を続けたいという気持ちは、夜間中学との出会いがなければ成り立たなかっただろう。そして、幼少期にもっと勉強をしていたなら、お店でも経営していたかもしれないとか、S先生になれたかもしれない、と自分の社会的立場に気づいた。ただ一方で、学校のカリキュラムや慣行、クラスメイトに対する不満から生じるマイナスイメージも抱え込むことになる。彼女にとっての夜間中学とは、自らの可能性やありえた人生に夢を膨らませる空間としてポジティブにも、また常に反発の対象となった空間としてのネガティブにも両面性を持ち合わせている。彼女の語りは、学校そして公教育のあり方そのものを突きつけているのではないだろうか。

確かに、夜間中学の存在は重要であるが、彼女の人生にとって、夜間中学入学以前から読み書きを手助けしてくれた家族の存在、そして言葉にし得ない歴史を抱えていることもまた見落としてはならない。このように、金井さんの生活世界の中に、民族差別や女性差別の言説に回収されない生活史が表れている。ただ、言説が全くズレているわけではなく、その彼女の取り巻く非常に錯綜した状況下で、主体的に生きようとする逞しい姿と、その一方で在日朝鮮人女性であるが故に複数の選択肢を許されなかったもどかしさを、これからも丁寧に汲み取っていかねばならないと筆者は感じている。

註

（1）日本の児童に対しては、一八九〇年以降就学督励を強化し、一九〇〇年の小学校改正令（第三次小学校令）で、義務教育制度がほぼ確立した。土方苑子『近代日本の学校と地域社会——村の子どもはどう生きたか』（東京大学出版会、一九九四年）が、日本人児童の就学に詳しい。

（2）全国夜間中学研究会第五一回大会実行委員会編『夜間中学生——一三三人からのメッセージ』（東方出版、二〇〇五年）など多く出版されている。

（3）毎年一回全国夜間中学校全国大会が開催されており、一九七〇年代後半に「在日朝鮮人教育」の分科会が設けられ、各地の取組みが報告されている。その他、関西とくに大阪の実践としては、稲富進編著『ムグンファの香り——全国在日朝鮮人教育研究協議会の軌跡と展望』（耀辞舎、一九八八年）や稲富進『文字は空気だ——夜間中学とオモニたち』（耀辞舎、一九九〇年）などが出版されている。

（4）桜井厚「ジェンダーの語りと語り方」、桜井厚編『ライフストーリーとジェンダー』せりか書房、二〇〇三年、七頁。

（5）宋連玉の論文として例えば、「在日朝鮮人女性とは誰か」（岩崎稔（他）編『継続する植民地主義——ジェンダー／民族／人種／階級』、青弓社、二〇〇五年二月、二六〇—二七五頁）、「「在日」女性の戦後史」（上田正昭編『歴史のなかの「在日」』、藤原書店、二〇〇五年三月、一三一—一五二頁）、「在日朝鮮人女性にとっての戦後三〇年」（歴史学研究会編『歴史学研究』、八〇七号、増刊号（現代史部会複合的視角から見た戦後日本社会——高度経済成長の外縁」、二〇〇五年一〇月、一二二―一二九頁）、「在日朝鮮人女性にとっての「戦後復興」――植民地主義の完成と家族への封じ込め」（中野敏男（他）編『沖縄の占領と日本の復興』青弓社、二〇〇六年、二七八―二九六頁）などがある。
（6）小沢有作「識字の思想（上）」（『月刊　社会教育』四〇二号、国土社、一九九〇年一月、五一―五六頁）、「識字の思想（中）」（『月刊　社会教育』四〇三号、国土社、一九九〇年二月、七八―八三頁）、「識字の思想（下）」（『月刊　社会教育』四〇五号、国土社、一九九〇年四月、九二―九七頁）。
（7）徐阿貴「在日朝鮮人女性による「下位の対抗的な公共圏」の形成――夜間中学、および「従軍慰安婦」をめぐる運動事例から」お茶の水女子大学大学院人間文化研究科二〇〇六年度学位申請論文、八九―一六三頁。
（8）金美善「移民女性と識字問題について――夜間中学に学ぶ在日コリアン一世の識字戦略」『ことばと社会』一一号、三元社、二〇〇八年一二月、六九―九二頁。
（9）夜間中学は、新学制発足後の一九四七年、義務教育未修了者の学習保障を目的に開設された。二〇〇八年現在、公立の夜間中学は、全国八都府県三五校所在している。京都は一校のみで、二〇〇七年度から京都市立郁文中学が下京中学に統廃合されたため、洛友中学校として再スタートした。地域によって異なるが、京都市の場合、修学年限は最大六年まで通学可能である。
（10）全羅南道西南部の市。朝鮮半島西南端に位置した港町。一八九七年に開港し、植民地時代は「木浦府」と呼ばれ、解放の翌年に現在の「木浦市」に改称される（木浦市 URL : http://mokpo.go.kr:8088/japanese/）
（11）金富子『植民地期朝鮮の教育とジェンダー――就学・不就学をめぐる権力関係』世織書房、二〇〇五年、一六三―一二五頁。
（12）同上、一三〇―一三六頁。
（13）この頃の在日朝鮮人児童の就学率は、推定学齢児童人口から割り出して、一九三一年一八・五％、一九三四年三九・八％、一九四二年六四・七％である（田中勝文「戦前における在日朝鮮人子弟の教育」『愛知県立大学文学部論集』一八号、一九六七年一二月、一六一頁）。一九三四年から一九四二年の上昇は、一九四一年の「国民学校令」

による協和教育の強化が影響していると思われる。男女別の就学率の全国的な統計がないのだが、一九三七年の京都市社会調査による京都市内在住朝鮮人世帯中の七歳以上一七歳に至る児童の男女別小学校就学状況の割合をみると、全体で不就学者が四四％で、男女別にみると、男子は二八％、女子は六二％を占めている（京都市社会課『市内在住朝鮮出身者に関する調査』、一九三七年、一二〇―一三三頁）。

（14）解放後、帰国を前提として、自らの言葉を取り戻すために、在日本朝鮮人聯盟（以下、朝聯）が母体となって、一九四五年から「国語講習所」の形態で民族教育が各地域で始まった。当時の在日朝鮮人子弟の朝鮮学校の就学率は、日本学校へのそれよりも高比率であった（金徳龍『朝鮮学校の戦後史――1945―1972〈増補改訂版〉』、社会評論社、二〇〇四年、六五頁）。金井さんも民族学校の存在自体は知っていたようだ。しかし、一九四八年一月二四日の文部省学務局長通達や一九四九年九月の「団体等規正令」による朝聯解散など、冷戦体制を背景にして激しく弾圧された。一九五二年四月二八日の対日講和条約発効に伴って、日本国籍は一方的に剥奪され、外国人として扱われることになり、義務教育の原則は適用されないことになった。

（15）友禅染の最終段階で、染料を布に定着させる作業。戦前から京都の伝統産業である友禅染や西陣織に従事する朝鮮人労働者は多く、現在でもその名残がある。戦前の京都の朝鮮人労働者については、高野昭雄「一九三〇年代における京都経済と朝鮮人労働者」（京都女子大学宗教・文化研究所『研究紀要』二一号、二〇〇八年三月、一―一九頁）などが詳しい。

（16）一九六六年一一月、行政管理庁が文部省に対し「少年労働者に関する行政監察結果に基づく勧告」（「夜間中学校早期廃止勧告」）を出した。夜間中学を「なるべく早くこれを廃止するよう指導すること」とあり、夜間中学廃止に拍車がかかった。これを受けて、元夜間中学生の高野雅夫が、「夜間中学廃止反対、設立要求」を訴え、夜間中学生の証言記録映画を上映する全国行脚に立ち上がった。この間、多くのマスコミに夜間中学の存在が知れ渡ることになった。それが実を結び、一九六九年、夜間中学が皆無だった大阪市に、大阪市立天王寺中学校夜間部が開設された。以後、各地での夜間中学の開設に影響を及ぼしていった。

（17）全国夜間中学校研究会第五一回大会実行委員会編『夜間中学生――一三三人からのメッセージ』（東方出版、

二〇〇五年)、岩井好子『オモニの歌——四十八歳の夜間中学生』(筑摩書房、一九八四年)などが参考になる。

(18) 申月順「卒業」、京都市立郁文中学校二部学級『夜空』、一九八二年度、二三頁。

(19) 鄭早苗「在日コリアン教育の推移と在日外国人教育方針・指針」、鄭早苗(他)編『全国自治体在日外国人教育方針・指針集大成』明石書店、一九九五年、四二頁。

(20) 洛友中教頭・小林民和へのインタビュー、二〇〇七年一一月二日。

Ⅳ

在日朝鮮人女性の「語り」と「沈黙」

夜間中学生との対話から

［解題］

初出は『部落解放』（第六三一号、二〇一〇年六月）。副題における「夜間中学生」とは第Ⅲ部の登場人物と同一であり、全体としては第Ⅲ部の論文のなかで重要な部分を簡潔にまとめ直したものといえる。ただし、冒頭、自分が「在日朝鮮人問題」と向き合うきっかけは「失恋」だったと語り始めているように、プライベートな次元とポリティカルな次元を結びつけて考えようとする姿勢が鮮明に打ち出されている。また、「沈黙」という表題を掲げたこの論文では、実際に「語られたこと」ばかりでなく「語られなかったこと」に心をくばりながら、オモニたちが「まだ語ることのできない状況」を浮かび上がらせようとしている。

（駒込）

一　私と在日朝鮮人と夜間中学

私が「在日朝鮮人問題」と向き合うきっかけになったのは、失恋だった。二〇〇四年の秋のことだ。私は、民族学校出身の在日朝鮮人二世の男性とパートナー関係にあったのだが、「日本人とは付き合えない」と交際を断ち切られた。それを受け入れるには相当の時間が必要であったが、私は彼の歴史的・社会的背景をこれまで知ろうとしていたのか、彼がそう言わざるをえない社会状況を支えてきたのは「日本人」である私自身ではないのかと、みずからの姿勢を見つめ直すようになった。やがて私は、日本と朝鮮半島の関係史を学ぶようになり、植民地期や解放後の在日朝鮮人の具体的な生活史を知りたいと思うようになった。そういうときに、夜間中学と出合った。

夜間中学では、義務教育を受けられなかった人たちがこれほどまで存在することに、大きな衝撃を受けた。しかも二〇〇六年現在、神戸や京都の夜間中学の生徒の半数以上が、在日朝鮮人一世・二世の女性だった。私は二〇〇六年から、地元神戸の神戸市立丸山中学校西野分校（以下、西野分校）と、京都の京都市立洛友中学校二部学級（旧・郁文中学校二部学級。以下、二部学級）に通い始めた。そして二〇〇八年の春まで、ボランティアとして授業をサポートしながら、学習者と少しずつ関係を築いていった。

それらの人びとの学校経験はさまざまであったが、多くは小学校へ途中までしかいけなかった人や、「学校」そのものが初めての人たちだった。大半が、植民地時代に学齢期を過ごしており、民族差別、女性差別、貧困、戦争などさまざまな理由が複雑に絡み合いながら、教育から疎外されていた。また、日本語と朝鮮語両方の読み書きができないことは、めずらしいことではなかった。

それらの経験は、夜間中学が発行している作文集からもうかがえる。その歪んだ文字から、その少ない言葉から、その誤字から、一文字一文字に想像ならぬ歴史が刻まれている。夜間中学は、彼女たちの人生になんらかの光をもたらしたのだろうと思うと、胸が熱くなる。

しかし、作文だけでわかったような気になってしまい、表面的なところのみを受け取ろうとすると、大きな落とし穴になる。どうしても権力が働く「学校」という空間では、語られないことも多くあるからだ。

また私は、夜間中学になぜ在日朝鮮人の女性が多いのか、すぐに理解できなかった。当時の私は、ジェンダー研究に馴染みがなかったので、入門的な書物から読んでいったが、それらの書物は、私自身の女性としての主体性を立ちあがらせるのには役立ったが、夜間中学で学ぶ在日朝鮮人女性たちには当てはまらないように思った。一方、在日朝鮮人研究では女性に焦点化されたものが少ない。

そこで私は、夜間中学に通う在日朝鮮人女性たちの声が聞きたくて、インタビューに取り組んだ。本稿では、インタビューのなかで出会った「語り」から学び、そして「沈黙」にぶつかった私自身が感じたことをまとめたものである。

二　彼女たちの「誇り」

二〇〇六年から二〇〇八年にかけて、夜間中学生にインタビューを行った。最低でも二度にわたって自分史を語っていただいた。

(1) 被教育体験

私が聞き取りをした方々は、日本と朝鮮半島を行き来していた人もおられるが、戦前に生まれた在日二世の人がほとんどだ。就学経験のある人もいるが、戦争に入るとほとんど授業を受けていない。または、家計を支えるために働かなくてはならず、学校に行けなくなることも多かった。いじめも不登校の一因になることもあった。

帰郷していたが小学校入学のため再渡日したという人は、父親が積極的に小学校へ送ったそうだ。ところが、小学校四年のころ、徴兵される直前の父親に、小学校へ通学することを猛烈に反対される。理由は分からないが、解放後、弟妹たちが民族学校に通っていることを考えると、父親は当時の日本の教育に思想的抵抗を持ったのではないかと思われる。こっそりと小学校の遠足に参加したこともあったが、バレては家庭が荒れてしまう始末で、つらい思い出となっている。終戦を迎えると朝鮮帰国のため、小学校の除籍手続きを行った。しかし、結局帰国することができなかった。そのことを、「終戦ならんとそのままやったら、学校いってるかもしれんね。朝鮮へ帰る言うたから……」と語っていた。

そして、終戦から二年後の一四歳のころ、昼間は働きながら、夜に日本の小学校の教室を間借りして行われていた民族学校で朝鮮語の勉強をした。「必死になって覚えた」そうだが、民族学校が建設され昼間に開校してからは、仕事のためいけなくなった。長女として家事や仕事を手伝ったため、弟妹は全員朝鮮学校に通うことができたという。

一九四〇年に小学校へ入学したという人は、勤労奉仕などで勉強どころではなかったという。四年生のとき疎開するが、終戦直前に母親が亡くなってしまう。当時、未婚の女は「挺身隊」に採られるという噂があり、その対策のために姉二人は早期結婚していたので、彼女は母親の代わりに小さい妹や父親のために働いた。民族学校にも一時通うが家事などでいけなくなってしまった。

またある人は、物心ついたころにはすでに両親が死去しており、兄妹とも離れ、妹弟と三人で生き抜いてきた。学校にいく余裕はなく、九歳のころから農村で子守りを勤めた。農村の子どもたちにはいじめられたが、ある一人の女の子が文字や算数を教えてくれたことがあるという。

終戦後は、配給や鉄くず拾いでみずから生計を支えなければならなかった。終戦一年後の一一歳くらいのとき、一日だけ朝鮮学校にいったことがあるが、それどころではなかった。一四歳で、日本人の経営する縫製会社に勤め、妹と弟を養った。それによって、男の子だからと弟だけは学校に通わされたという。

また別の不就学である人は、「昔の人はな、女の子はあんまり勉強させへんねん、生意気になるから」と祖父母が彼女を学校にいかせなかった。そこで母親は娘に勉強させるために、日本に在住していた叔母のところに預けた。しかし、一九四五年に叔母のところで空襲に遭い、戦後の混乱のなかでの叔母との苦しい生活で、またしても学校にいかせてもらえなかった。子守りばかりさせられて、怒りを抱えながらも「戦争直後やから」と納得しようとしているのが印象的だった。

(2) 夜間中学前史

そして、大半が若くしてお見合い結婚をさせられ、ますます学校と切り離されていくことになる。「あれは、口減らしやねー」ととらえている人もいた。結婚が自分の意思でないだけではなく、親(親代わりの叔母など)や夫側の親族の力がいかに強力で拒否できないものか、離婚という選択もむずかしいと主張されている人もいた。

嫁いで家事に従事しても、生活は苦しく、家計を支えるために夫以上に働かなければならない、したがって、彼女たちは、さまざまな仕事に従事してきた。土木関係、織屋、工業、清掃業、焼き肉屋などそれぞれ複数の仕事を経てきている。夫が酒乱で仕事を転々としたので、女手ひとつで家族を支えてきた人も多い。夫の仕事が好調でも、他人の保証人となっていたため、夫の死後に苦労された人もいる。

このように、夜間中学の存在を知っていても、日々の生活でそれどころではなかったであろう。なかには、夜間中学にいきたくても、夫に「今から勉強してなにするねんや」と反対されて諦めていた人もいる。その方は、七〇歳代で退職されたとき、すでに夫も亡くなっていたので、退職後すぐに夜間中学に問い合わせたという。一方、友人の紹介で夜間中学に入学したが、仕事との両立は困難で断念した人もいた。この人は、自営のお店を閉め、六七歳でふたたび夜間中学に通い始めた。

あるいは、友人から夜間中学に誘われていたが、直接の契機は、体の具合を悪くしふさぎこむようになっていた母親を見て、「たくさん友だちができるから」と娘が勧めてくれたため、いく気持ちになったという人もいる。これまでは、生活のなかで必要な計算は身についていたし、子どもや夫が助けてくれたので、困ったことがないということもあったのだろう。

またある人は、六〇歳後半で仕事がなくなり、急になにもなくなって落胆していたとき、老人会と出合った。参加者が元教師などの日本人という環境のなかで、文字が書けない肩身の狭さを感じていた。そこで夜間中学の話を聞き、二部学級の門をたたいた。

このように、おのおの夜間中学に出合うまで、いくつもの壁を乗り越えてきている。

識字に関しては、就学経験が少しでもある場合、日本語を読むことは問題ないが、書くことが苦手という人が多い。一方、朝鮮語の会話はゆっくりなら理解できるが、読み書きはむずかしかったり、忘れてしまったとのことだ。兄妹が朝鮮民主主義人民共和国に帰国した人にとっては、手紙が送られてきても、返事が書けないことをとても悔やんでおられた。

就学経験のない人でも、生活に必要な計算は、買い物のときや勤めているうちに少しずつ身についていた。読み書きについては、子育てのなかで習得したり新聞を購読して独学で学んだという人もいる。ただし、民族教育を受けた経験がないので、朝鮮語はまったく分からない。

三　三つの諸要因

夜間中学の卒業生たちの生活史の一部を断片的に紹介した。これだけを見ても、重層的な構造下で、教育全般から疎外されていることがわかる。

当時の日本の教育政策は、朝鮮半島と日本内地で相違があった。朝鮮半島には義務教育制度が実施されなかったが、日本内地では一九三〇年に、在日朝鮮人児童は日本人児童と同様に就学義務を有するという見解が文部省普通学務局から出されていた（1）。上述した小学校に入学するため再渡日した人の理由には、こうした背景もあったと思われる。

しかし実際は、学校設備に余裕があったときに入学が許される許可制であったり、入学希望の申し出があったときに入学できる申し出制であり、すなわち就学義務はたてまえにすぎなかった（2）。

一九三四年には協和事業が始まり、一九四一年の国民学校令で皇民化教育が強化されるようになった。その父親が、通学に反対したのもこの時期だった。学校へ行っても行かなくても、包摂と排除の暴力に晒されていたのである。

また、全体的な就学率はあがっても、女性の就学率は増加しなかった。「女の子は生意気になる」といって教育を受けさせてもらえなかったり、女子に教育は不要とする朝鮮社会の伝統的なジェンダー規範が色濃く残っていた（3）。それだけではなく、「挺身隊」対策として意思に反して早期結婚をさせられたり、また、日本社会の男性中心主義的な構造下においては、教育機会費用を男性に優先させるということが「家族戦略」として機能していたともいえる（4）。

家族離散、戦争、貧困、家事、労働など、これらが学校どころではない状況を具象している。

また、戦後の混乱は、彼女たちからますます教育を切り離すことになった。帰国の可能性や、結婚や子育て、家計を支える存在としても必要で、学齢期をすでに超過している状況では、学校に通学することなど考えもおよばなかったであろう。民族教育さえ受ける機会は乏しかった。夜間中学の存在を知っていたとしても、仕事や夫の反対などで諦めざるをえなかった。

このように、植民地支配と、冷戦体制構造と戦後日本の復興の影のもと、民族的要因、ジェンダー的要因、階級的要因の三つの諸要因が折り重なっている。

文字の読み書きができないことは、生活において困難を強いるだけでなく、行動範囲を狭めることにもつながった。

植民地支配の清算がされていない現在、このような「強制された非識字」の状態に彼女たちを置いて支え続けている状況は、ポスト植民地主義的といえるのではないだろうか。それでも主体的に生きようとする、彼女たちのたくましい姿があった。

四　「沈黙」に向き合う

夜間中学に何度か通うだけでは見えてこなかった、夜間中学生たちの背負ってきた歴史が、インタビューを通じて浮かびあがってきた。「学校」だけでは語られなかったことも、もちろんそこにはあった。

しかし、聞き取りは、思っていたほど甘くはなかった。初めてのインタビューのとき、地方新聞紙で紹介されていた方ならと思って依頼したが、「昔のことは話したくないねん」と、新聞で話された以上のことは語ってくれなかった。

ボランティアを始めて数カ月が経ち、顔も覚えてくれるようになり、親しくなった方のご自宅で話を聞くことになった。しかし、「なにを聞きたいんや。話すことはなにもない。もうあんたとはちょっと……」と拒絶されたこともあった。また、何度かインタビューを受けてくれても、しばらくしてから「あれはなかったことにしてほしい」とお願いされたこともあった。私と彼女たちのあいだに、確固たる信頼関係が結ばれていなかったことも大きかっただろう。

それでも、夜間中学に足しげく通うなかで関係を修復することはできたが、その後、話を聞く機会にはめぐまれていない。私が彼女たちから引き出そうとしていた歴史の重さを、あらためて思い知った。それは、何度声をあげても耳を傾けてこなかった日本社会によって、より圧し込めてしまった歴史でもある。

一方で、夜間中学を卒業しても一年以上関係が続いていた方がいた。私はボランティアのなかで彼女と仲良くなり、二〇〇八年春の夜間中学卒業をまえに、家庭教師を依頼された。卒業後の学ぶ場がないことから、学校でせっかく覚えたことを忘れるのを大変心配されていた。

そこで、卒業後の二〇〇八年四月から週に一回程度、ボランティアで家庭教師を始めた。一緒に過ごす時間の大半は、学習よりも世間話などに花を咲かせることが多かった。そのなかで、少しずつ彼女の生活史が語られるようになり、何度かお願いをして話してもらうことができた。

彼女は、とてもおしゃべりが好きで、言葉に力強さを持ち合わせた人であった。戦争の凄まじさ、戦後の生活、結婚当時の心境、結婚生活、夫が亡くなった後の生活など、苦労話がメインになることが多かった。夜間中学の話になると、愚痴もたくさん溢れ出て、夜間中学の好きな所と嫌いな所を、冗談も交えながら話されたことも印象的だった。

ところが、通い始めて半年以上も経ち、インタビューも何度か重ねてきたころ、結婚後の数年間を別の地域で暮らしてきたと彼女の口からポロッと出た。まったくふれられなかった出来事であったので、詳しく聞いてみたものの、「まあいろいろあったよ」と言葉を濁した。日をあらため、そこでの生活についてうかがうと、「向こうで旦那が仕事してるから、まあいっただけで。人間って生きるから、いろんなことあったけど、肝心なことはみな自分の心に思っとるだけで、あんまり人には言わないけど……」と、おしゃべりな彼女の口調が弱まり長い沈黙を挟んだ。戦争のこと、結婚のこと、学校のことなど「簡単なこと」は話しても、「肝心なこと」は他人には言わないと心を閉ざした。

結局、その内容については知ることはできなかったが、語ることのできない記憶、その記憶を想像することさえも許されない厳しさを痛感した。

逆にいえば、戦争や夜間中学をめぐる語りは、彼女にとっては「簡単なこと」であったのに、それも耳を傾けられることはなかったのだ。その後、私のボランティアは継続されたが、「もう話すことはなにもない。重要なことは子どもや孫にいう」と、他人である私はこれ以上踏み込めなかった。

彼女だけではなく、すべての夜間中学生の内にも秘められた苦しみがある。とくに解放後の生活における、夫や姑との関係の話にふれると口をつぐんでしまう。自分の人生を小説にしたいという願望を持たれていた方も、「つらくて書けへんわ」とよく言われていた。

語れたことだけが、すべてではない。そして、まだ語ることのできない状況が、彼女たちを取り巻いている。

五　おわりに

不就学や非識字の過程には、民族、階級、ジェンダーなど重層的な構造が背景にあることは、生活史から明らかになってきた。ひとつの枠組みだけでは語ることのできない、錯綜した状況が、彼女たちを取り囲んでいるのだ。彼女たちの存在を、このような複眼的な視点でとらえる必要がある。

また、私は、インタビューという作業のなかで、夜間中学生の語りにただ「耳を傾ける」というよりも、彼女たちの「学校」や「生活」に寄り添いながら、ときには衝突することがありながら、そういうやり取りのなかに生活史を感じ取ってきた。彼女たち一人ひとりの物語には、共有できるところもあれば、それぞれに個別具体的な経験があった。語られる空間や関係性が異なれば、語られ方も変化することがわかった。

しかも、私には聞くことも想像することもできない記憶がある。それを可視化することは今はできないが、無自覚となってしまえば、私たちは民族や階級、ジェンダーといった一方の語りに回収してしまう可能性がある。「沈黙」に無理やり踏み込むことはできないから、「沈黙」を描き出すことは難しい。私たちに問われているのは、「沈黙」への想像力と、しかしそれを想像することの困難さと向き合うことではないだろうか。

註

（1）小沢有作『在日朝鮮人教育論―歴史篇』亜紀書房、一九七三年一一月、七〇―七一頁。
（2）同上。
（3）金富子『植民地朝鮮の教育とジェンダー――就学・不就学をめぐる権力関係』世織書房、九二―〇頁。
（4）同上、二五〇―二五二頁。

エッセイ

「応答責任」と「承認欲求」

――日朝連帯運動の経験から――

［解題］初出は、『イオ』（第一七〇号、二〇一〇年八月）の「ブロガーズ＠イオ」欄。「朝鮮と日本の百年――若者たちの思い」というタイトルの特集号に記されたもの。この文章で冒頭の「在特会」の襲撃事件とは、二〇〇九年一二月に「在日特権を許さない市民の会」のメンバーが京都朝鮮第一初級学校に押し寄せて、大音量で児童・教師・保護者たちに差別的で脅迫的な言辞を投げつけた出来事を指す。著者は、襲撃事件の担い手を厳しく批判すると同時に、これを批判する自分自身にも「日本人」としての「承認欲求」があることに目を向けながら、他者との関係性を探ろうとしている。

（駒込）

私のブログに、「自己のアイデンティティのために、在日朝鮮人を利用している」とコメントされた方がいた。「在特会」の襲撃事件に対し異議を唱えた記事への否定的なコメントであったが、その言葉にずっと引っかかっていた。思い当たる節があったからだ。私には、他者から認められたいという「承認欲求」が、どこかに隠れていたように思う。日朝連帯運動に、この「承認欲求」が発露されることで、一体どのような問題が生じるのだろうか。

私と日朝連帯運動

私は運動の中で、自らの政治的立場に気づかされてきた。他者の呼びかけに対する「応答責任」は、私が運動の中で中心に据えて考えてきたことであり、そのためには、この問題と自分自身にいかに向き合うかということであった。

しかし、できることといえば目前の企画をこなしていくくらいのものだった。そもそも既存の「在日朝鮮人学生団体」の運動の一環でもあったため、事務的な作業は頼りっきりになってしまっていた。一方で、「日本人」学生は、希少な存在として扱われ、表舞台に立つことが多くなっていった。つまり、用意計画された行動に依存するだけのあり様だったようにも思う。とにかく期待に応えようとしてきた自分を、全否定するつもりはない。しかし、これくらいで責任を果たした気分になりかねなかったし、それがどれだけ「主体的」であったかは、自分でも心許ない。

そんなとき、二〇〇六年の朝鮮民主主義人民共和国の弾道ミサイル報道を契機に、日本社会はさらに在日朝鮮人社会に追い打ちをかけた。そのような状況に対し、私は「日本人として」怒り憤った。そこで、「日本人主体」の学生団体を創り、「日本人」の立場性を問う実践を模索していった。といっても、「私たち」にできたことは、情宣活動など微力なものだったのに、「日本人主体」の学生団体が立ち上がっただけでも、期待も込めていろんな人に褒められてしまった。

「承認欲求」の向かう先

少しずつまわりから認められるようになると、ますます「主体性」や「自己批判」という言葉を安易に活用していくようになった。確かに、日本社会に歴然とある植民地主義的構造の中で、「日本人」という「立場性」をいったん固定化して見ざるをえない状況があるが、「日本人」にこだわり続けてきたこと自体が、たとえばダブルの学生などそのカテゴリーだけにしっくり当てはまらないと感じる人たちを無視してきたことには全く無自覚であった。自らを本質化することのほうが楽であったし、それによって向き合った気になってしまっていた。

なぜこのような問題が生じるのか。その裏には、私自身の「承認欲求」と深く結びついていたのだ。「承認欲求」は、「他者からの呼びかけに応える」だけにとどまらず、さらに「応えたことに対する他者からの承認を求める」という行為である。こうした問題にかかわる「日本人」は、自らの「加害性」にいかに真向かえているかどうか、たいてい負い目があるのだろう。承認されたい他者に求められると自ら想像する理想的な「日本人の自画像」に近づこうとしてしまうのだ。他者に対する「応答責任」として必然的に体現されるはずの「日本人の自己批判・主体性・立場性」が、自らの行動価値を認められたいために、またそこにいることを正当化するものとして、結局のところ表面的になってしまったのではないだろうか。

このように、結果として他者からの「承認」を求めがちになるそうした主体は、次第に「応答責任」としてのものではなくなり、空虚な自分に気づき、「自己肯定」を求めて簡単に運動から離脱し、植民地主義的でナショナリズム的な主体として反動的になってしまうことがある。これが日朝連帯運動の中で発露された「承認欲求」の向かう先の危うさである。

私の中にも、そして日朝連帯運動にかかわるどんな「日本人」の中にも、「承認欲求」は存在する。「承認欲求」を満たすための運動は、非常に危うい。梶村秀樹は、「排外主義克服のための朝鮮史」という文章の中で、「自分がそれとどうかかわっているのかを含めての『必然性』」をはっきりさせなければ、いつでも逃げられることになると言及している。他者に「承認」されようがされまいが、自らの問題として植民地主義を克服する必要を見定めていかなければならない。誰もが抱える「承認欲求」を内包しながらも、他者との関係性のあり方に目を向けながら、植民地主義克服のための運動をいかに行うかを今後の課題として考え続けていきたい。

レポート

「暴力」に向き合うこと、そしてその主体について

［解題］二〇一〇年年度前期大学院「教育史演習」にかかわる補足レポート。この「教育史演習」では、参加者が授業の終了後に授業内容をふりかえって書いたレポートと、教員のコメントを「補足レポート集」として編集して参加者全員でシェアし、討論することを慣行としていた。著者によるこのレポートは、二〇一〇年八月中旬、語学研修で韓国滞在中に執筆された。著者はこのレポートについてゼミの参加者とのあいだで議論することを強く望んでいたが、後期の授業が再開された秋学期には心身の調子を崩していたために議論に参加することはできなかった。さしあたってゼミの参加者という狭いサークルを想定して記したものであるが、本書に収録された論文の理解にも役立つと判断して掲載した。

（駒込）

この授業は、台湾の歴史的な背景と現在の社会的に複雑な状況に、真っ向から取り扱おうとした、貴重な時間でした。どのような立ち位置にいても、すっきり説明できる方法はなく、説明しても説明しても説明したことにはならない、といったジレンマを抱えていました。それでも、「授業」という公的な形式を取りつつ、各参加者が自己を晒しながら、ぶつかり合えたこともあったと思います。その反面、なかなか語り合えないこともあった、難しい側面もあったと思います。そうした側面も含めて、この授業を創り上げてきた、駒込先生や参加者のみなさまには、感謝と敬意を表したいという気持ちでおりま

す。

以上を踏まえたうえで、本来なら、この授業の大きなテーマでもあった日本の植民地支配責任について、政治的な応答を果たすべきだと思うのですが、それに先だって、授業のあり方について、自分自身の立ち位置も含めて整理して書き留めておかなければならないことがあります。しかし、まだまだ消化できていないため、現段階での考えを述べさせていただくことにしたいと思います。

1 「日本人」という主体と、それを名のるということ

まず、本題に入る前に、「私」について語ることの難しさを考えてみたいと思います。冒頭に述べたように、この授業では、参加者が各々どこかで晒されるといった場面があったように思います。文字通り「晒す」ということではなく、主題に向き合うほど、自身の立場を意識せざるを得ない状況に迫られるということでもあります。私もそうした感覚に陥った場面がたくさんありました。私の場合は、日本の植民地支配の暴力にたいして、どのように受け止め、向き合うのか、ということでした。

ところで、この授業の初回の「自己紹介」の際、私はあえて「日本人」であると自己紹介しました。それには、いろんな理由がありました。授業のテーマも影響して、あの場の空間が、参加者のルーツを語る場になっていきました。たとえば、民族的マイノリティであることをカムアウトするという行為が難しいこの日本社会では、ある意味、あの場が「解放」的な空間になっていたかもしれません。その一方で、ルーツを示さなければ、日本出身である、日本語を話す、日本名を名のるなどによって、すんなりと「日本人」と見なされてしまう可能性がありです。そのために、「日本人」ではないということを証明しなければならない抑圧的な状況もあったと思います。そして、ルーツを示すこともなく「日本人」と規定されることを、何ら違和感を抱かない人たちもいます。それが、まさに「日本人の特権」だと思いました。

だから、私はあえて「日本人」という、しかも責任を引き受ける主体として、それを重く受け止め名のりました。もちろん、単純にナショナリスティッ

クな主体としてではなかったのですが、何を根拠に「日本人」を証明するか、ということは難しい問題です。私は、「日本人」の両親から生まれ、日本で生まれ、日本国籍を所持し、「母語」として日本語を身につけ、日本の公教育を受け、日本の参政権を持ち、そして「日本人である」ということを無意識に受け入れてきました。それが、私を「日本人」と規定する根拠なのでしょうか。おそらく、それが根拠なのだと言えることもできますが、私自身は少し疑っています。こうした条件を兼ね備えたものが、必然的に「日本人」だと見なすこと自体に、本質主義的な行為を見出すことができるからです。つまり、ナショナリスティックな「日本人」の主体とどう違うのか、ということです。

私は、社会運動における在日朝鮮人学生との関係などで、「おまえは何者なのか?」「なぜここにいるのか?」という問いかけから、その応答として「日本人」の主体を立ち上げてきました。他者からこうした呼びかけがなければ、私はずっと自覚することはなかったでしょう。その具体的な関係性の中から、先ほどの無意識さを含めた自分の持っている特権性に気づかされてきました。しかしながら、私がそこに存在することを認めてもらうためには、その名のりが必要だったといえます。それは、ある種の「承認欲求」からくるものであったかもしれません。

しかし、そこで問われた「日本人」は、どこまでも固定的で自明的な主体であったとも言えます。その際、頭に過ったのが、安田直人さんという方の主張でした。「日本人」と「在日朝鮮人」の「ダブル」という立場から安田さんは、二〇〇〇年から「パラムの会」という「日本籍朝鮮人」や「ダブル」の人たちのコミュニティで、カテゴリーの解体を目指して言論活動をされていた方です。日本人か朝鮮人かという二項対立的な社会や運動に意義申し立て、「叙述的自己表現」という独自の概念を紹介しました。カテゴリーで自身を説明するのではなく、自分史を通じた長い自己紹介をすることを提案しました。何をもって「日本人」か、それを名のるにも、こうした長い自己紹介が必要でしょう。

うまく言葉にできませんが、上述した観点から、私にとっては、あの空間における「自己紹介」というイベントで、このような「日本人」という名のりによって、とても引き裂かれた想いが込み上げてきたことも事実です。私はあえて「日本人」を名のったところで、何か責任を果たした気になっているのではないか？　また反面、その名のりによって、本質主義的な思考に加担してしまったのではないだろうか？「日本人」という名のりによって、何が説明できたのだろうか？　さまざまな疑問や違和感が湧きはじめました。こうした葛藤は、あの空間の政治性と切り離すことはできないと思っています。

さらに言うと、「自己紹介」という行為自体が、その場の雰囲気＝政治力に左右されて、個人というものを圧迫しかねないことにも気づきました。というのは、私自身が、「日本人」と名のることによって、私のその他の側面のすべてが削ぎ落されてしまうような感覚がありました。たとえば、私が「女であること」を語ることは、あの場では無関係で個人的なことだと見なされる可能性があるわけです。それは本当に個人的なことなのでしょうか。一九七〇年代以降のフェミニズムでは、「個人的なことは政治的なこと」だとして、「私的領域」と退けられてきた、家事労働やドメスティックバイオレンスなどを問題化してきました。フェミニズムが獲得してきた言葉は、日常的に「女」としてまなざされてきた私にとっては、かけがえのないものです。しかも、あの場では本当に無関係なことかというと、それも疑問符がつきます。後述するように、この授業では、ジェンダー・セクシュアリティの要素を無視できない課題を一部扱いました。その際、授業の中での関係性が、変容する可能性を内在していました。

また、誰かにとっては「語りたくないこと・語れないこと」もあると思います。そのような「沈黙」さえもいかに想像できるかということは大事なことです。「語ったこと」が、すべてではないことを最後に付け加えておきたいと思います。

2　「暴力」と向き合うということと、その主体について

授業で、台湾シネマ『無言の丘』を、一部鑑賞しました。私は、その事前配布資料を大変興味深く読ませていただいたと同時に、映画の内容の重さやその解釈に、慎重に受け止め、いつも以上に緊張した面持ちで授業に臨んだことを覚えています。

その上、映画全体を三〇分に縮小した映像に、まさか性暴力のシーンを含むとは思っていなかったので、心の準備ができておらず、不意打ちに思えました。私は最後まで不安な想いで、何かを祈るように鑑賞しました。身体の底から生じる震えを抑えるので精一杯でした。映像で描かれる植民地支配の暴力と性的な暴力から目を逸らせてはならないという気持ちと、私自身の身体化された暴力への拒絶との狭間に立たされたように思いました。私はいてもたってもいられなくなりましたが、「授業」だということで、ぐっと堪えました。

鑑賞後、私は、以下のように「告発」をしました。「暴力的なシーンを含むのであれば、最初に伝えてほしかった、「授業」という場では、強制力が働くので、席を立つことさえできなかった」（記憶している限りの発言です）と。この発言を受けて、駒込先生は、「確かに、山根さんの言うとおりだと思います。申し訳なかったと思います。しかし、僕は、あえてこの暴力的シーンを見せることによって、暴力とは何かということを伝えたかった。」（記憶している限りの発言であり、誤りがあれば申し訳ありません）と応えました。

私にとっては、これがその時の精一杯の「告発」でしたが、明らかに、言葉足らずな説明であったと思います。私が何を言わんとしていたのか、何が問題であったのかを、その場で共有することは難しかったであろうと思います。それは、私の説明不足に全面的に起因していたと反省しております。しかし、あの時は、語れませんでした。私が語れない限り、その想いをその場で共有することは不可能であるでしょう。

また、駒込先生が、「しかし〜」と続けて発言された言葉によって、私がその「暴力」と向き合いたくなかったかのようなニュアンスを印象付け、私の「告発」で伝えたかったことが矮小化されてしまったように思えたのです。そのような理由もあって、私は授業の半分以上を号泣して終わってしまいました。「泣く」という感情的な行為によって、その場の雰囲気が凍りつき、議論がしにくいような雰囲気を創出してしまったことを申し訳なく思います。しかし、当時は気持ちが混乱しており冷静ではおられず、身体のほうが先に反応してしまったということだろうと思います。大変申し訳ありませんでした。

そういうわけで、改めて本レポートを機会に、私が具体的にお伝えしたかったことを、何点か整理しておきたいと思います。これらが、私の感情的で個人的な訴えということで留まらずに、いかに政治的で普遍的な問題であるかを、ご理解いただけたらと思います。

(1)「暴力」シーンの上映

私は、映画『無言の丘』については、高く評価すべき作品だと感じています。「暴力」シーンを削除すべきだとも思っていません。さらに言えば、授業で「暴力」シーンを流すべきではない、とも言っていないのです。

私が問題化したかったのは、「暴力」シーンを上映する際の「配慮」についてです。「暴力」を想起させる言葉、映像、文章を含むとき、予告の必要があるのではないかということです。これは、「暴力」全般に当てはまるとは思いませんが、ある「暴力」に対して「被害者」が存在することを意識しなければならないということです。とくに今回の映像が、植民地支配の暴力と性暴力が絡んでいることは、認識されるべきことです。

たとえば、性暴力を中心に扱う集会では、会場に「サバイバー(=性暴力・性虐待の被害を生き延びてきた人)」が存在するかもしれないことを前提とし、気分が悪くなったらいつでも退席してもよい、という旨を最初にアナウンスします(それすらできていない場もたくさんあるのですが)。性暴力の集会であるということを、はじめから分かって参加したとしても、フラッシュバック・PTSD(心的外傷後ストレス障害)が生じる可能性は高いからです。ただ、その可能性を、その場で力を持っている主催者が認識しているということを知るだけでも、安心することができます。

また、性暴力にかかわる団体のWEBページにおいても、被害を想起させる言葉が含まれていると き、冒頭で「※フラッシュバック注意!」と書かれている場合があります。読む側は、その注意書きによって、フラッシュバックを起こすかもしれないと判断して読まないという選択肢を持つことができます。それでも、大丈夫と思って聞いたり読んだりして、フラッシュバックを起こすことはいくらでもあり得ます。その場合、サバイバー自身で、なるべく安心できる空間を自分でつくっておく必要があるでしょう。

今回は、「授業」というましてや教師の権力が自然と働いている空間において、「暴力」シーンを流すことについての問題です。「授業」という場では、問題意識も主題も大事だっただけに、より慎重に扱ってほしかったということが正直なところです。「授業」では、観なくてはならない、という強制力が働いてしまうからです。それは、おそらく被植民地出身者（その子孫やルーツを持つものも含む）やサバイバー当事者でなくとも、そこに縛りつけることになりかねません。これ自体が、「暴力＝ハラスメント」になり得る可能性も自覚せねばならないと思います。

しかしながら、だからといってそのシーンを削除すべきだということではありません。授業の参加者の中に、フラッシュバック・PTSDを生じるものもいるということを、どこまで想像できるかということだと思います。そして、そういう事態が起きたときの対応を考慮すべきであると思います。その場でできることは限られていると思いますから、すべてに責任を持てということではなく、こうした参加者に「逃げられる＝生き延びる」選択肢を与えてほしいということです。

（2）「暴力」とは何かを知ること

次に、「暴力」とは何かを知ることについて考えてみたいと思います。

私は、「告発」後に駒込先生が「しかし〜」と続けた言葉に違和感を覚えたと先述しました。「暴力」とは何かを示すとき、「暴力」シーンを含む映像を必要不可欠とするかどうか、私自身まだ答えを出せていません。（1）で、授業や教師の権力性について言及しましたが、ここでもある種の力が働いているような気がします。（1）とも関連しますが、授業の参加者は「暴力」を何かを知らない、という前提に立っているのではないでしょうか。これこそが、「暴力」を本当に知らないからこその傲慢な発想だとも思うのです。

こうして「暴力」を知れといった傲慢な発想が、「暴力」が何かを知っているもの（でなくとも）を傷つけることがあります。もし、この授業が、参加者は「日本人」ということを自明として取り組まれていたらどうでしょうか。植民地主義的暴力ないし日本人中心主義的な排外主義的暴力を繰り返すことに繋がります。もちろん、歴史的な背景は異なるとは思いますが、このことと倫理的構造は似ていると思います。わたしは、そのことをとても危惧していました。しかし、私はやはり感情的にしか訴えられず、私の主張は論理的ではないとして、その場では伝わらなかったのではないかと、大変悔んでいます。

ちなみに、性暴力サバイバーが、被害後の経過でさらなる心理的社会的ダメージを受けることを「二次被害」（一般的には「セカンドレイプ」とも言われますが、この呼称自体が二次被害と思うことがあるので、個人的には使用しないことにしています）と言います。典型的な事例は、「被害に合うあなたにも責任がある」といった被害者を取り巻く性暴力言説などが挙げられますが、フェミニストや性暴力被害者を支援・理解しようとするものの中でもよく起きることです。こうした「二次被害」については、高橋りりす『サバイバー・フェミニズム』（インパクト出版会、二〇〇一年）やマツウラマムコ「「支援者」／「第三者」の倫理的責任　「二次被害」は終わらない――「支援者」による被害者への暴力」（日本女性学研究会「女性学年報」編集委員会、『女性学年報』二六号、二〇〇五年）で詳しく論じていますので参考になります。

たとえば、フラッシュバック・PTSDが生じたり、取り乱してしまう人に対して、感情的になっているから話にならない、議論にならないなどと切り捨てられてしまうことがよくあります。こうした行為も被害者を傷つけることになり、「二次被害」となることがあります。しかし、被害者だからといって、その人のいうことが全てだということでもなく、受け入れろということではありません。誤っていたとしたら、その取り乱しとともに真向かうことから対話するしかないと思っています。

また次に、ある「暴力」を知ろうとするときの倫理的な問題として、私は「日本軍性奴隷被害者」の「証言を聞く」ということについての問題と重ねて考えました。「証言集会」は、各地で開かれました。

もちろん、当事者のいないところで議論することもおかしいし、被害の歴史的事実を知るということも大事なことであるし、当事者がサバイバーだとカムアウトしたその勇気、そしてその被害を「語りたい」という当事者の主体性に想うことがあります。しかし、その反面、当事者がここまで身を削って語らねばならない状況があるということに自覚的にならないといけません。「知らねばならない」という知的好奇心、それはたとえ真剣で切実なものであったとしても、当事者を搾取してしまうということに加担することになります。どうしても、聴衆は、リアルさを求めようとしますし、そうでなければ想像できないのでしょう。それは、結局、聴衆はポルノでしか当事者を消費していないと言えます。語らなくてもよい状況をつくっていくことを先に考えていかなければならないとも思いますし、その知的好奇心を当事者に依存せずに埋めることはいくらでも方法があると思います。

さらに、「証言を聞く」という趣旨に、暗黙の了解として、「聞かなければならない」という企図がうかがえてしまいます。やはりそこには聞く側にもサバイバーがいることは前提とされてないのではないのでしょうか。主催者には、力がありますので、主催者の言われたとおりに参加者は従わなければならないと思ってしまいます。こうした場をつくっていくときに、できることはかぎられていると思いますが、そのあたりをどこまで配慮されているかが、やはり気になるところです。

こうした倫理的暴力は、あらゆる主題を扱う空間で生じます。生じないようにする、ということは難しいことです。生じないようにするために、関連した行動を停止するということでは問題を隠蔽すること、思考停止することでしかありません。生じてしまう、ということを前提に出発しなければならないと思います。

(3)「暴力」と向き合う主体とは

最後に、「1、「日本人」という主体と、それを名のるということ」との関連で、「暴力」と向き合う主体について考えたいと思います。

上述してきたように、性暴力のシーンに向き合うことが困難である状況を論じようとすることは、私にとってとても負担が大きいと言えます。それは、自身が「日本人」であることとの折り合いをどうつけるかということです。私のこのような態度が、被植民地出身者や「日本軍性奴隷被害者」と性暴力被害者の被害を横並びにしようとしたり、このような被害性を持ちだして「日本人」としての責任を免罪しようとしているのではないか、曖昧にしようとしているのではないか、そんなふうに捉える方もいるように思います。たしかに、私が、当事者を前にして、何を語りかけられるというのか、という気持ちもあります。

しかし、「暴力」に向き合う主体さえ、いつでも固定化されているわけではないということを、1と併せて言及されるべきだと思います。「日本人」であるからこそ、見逃してはならないことがある一方で、そのことを理由に向き合うことさえ困難な「暴力」までも向き合わなければならないということとは、私にとって切実な問題です。先述のとおり「日本人」ということでさえ丁寧に受け止めていきたいし、「日本人」という抑圧者の側面ではない部分にも向き合わなければなりません。こうした問題に直面するときの私の引き裂かれた感こそが、今後しっかりと考察されるべき対象となってくるのではないでしょうか。

単純に主体を複眼的に捉えるというのではなく、「人種、社会的な性差、世代、組織や機構の場所、地理的政治的な地域性、ホモ、ヘテロといったような性的欲望のありよう――こうした主体の位置が、現代世界でアイデンティティを主張するとき、必ず付きまとう。差異の領域が重なり合ったり置き換えられたりすることで現れてくる裂け目。国民としての属性や共同体の利益、あるいは文化的価値といった複数にまたがる集団的体験は、そうした裂け目にこそ考えることができる」というホミ・K・バーバ(本橋哲也ほか訳)『文化の場所――ポストコロニアルの位相』(法政大学出版局、二〇〇五年、二頁)の言葉は重要であると思います。民族やジェンダーなどのカテゴリーの限界を生きること、そしてこの「裂け目」から問うことからしかできないのではないかと考える今日この頃です。

V

戦後日本における在日朝鮮人女性の識字教育

教師―生徒間の関係性に着目して

〔解題〕

二〇一一年一月に京都大学に提出した修士論文。夜間中学の歴史について概説的に述べた第一章は龍谷大学の修士論文と重なるところが大きいが、全体として課題意識のあり方も、使用している資料も大きく異なったものとなっている。この修士論文では、夜間中学における識字実践が総じて有意義なものであることを前提として確認しながらも、教師―生徒関係をめぐる権力性を「全国夜間中学校研究大会」における生徒の告発などにそくして描こうとしている。また、公立夜間中学という場を相対化するために、在日朝鮮人集住地域で立ち上げられた民間の識字教室「九条オモニ学校」をとりあげ、夜間中学とは異なり、在日朝鮮人女性生徒を日本人男性教師が「救済」するという構図がかならずしも自明でない点に特性を見出すことができるとしている。なお、「九条オモニ学校情報提供者一覧」(二五五頁)における情報提供者名は修士論文では実名で記されていたが、本書に再録するにあたり、第Ⅵ部の論文と同様に仮名に変更した。

(駒込)

序章

一 課題意識

本研究の対象は、夜間中学における在日朝鮮人女性の学びである。彼女たちの多くは、日本の植民地時代に学齢期を過ごし、文字を覚える機会を持つことのできなかった在日一世である。一九七〇年代以降、子育てなどが落ち着いた高齢になってから、夜間中学などで日本語の読み書きを学ぶことになる。この識字率九九％ともいわれる日本社会において、非識字者、とくに在日朝鮮人女性にとって「識字」とは何か、「学校」とは何かを問うことが本研究の主題である。その際に、日本人と朝鮮人との間の植民地主義的な関係や、男性と女性の間の家父長制的な関係が教師―生徒関係とどのように重なり合い、複雑に絡み合っていたのかということに着目したい。

戦後一九四七年の新学制発布以来、夜間中学はその制度外で、つまり現場の教師たちの自発的な対応の中で、学齢期の義務教育未修了者を対象に存立してきた。しかし、生徒が漸次減少していくと、夜間中学は廃止されていく。ついに一九六六年一一月、行政管理庁が文部省にいわゆる「夜間中学早期廃止勧告」を出した。そこで、「武器になる文字とコトバを」(1)と立ち上がったのが、高野雅夫などの元夜間中学生たちであった。高野たちの夜間中学増設運動が結実し、一九六九年に大阪市天王寺中学校夜間学級が開設された。この出来事は、夜間中学生の実態を国家や教育行政そして現場の教師に知らしめ、現在の夜間中学を方向づける大きな転換点となる。

その上、当初想定していた学齢期の生徒や長欠生徒だけでなく、在日朝鮮人などの不就学・非識字者を思いがけず可視化したといえる。とくに近畿圏の夜間中学、たとえば天王寺中の開設当初、ほんの数名であったのが、一九七〇年代半ばから在日朝鮮人生徒たちが教室を埋め尽くすようになっていった。これは夜間中学だけの範囲にとどまるレベルの現象ではなく、民間の識字教室にも広がっていった。一九七七年七月に、大阪市生野区では、在日一世女性からの問題提起を受け、「生野識字学校」(「オモニハッキョ」の前身)が始まった(2)。生野区の先例からヒントを得て、一九七八年四月には、京都市南区の東九条地域でも「九条オモニ学校」が開設された。これらの地域は戦前から形成された在日朝鮮人集住地域であり、地域住民のニーズから民間の識字教室も生まれたのだった。

夜間中学にしても、民間の識字教室にしても、なぜ彼女たちは日本語の文字を学ぼうとしたのだろうか(3)。これまでにも指摘されてきたように、日本語の文字の読み書きが生活に必要であったという現実的な課題があったのは確かである。彼女たちの識字作文には、そのたどたどしい文字に刻み込まれた歴史がある。それでは、夜間中学における学びが、生活に必要な技能としての識字に終始していたかというと、そうともいえない。筆者は、夜間中学の生徒が記した大量の作文を読み進めるうちに、フォーマットがあるかのごとく多くの作文が「先生感謝しております」と記しており、ましてや「自分史」までも類似した作品が並んでいることに気付かされた(4)。実際に、文字の読み書きを教えてくれた先生に「感謝」しているという声も多く聞かれるのであるが、一方で、作文に生徒の思いよりは教師の思いが投影されている事態、すなわち、教師と生徒の間の権力関係が埋め込まれているにもかかわらず、それが隠蔽されてしまう現場の緊張関係みたいなものがあるのではないかと思われた。

このような現象を生活に必要ということだけで説明することはできず、夜間中学における在日朝鮮人の学びの質と、それを規定した社会的・政治的条件を丁寧に検証していく必要性がある。生徒たちの作文の画一性の背後に存在する構造は何なのか、識字教育に内在する教師—生徒の関係性を問い、さらに、夜間中学という制度を問うために、本論文では生徒の作文よりも、教師の側の発言に着目すると同時に、夜間中学と民間の識字教室との比較も行いたい。こうした作業を通じて、彼女たちの学びを規定している錯綜とした状況の一端を浮かび上がらせることができればと思う。

二 先行研究の検討

識字教育の実践・理論にかかわる重要な著作としては、パウロ・フレイレ『被抑圧者の教育学』(一九七九年)(5)がある。フレイレの著作は、識字を獲得する過程で、被抑圧者としての「意識化」をはかり、社会変革の主体として立ち上げていくことの重要性を解明した点、教えるという一方向的な関係を転換しようとした点で、確かに画期的なものであった。

しかし、J・E スタッキーは、生徒と教師の団結は「便宜的」であると反論した。「識字を欠くことは、人間的実在を欠くことである」という広く流布している認識に対して、識字は「自己実現を越えるもの」で、社会的なものであると同時に、社会は識字を支配するという(6)。その上で、「識字は、人々を投獄も解放もしない。識字は単に、どのように、また何故、ある人々は快適に暮らすことができ、またある人々はそうではないのか、ということを大変複雑なものにするだけである」とした。

つまり、フレイレの議論には、あたかも識字を獲得しなければ「意識化」できず「解放」されないと思わせるような側面があることを指摘しているわけである。到達点をすでに設定していること自体、教える—教えられる関係の固定化を意味することになる。スタッキーの著書を翻訳した菊池久一(7)も、識字術の有無によって序列化がはかられる差別構造そのものの暴力性を指摘し、識字を自明の価値とした人びとの識字観そのものを問題化している(8)。

このように識字実践の評価についてはさまざまな議論がなされているものの、具体的に識字教育をめぐる構造や関係性について、夜間中学や識字教室という場に即して考察した研究は多くはない。さらに、夜間中学や識字教室における在日朝鮮人の学びを対象とした研究は、ほとんどない。ただし、在日朝鮮人教育史を体系的に整理した小沢有作の一連の研究において、夜間中学における学びへの言及がなされている。一九六六年時点で、小沢は、在日朝鮮人の教育を考えるにあたって何よりも重要なことは在日朝鮮人を朝鮮学校に入学させることであり、民族教育の対極にあるものとして、日本人による「同化教育」をもっぱら批判の対象としていた。在日朝鮮人女性の多くが学校における学びの経験を持たなかった点については、「文盲《ママ》化」の問題として二義的にしか触れていない(9)。一方、時を経て一九九〇年代になると、フレイレの議論も援用しながら識字問題に積極的に言及し始める。夜間中学の在日朝鮮人女性については、「在日の生活はこれらオモニから日本文字を知る機会を奪いつづけてきた」と論じる(10)。いわば今度は「文盲《ママ》化」批判に力点が置かれ、識字習得の権利を強調しているわけである。しかし、そこで学ばれる文字が「日本文字」であることは自明視されている。さらに夜間中学の教育内容が全体として、かつて小沢が「同化教育」として批判してきたものと重なっていることの意味についても考察されていない。どのような識字をどのような関係性のなかで獲得するのかを論じない限り、識字習得の権利の強調は、ともすれば、もっと「同化教育」を徹底化すれば良かったという論理につながりかねない。こうした点において、小沢の議論には、内在的矛盾が孕まれている。

他方、夜間中学史研究という脈絡では在日朝鮮人や女性にとっての学びの意味という観点が欠落しがちだが、この点に着目した研究として徐阿貴《ソアキ》の研究がある(11)。徐阿貴論文の重要な点は以下三点である。一つは、これまで夜間中学における民族的な主体や非識字者の主体に注目する論考はあったが、「私的領域」

からの解放などジェンダー的主体までを同時に描いた点で貴重である。二つめに、生徒会の役割にも目を向け、生徒という受動的な立場ではなく、教師と「対等に」討議していく積極的な姿をも捉えている点である。三つめに、学校内での複数のマイノリティ集団との交流や、学校という狭い領域だけでなく市民運動や地域との相互作用が支えている夜間中学のあり方を示した。特に夜間中学と行政権力とが対峙する局面を通して、在日朝鮮人女性は「対抗的公共圏」を形成し、その過程において民族とジェンダーの双方からの「自律的主体」を構築したと論じている点は注目される。

また、在日朝鮮人女性も対象にした民間の識字教室については、添田祥史の研究がある(12)。添田は、識字教室が「学習者にとっても、スタッフにとっても、生を実感しあい、支えあう大事な場所」になっているとして、「親密圏」の概念を用いて分析している。「分かってもらえる」という感情を持つことが許されることにより、「外部で否認あるいは軽視の視線に曝されやすい人びとにとっては、自尊あるいは名誉の感情を回復し、抵抗の力を獲得・再獲得するためのよりどころともなりうる」とする。さらに、添田はフィールドでの「関与観察」で、在日朝鮮人と日本人が半数ずつ参加している識字教室での実践が、①「親密な他者を再獲得する場として」、②「自らの生の存在価値を確かめる場として」、③「感情や経験を共有する場として」の機能を持っているとした。

徐阿貴と添田の論考は、夜間中学と民間識字教室という文脈の違いはあるものの、非識字者との相互関係の中で識字教育の空間そのものを捉え直そうとする新しいアプローチを示した。徐阿貴の場合は「対抗的公共圏」、添田の場合は「親密圏」という用語がこの空間の新しさを示すキーワードになっている。どちらも重要な問題だが、両者とも識字をめぐる問題性について触れておらず、むしろ「自己表現」としての読み書き能力を評価している。それが日本語であることの意味についても考察されていない。また、識字教育における教師との関係について、徐阿貴が「対等性」を強調していることにも疑問を感じざるをえない。行政との対峙における一時的な局面、あるいは生徒会の活動で「対等」に思える局面も確かに存在したかもしれないが、こうした契機が日常的な教師―生徒の序列的関係において、または夜間中学という制度的圧力の中で、どのような意味を持つのであろうか。添田も「親密圏」は、人間関係を守ろうとするが故に、常に「同化と抑圧の空間」に転化する危険性があり、人間関係が組織内の行動原理となってしまうというデメリットを常に内包しているはずであると指摘しているにもかかわらず、この点についての問題は掘り下げられていない。

識字実践が、教師―生徒、日本人―朝鮮人、ジェンダーなどの関係性を無視して、普遍的に一定のポジティブな機能を持っていると言い切ることはできない。教師と生徒の間にある緊張関係は、生徒が識字教室をどのような場として捉えるかに影響していると考えられる。そういった意味で、夜間中学にしろ、識字教室にしろ、両者の相互関係に即してそれらの学びの空間の意味を捉えていく必要がある。そこで、本論文では、内部の権力関係を顕在化しにくい夜間中学における「解放」的な側面と、それが新たな「抑圧」に連なる両面を兼ね備える問題構造をできるかぎり正確に叙述していきたい。

本論文では、具体的には、とくに全国夜間中学校研究大会での討議や、京都市南区で行われた識字教室での記録などの資料を用いて論じる。一章で夜間中学における学びの状況の概要を説明した上で、二章では夜間中学における教師―生徒間の関係性にかかわる議論を分析し、三章では民間の識字教室たるオモニ学校における教師―生徒の関係性との比較検討を行う。

一章　夜間中学における識字教育と在日朝鮮人教育

本章では、主に夜間中学について概説的におさえておきたい。夜間中学が、日本の義務教育制度の中でどのような位置づけで始まったのか、社会的な条件と内部の動きとの連関性、そして在日朝鮮人社会との相互作用について考慮する必要があるだろう。

一―一　夜間中学の系譜

夜間中学の歴史を時期区分するならば、図1の夜間中学の学校数と在籍生徒数の推移から、学校数・生徒数がピークに達する一九五四年度までを第一期、それ以降相次いで減少し始める第二期、増設運動の結実により増加していくようになる一九六〇年代末からを第三期とすることができる[13]。これらの時期区分に基づいて、夜間中学の歴史をみていくことにする。

第一期では、戦後まもなく一九四七年の憲法施行を前に、教育基本法、学校教育法の公布施行、同年四月に六・三・三制の新しい学校制度を発足させたが、戦後の混乱状況の中、「学校より食うことが先だ」と、生活苦で学校を欠席して働きに行く児童が多かった[14]。そんな中、新学制発足後の一〇月に、はじめて大阪生野第二中学校で「夕間学級」が開設され、その後各地域の中学校で開設された。一九五四年度の八七校でピークに達し、同年「第一

図1：夜間中学の学校数と在籍生徒数の推移

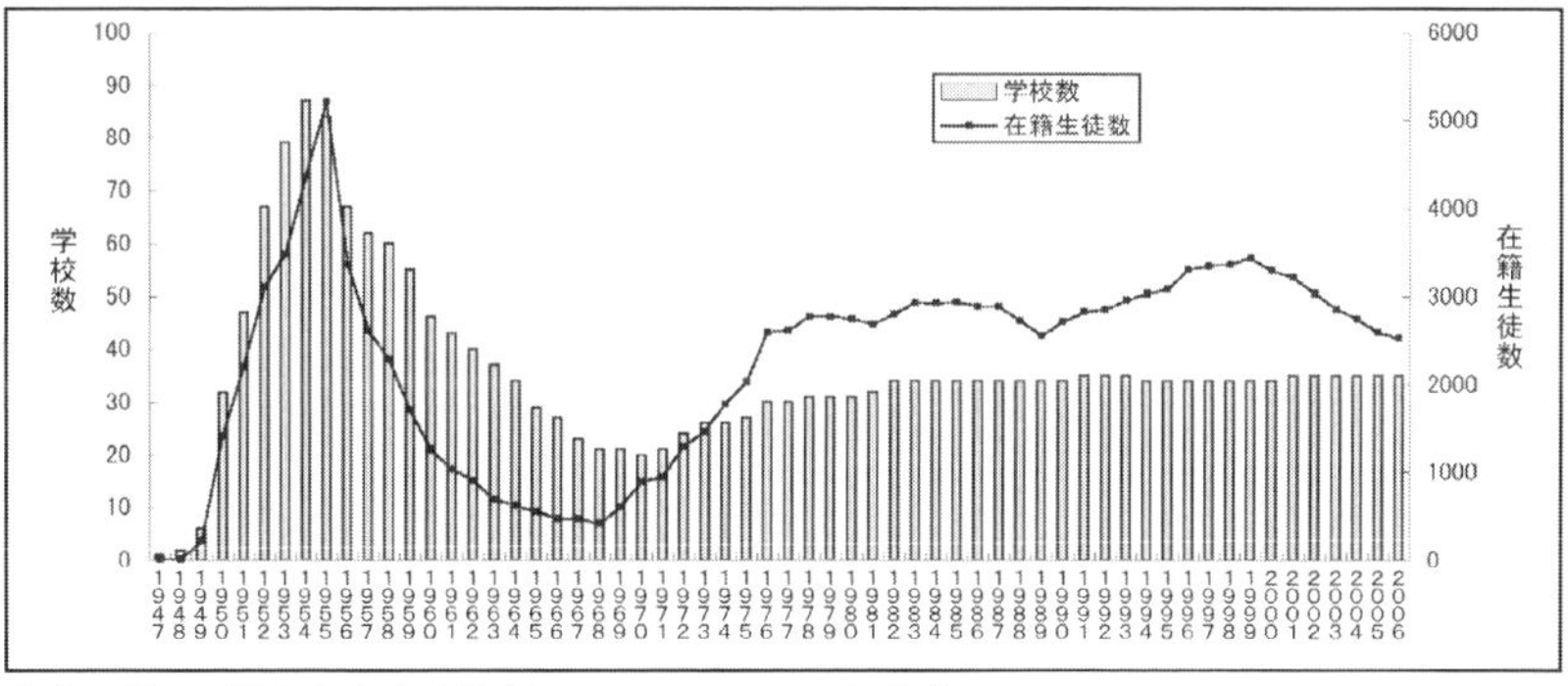

出典：第52回全夜中大会資料、2006、p.253から作成。

回全国中学校夜間部教育研究協議会」（後に全国夜間中学校研究大会と改称。以下、全夜中）が、京都市教育委員会と京都市立中学校二部学級研究会の主催で開催された。第一回目の大会の趣旨としては、以下のように記されている[15]。

中学校不就学生徒を救済〔下線引用者〕し、義務教育を完遂するための対策としての中学校夜間部教育の実態と方法とを研究協議し、これが改善を促進して、日本教育面の新生面を開拓し、これに寄与せんとするものである

そうした中、一九五三年九月、ＩＬＯ（国際労働機構）アジア会議が東京で開かれ、夜間中学が取り上げられたことを契機として、文部省、労働省、厚生省の三省が夜間中学実態調査を実施することになった[16]。夜間中学に関する初めての実態調査であり、夜間中学に関心が寄せられ始めたが、一九五五年九月の「三省共同通達」[17]は形式的に各省の対策措置を示したが、夜間中学の法的根拠は否定した[18]。

第二期では、経済が好転したことや就学援助制度が整備されたこともあって、一九五五年以後、学校数と在籍生徒数とも減少傾向が著しくなっていく。しかし、その背景に、日教組への圧力、公選制から任命制に転換した教育委員会法の強行可決（一九五六年六月）の結果が、教育委員会の夜間中学に対する消極的な姿勢に反映していた[19]。また一九五八年には、文部省は長欠生徒の全国調査を打ち切った。

一九六三年五月の参院文教委員会で荒木文部大臣は、「夜間の義務教育は制度上許されない」「夜間中学をなくす努力をする」と答弁し、夜間中学廃止に拍車がかかる。ついに一九六六年一一月、行政管理庁が文部省に対し「少年労働者に関する行政監察結果に基づく勧告」いわゆる「夜間中学校早期廃止勧告」を出した[20]。

これを受けて、元夜間中学生の高野雅夫が、「夜間中学廃止反対、設立要求」を訴え、夜間中学生の証言記録映画を上映する全国行脚に立ち上がった。この間、多くのマスコミに夜間中学の存在が知れ渡ることになった。それが実を結び、一九六九年、夜間中学が皆無だった大阪市に、大阪市立天王寺中学校夜間部が開設された。以後、各地での夜間中学の開設に影響を及ぼしていった(21)。

第三期にあたる一九六〇年代末からは、増設運動の成果もあり、夜間中学開設および生徒数も増加し、生徒も多様化してきた。生徒の中には、①学齢超過者、②海外引揚者、③中学校の形式卒業者、④「特殊学級」の卒業生、⑤障がい者、⑥在日朝鮮人などが含まれていた(22)。地域によってその生徒層の構成は異なり、この時期、近畿圏では特に⑥在日朝鮮人生徒の急増が目立っていたが、関東圏ではむしろ②海外引揚者の課題に重点が置かれていた。

一九七一年に開催された第一八回全夜中大会には生徒が初めて参加し、その機会に生徒集団から文科省(当時)と夜間中学教師への告発が行われた。形式卒業者、引揚者、在日朝鮮人、被差部落出身者などの「生活体験発表」はプログラムに組まれていたが、特に「形式卒業者」や「引揚者」の生徒たちが、壇上に上がって文部省や教師に詰めかけ騒然となった(23)。翌年の大会は、「第一八回大会みたいに荒れたら困る」という噂のなかで中止されたという(24)。一九七三年二月に「大会」ではなく、「協議会」として教師のみで「全国夜間中学校研究会連絡協議会」が催された。高野たち(元)生徒は、会場から締め出された。高野によれば、これが彼と夜間中学との決別の決め手となったという(25)。

一―二　夜間中学における在日朝鮮人教育

(1) 夜間中学における在日朝鮮人生徒の増大

以上のような、一九七〇年代前後の激しい運動の結果、夜間中学は広く知られるようになり、特に近畿圏の夜間中学では、在日朝鮮人生徒の入学が増加し始めた。そのほとんどが、女性であった。この頃から在日朝鮮人女性の日本語の識字問題が顕在化し始める。

全国的に一九七〇年前後に夜間中学における在日朝鮮人生徒の増加が顕著になるが、全国の統一的なデータがないので京都の地域個別のデータを整理してみる。京都市立郁文中学校二部学級（現在は京都市立洛友中学校に改名。以下、郁文中学）では一九七四年度まで「若干在籍していた」(26)程度であったという。一九七四年の全夜中大会で「在日朝鮮人が入学したが、小学校の基礎が殆んどできていない状態である」(27)と郁文中学の教師は報告しているが、それ以後急増し始める。一九七六年の全夜中大会では「今年いちばんの特徴は、在日朝鮮人の入級者が七〇％を越した、しかも、入級のストップをせざるを得ないほど、多数の入級希望者がでてきた」(28)と報告されている。日本語の読み書きが出来ない在日朝鮮人生徒が急増し始めたことによって、どう学級の形態を整えていくのか、どう指導内容を改変していくかなどの必要に迫

図2：郁文中学の生徒数と外国籍比率の推移

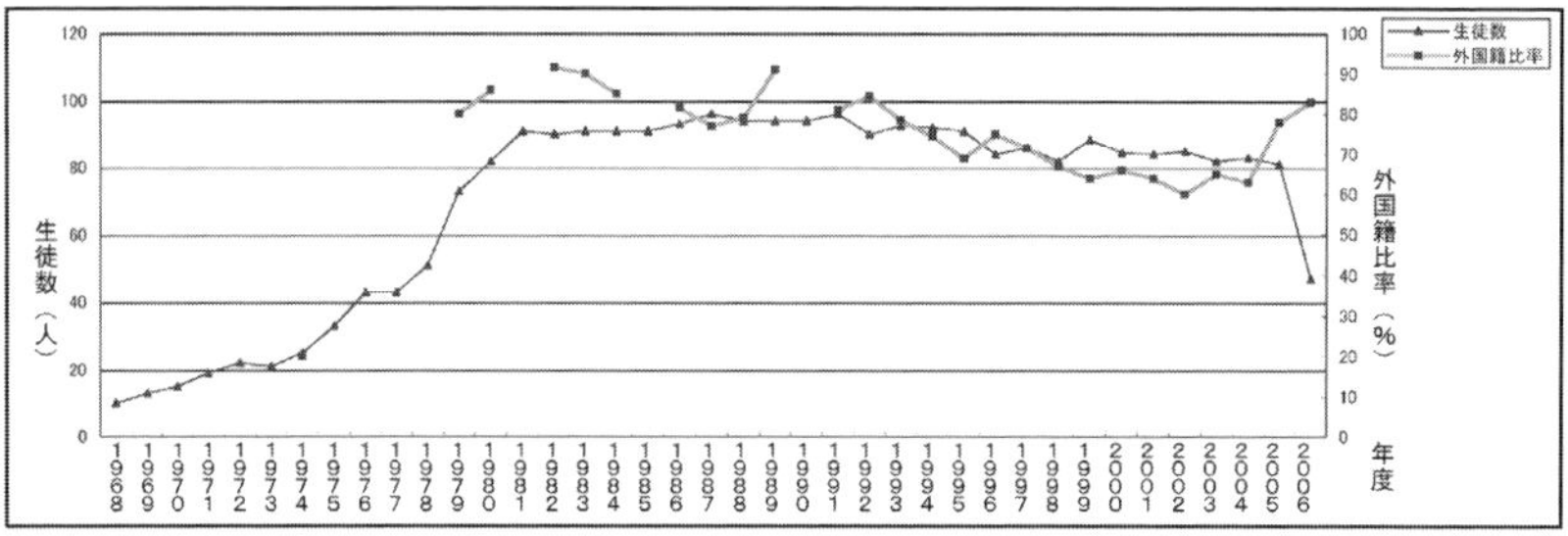

出典：郁文中学発行作文集（1979年度から毎年一回発行）収録の現況と各年の全夜中大会資料から作成。1983年度の外国籍比率は『二部学級実践報告』1984年、p.4より引用。
注:1975年度～1978年度のデータがないので空白。1979年度、1980年度は外国籍比率の資料がなく、在日朝鮮人生徒の比率を使用。

られ、教員の配当の要望や、学年を超えた学級編成が試みられた。

図2は、郁文中学の生徒数と外国籍比率の推移を示している。一九六八年の開設当初は、生徒数一一名のうち男性九名、女性二名と男性の方が圧倒的に多く、二〇代～三〇代の若年層であった。しかし、二年後には女性が半数以上を占めるようになり、図3の生徒の平均年齢の推移から分かるように生徒層も高齢化していく。要するに、生徒の増加傾向は、女性生徒の増加に因るものであり、退職や子育てを終えた高齢者生徒へと年々移行していった。先述した全夜中大会の報告から分かるように、一九七六年からは在日朝鮮人生徒が大半占めるようになり、それ以降約七割～八割の在日朝鮮人が在籍したと予測できる。以上の点を併せて考察した結果、生徒数の増加は、「在日朝鮮人高齢者女性」の増加と同義だとみることができる。

この現象は京都だけに限らず、在日朝鮮人住民の比率が高い近畿圏では、その現象が早い段階から問題提起されている。全夜中大会ではじめてとりあげられたのは、管見のかぎりでは、一九七四年の大会における、「近畿夜間中学校連絡協議会」（以下、近夜中）(29)の特別報告「夜間中学に入学してくる未就学者の実態とその指導について」(30)である。全体としては、一九七七年の第二三回大会で初めて「外国人教育に関する諸問題」というテーマで個別の分科会

図3：郁友中学の生徒の平均年齢の推移

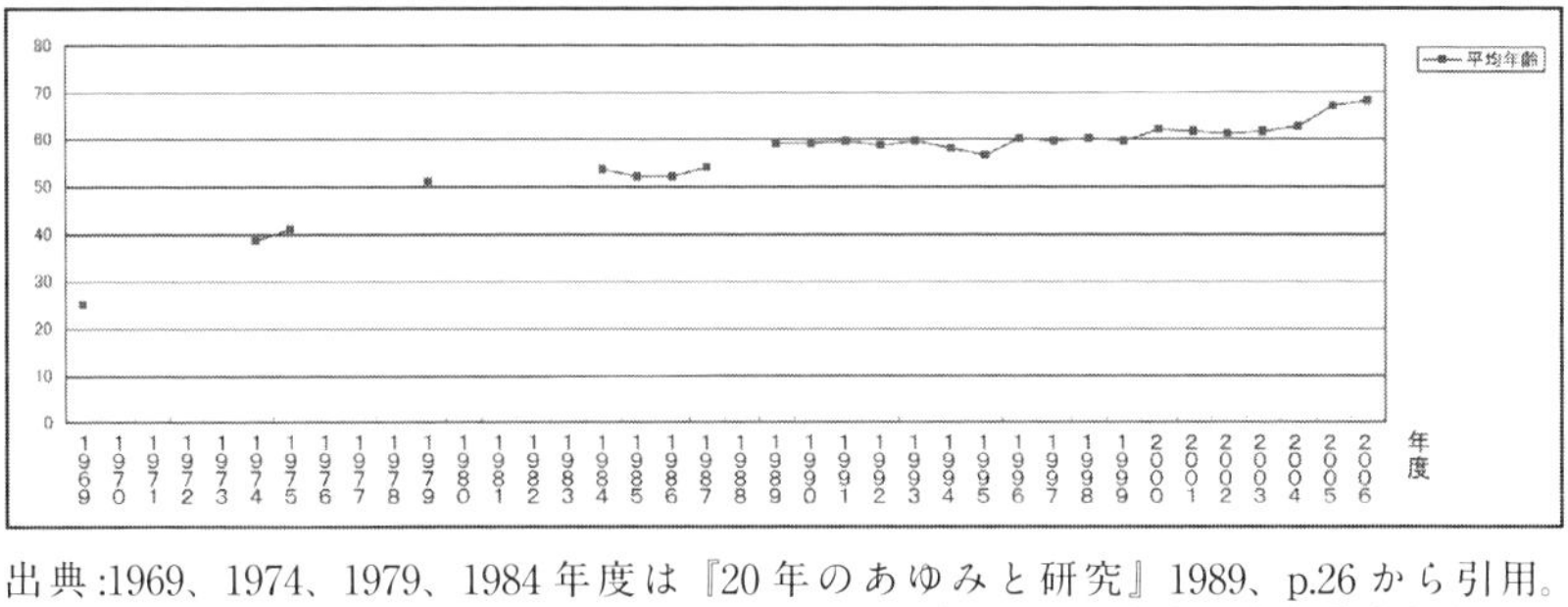

出典:1969、1974、1979、1984年度は『20年のあゆみと研究』1989、p.26から引用。1975年度は第21回全夜中大会資料から引用。その他すべて郁文中学発行作文集収録の現況から引用。ただし1988年度は現況なし。

が設置されている。この分科会は、一九八九年の第三五回全夜中大会からは「在日朝鮮人教育」と改題された。

(2) 在日朝鮮人教育実践の形成

一九七〇年代における在日朝鮮人生徒の増加は、夜間中学だけの問題ではなかった。先に公立中学校における在日朝鮮人生徒の増加と、こうした現実に対応した教育実践の模索が、夜間中学における教育実践のあり方にも影響を与えることになる。そこで、在日朝鮮人教育をめぐる流れも概観しておきたい。

一九五五年五月に在日本朝鮮人総聯合会が結成され、朝鮮民主主義人民共和国の「在外公民」であるとの自覚に基づいて、在日朝鮮人運動の路線転換が図られた。帰国運動や民族教育運動の飛躍的な盛り上がりをみせはじめ、これを「支える」かたちで、日教組教研「人権と民族」分科会は、「朝鮮人の子どもは自主学校の門へ連れていく」「民族学校の権利を擁護する」という方針を推進していき、いわゆる「門まで実践」が教育運動の主導権を握りはじめたと見てよいだろう(31)。

しかし、一九六〇年代後半になって、帰国運動も沈静化し始めていく。一方、一九六五年の日韓協定調印を契機に、「韓国籍」への「永住権」付与など在日朝鮮人の置かれる地位が動揺することになる。また、同年一二月、各都道府県知事に宛てた二つの文部次官通達(32)は、「韓国籍」朝鮮人児童の日本学校への就学の制度化と朝鮮学校に対する干渉および抑圧方針を改めて明確化した。

一九七一年頃、大阪で唯一の公費で運営された民族教育機関であった西今里中学校で教員経験を持つ市川正昭が、「公立の学校に在籍する在日朝鮮人子弟の教育を考える会」(後に、「日本の学校に在籍する在日朝鮮人児童・生徒の教育を考える会」、以下「考える会」)の中心的な呼びかけ人となった。市川は、民族教育の高揚期でさえ、大阪の公立学校で学ぶ朝鮮人児童の数は変化せず、日韓協定以後ますます急増したこと、日本の学校に通わざるを得ない在日朝鮮人児童についての認識が甘かったことを指摘している(33)。さらに、「日本人教育労働者」は、「好条件」(朝鮮政府から朝鮮学校への教育援助費と帰国の実現)にもたれかかっていたとし、この「甘さや誤り」は、これまでの運動が「「応援団」という質をこえることがなかったところにある」と内省している(34)。

直接的には、市立中学校長会研究部報告の中の在日朝鮮人児童に対する差別文書への現場教師たちの糾弾行動が契機となって、一九七一年の「考える会」(代表は当時城陽中学教諭の稲富進)発足に至った。同年九月二四日には、研究集会が開催され、在日朝鮮人生徒の教育問題は難しいという口実で、教育現場で避けてきた事実を否定し得ないと自己批判し、現に在籍している子どもたちをいったいどうするかということを幅広く話し合っている(35)。

ちなみに、一九六〇年代後半は、部落解放教育運動の高揚もあって、それに触発された教師たちが、在日朝鮮人教育問題の取り組みに受け継がれていくという流れも一方であった。

マイノリティの状態に置かれた日本国民の未就学者の「救済機関」として出発した夜間中学であったが、上記のように、法的にも社会的にも不安定な地位にあった。夜間中学増設運動によって、その存在が世間に周知され始めた一九七〇年代、在日朝鮮人女性生徒の入学が顕著になり、日本社会にようやく在日朝鮮人女性の不就学・非識字の問題を突きつけた。これは夜間中学史上における転機だけが後押ししたのではなく、朝鮮民主主義人民共和国への帰国事業の終了や日韓条約(一九六五年)をめぐる政治状況と、在日一世の女性が年齢的にも就労や子育てから解放されたなどの諸条件が複合的に重なることによって生じた事態であった。なお、在日一世の女性がちょうど子育てを終えた時期と重なると言うのは、たとえば、植民地期朝鮮および内地日本で一九二〇年代〜一九三〇年代に出生した世代には、一〇代後半に嫁ぎ一〇代後半〜二〇代で出産・育児を経験したものが多く、一九七〇年代には五〇歳〜六〇歳代となって子どもが成人しているという計算になるので、家から比較的に出やすいといったことが具体的な行動に影響されているということである。

また、それらの出来事に伴って、一九七〇年代以降における日本人教師の意識転換と在日朝鮮人教育の展開は、少なからず夜間中学や識字教育の実践に影響を与えたであろうと思われる。

二章　夜間中学における教師―生徒間の関係性

本章では、上述した夜間中学の社会的背景を踏まえた上で、教師―生徒間に生じた具体的な事象を取り上げ、その関係性を規定づける条件について考察していく。その際、主に使用する資料として、全国の夜間中学教師たちの研究集会「全国夜間中学校研究大会」(以下、全夜中)の記録誌を参照する。

二―一「全国夜間中学校研究大会」における生徒の告発と教師の応答

全夜中大会の記録誌をもとに夜間中学における教師と生徒のやり取りを参照する。大会で在日朝鮮人生徒の問題に初めて言及されたのは、すでに記したように、一九七四年である。これに続く第二一回大会(一九七五年)と第二二回大会(一九七六年)では在日朝鮮人生徒をめぐる問題がいわばメイントピックとしてとりあげられている。そこには、かならずしも十分に掘り下げられているとはいえないものの、夜間中学における在日朝鮮人の学びにかかわる問題が明確に表れている。そこで、以下この第二一回・第二二回大会のテクストを分析する。なお、全夜中大会の参加者は、各学校から数名の教員が出張している。ただし、各学校での授業があるため、教員の全員が参加できるわけではないので、代表者ということになろう。その代表者をどのように選出しているかは不明である。しかし、参加資格や制限があるわけではないので、積極的に参加している教師もいることは確かである。学校や教員ごとに全夜中大会の位置づけは異なっていたとみてよいだろう。

一九七五年の第二一回大会では、二日間の日程のうち、一日目は「総会」や「各地域の現状報告」、二日目は「研究発表」として「一、学校経営」「二、生徒指導」「三、学習指導」の三つの報告があった。とくに「二、生徒指導」において東大阪市立長栄中学校の教諭・金林勝道が「長欠生徒を通してみた問題点」というテーマで、在日朝鮮人の在籍生徒数八〇％という状況下で単に文字の読み書きだけでない在日朝鮮人教育の必要性について論じている[36]。司会者は大阪市立管南中学主事の勝村公和、質疑応答で記録されている発言者は、大阪市立文の里中学校教諭・金城実である。「研究発表」のほかに、「生徒の意見発表」があった。

さて、第二一回大会では、長栄中教諭の金林が以下のような研究発表を行っている。この記述から教師側の教育論理が垣間見ることができる。

> 民俗《ママ》教育というか、彼らをあるいは彼女らを、「あなたたちは朝鮮人なんですよ。」という教え方をしないかぎり、その人たちが本当に自らの生きる力というか、生きる権利を主張することにならないのではないか。日本のこういう現況に負けて、その中で少しでもうまく、悪く思われないように泳ぎ廻ろうとするための文字の覚え方ではなしに、本当に民俗《ママ》の自覚に生きた人たちに強く育てあげるた

めに我々は文字を教え、朝鮮の歴史を教え、文字を教え、そして又日本の歴史を知ってもらうという事でなければ、それは単に識字学級なのである。

しかし、職員がなかなか一致しないので、「第一歩」として、「本名呼び」からはじめるという。

しかし、これはなかなか抵抗が大きい。「私たちは本当に外国人で朝鮮人だ。」という自覚に燃えていない生徒さんも多い、／〔…〕しかし、せめてこの教育圏の学校という中では、その名前で呼び合おうではないかという一致した基盤に立たなければいけないのではないか。学校という所はそういう所なのではないか。

会社や近所に知れては困るという生徒などが、抵抗して学校に来なくなることこそが、「真の長欠者」であり、「どう学校に留まらせるかという事こそ、真の欠席者対策ではないか」と問題提起している。文の里中の金城は、自身が「沖縄人」であるという立場から、行政とのかかわり方などについて「今その夜間中学で行っていく方向性として、行政をも含めて、同化教育をやっていくような方向へ走っているのではないかという問題」、また「今まで勉強できなかったから、勉強させてもらって、「有難うございました。」と先生に言う。そこら辺をどのように受け止めていくかということをつきとめていくような研究大会でないと意味がない」と意見している。さらに、「教師と生徒との側にどうしても葛藤がでてこないというのは、うそだと思う。〔…〕「名前は本名を名乗れ。」とか「あなたは朝鮮人なんだから。」と言われまず怒らないという事はないと思う」と指摘した。

なお、ここで金城から夜間中学での実践が「同化教育」にならないかと懸念を示していることについて、この時期の議論として重要である。単純に文字の読み書きではならないという認識だけでなく、行政との交渉や実践で自明としてある日本語を問題化していることではないだろうか。こうした指摘が、「在日朝鮮人教育」の展開への必然性を思わせる。しかし、引き替えとしての「在日朝鮮人教育」が、金城のいう「同化教育」への批判的姿勢や緊張関係というものを緩和させていくことになっていくことは、後に定着していく実践からわかる。

それに対して、金林は「教師集団がへっぴり腰とか、逃げ腰」だったことに原因を見出し、「だからやはり、その先頭に立って、「先生など出て行ってくれ。」と生徒さんから言われて、縮み上がって、やはりやるのが日本人教師だと思う」と応えている。

第二一回大会の研究発表の締め括りには、司会者である勝村が、「どろどろの上に通してやっていかなければいけない」と言及している。

以上が、第二一回大会での議論の概要である。夜間中学の生徒の構成が変容したことによる、教師たちの意識の変革が迫られていることが読みとれるだろう。教師間でもさまざまな認識があることもわかった。

翌年の第二二回大会の議論はまさにその「どろどろ」を明るみにしたといえる。一九七六年の第二二回大会では、二日間の日程のうち、一日目に「総会」と「生徒発表・各地区報告」、そして「分科会」として五つ「第一分科会　経営・運営に関する諸問題」「第二分科会　夜間中学の歴史に関する諸問題」「第三分科会　基礎学力指導に関する諸問題」「第四分科会　その他学校内外すべての指導に関する諸問題」「第五分科会　生徒の体験をくわしく聞く」が設置され、二日目に「分科会報告」が行われている。ちなみに、記録誌の第五分科会の議事録では「生徒の体験から学ぶ」になっている。

本分科会では生徒が主体の構成になっており、議長は「近畿夜間中学校生徒連合会」(以下、「生徒連合会」）(37)の副会長・寿烈子《スヨルジャ》（大阪市立管南中学生徒）が務め、会長・柿本文之輔（大阪市立天王寺中学生徒）から報告があった(38)。教材や「本名呼び」について問題提起し、教師との対立が露呈されている。一日目の議論の記録は、ほとんど概要のようなものになっていて、二日目の「分科会報告」が議事録として詳しく記されている。「分科会報告」の司会は東京都足立区立第四中学校教諭・河西靖堯、報告者に大阪市立管南中学校教諭・馬越宏之、「補足」として討議した発言者は「生徒連合会」の会長以外に東大阪市立長栄中学校生徒・黒田照子、東大阪市立長栄中学校教諭・西尾禎章、大阪市立天王寺中学校教諭・稲富進である。

第二二回大会のこの分科会は、生徒が問題提起の主体となっている点で重要である。その上、前年と同様に長栄中学の問題が話題にのぼっていることも無関係ではないだろう。第二一回大会ではもっぱら教師の側の論理にしたがって議論が展開したのに対して、第二二回大会では生徒の側の論理もわずかながら議論の表舞台に登場しているといえるのではないだろうか。

分科会報告者の管南中の教諭・馬越によると、昨年の大会からの流れで、「近畿夜間中学校連絡協議会」（以下、近夜中）で在日朝鮮人生徒の教育について前進させるような動きがあったようだ。この分科会自体も、生徒の意見を中心に据えていくという趣旨で設けられたということだ。

しかし、討議の中身として、以下のような反省点が述べられている。

> 大阪の教師として全国から集まられた皆様にお詫びしたいと思うのですが、昨日も出ておりましたように大阪での自主教材の問題をめぐって、教師の立場から出ているたてまえと生徒の苦しみの中から出て来た本音の対立をそのまま持ち込んだような形になりまして、大阪の事ばっかり言っていたと言うような印象が強かったと思います。この点お許しいただきたいと思います。

さて、本論をみていくと、「(補足)」の部分で生徒連合会の会長・柿本は、とくに長栄中学の問題を強調している。生徒が「教科書がほしい」と主張しているにもかかわらず、プリント教材を使用していることについて、以下のような発言がある。

我々日本人はなぜここまで差別するのか、朝鮮の方に対して長栄の先生は、朝鮮の人に対して、こういう『消えた国旗』(39)とか。『名を奪われた』(40)とか。…字を知らんものが読めますか、みなさん…こんなでたらめな教育をして、夜間中学の教師というのは、私に言わせれば、チャンチャラおかしい。

さらに長栄中学生徒の黒田照子が、「本名呼び」について以下のように発言している。

対等なところで日本人、朝鮮人とつき合いたい。その為に本名を名のることは大切だと思う。これは最もなことだと思います。だけど本名を名のった時に日本人と朝鮮人が対等に生きていければすばらしいと思いますが、条件がそうばかり許しません。〔…〕本名を名乗るがゆえに生活難に追いやられる時に、先生方はそれが教育の理念か、それが本筋か、〔…〕教育以前の生活はどうなりますか。

それらの意見に対して、長栄中の教諭・西尾禎章は、「民族教育」としてではなく「朝鮮人教育」みたいなものを考えているという。つまり、「民族教育とは、その民族の教師が、民族の言葉で、民族の歴史と文化を教えること」であり、「長栄中のは、民族教育ではない。朝鮮問題を扱っているとは言える。」と報告している。

また、教師側の考えを生徒に十分理解してもらっておらず、また教師側も生徒の考えを十分に受け止めていないと弁解している。その後の教材をめぐる議論は、柿本とかみ合っていない。

そこで、天王寺中教諭・稲富進が、以下のように発言している。

　教材つまり教えてもらう側と教える側との教材というものの中身について、やはり十分なおたがいの意志疎通のもとに現在使われている教材ができてこなかったという点では今長栄の先生が自己批判というかある意味ではそういうものを含めて対処していきたいと答えているわけです。／〔…〕だから、〔…〕やっぱり生徒さんも理解してほしい。

また、在日朝鮮人問題において「日本人として」考え続けなければ「教育の前進はない」とした上で、

　そういう教師側の姿勢に対しては、在日朝鮮人のおかれている今の状況から「なにをいっているのですか先生、私達の生活を奪うのか。」といわれるのは百も承知である。――こんな事を言ってはおこるかも知れないけど――その事を私達はもっと受けとめていく。しかし、やっぱり、日本の、日本人として、日本の子供達、これはなにも夜中の教育だけのことではなく、昼間の教育と連結した問題であります。だから、教師としてやっぱり考えていく立場というもの、教師としてどうあるべきかということをたえず追究する姿勢がやっぱり必要なんだと私達は考えるがゆえに、こういう問題も出て来たのだ

そして「紆余曲折」あったとしても、行政との闘いにおいて教師と生徒と一致していかねばならないという。

最後に司会を割って黒田が「やっぱり私達の話し合いの中でも、どうしても、先生が強すぎるということです。それに対しての抵抗を感じます」と一言付け加えて分科会が締められた。

以下、第二二回と第二一回の報告の特徴を、教師と生徒の間の葛藤という観点に即して浮かび上がらせていきたい。対立構図が単純な教師—生徒という印象を受けるが、生徒層が多様なだけに、求めるニーズも一枚岩ではいかないということも少ない史料から理解できるだろう。

二―二　教材をめぐって

以上のやり取りをみていくと、教師側が想定する好ましい教育内容や理想の生徒像が暗に設定されていて、それに対する生徒側の怒りや戸惑いが浮き彫りになっているといえる。これは、第二二回大会の議論ではっきりとしてくる。

その一つとして、「プリント教材ではなく、文部省で採択された教科書を使ってほしい」という問題提起があり、柿本が「消えた国旗」や「名を奪われた」などの教材に対して、「我々日本人はなぜここまで差別するのか」や「字を知らんものが読めますか」と問い詰めている。これについては、同年の大会での「生活体験発表　地区現況報告」にて、本分科会議長を務めていた寿烈子が、さらに詳しく訴えているので、そちらを参照したい。夜間中学の増設、引揚生徒への対応、修学年限の問題、入学待機者の問題、そして自主教材についても述べているが、とくに自主教材の点で、寿烈子は次のように述べている。

生徒の考えは、プリントより教科書がほしいということです。お友だちが学校へ行くころ、学校へ行きたい、そして教科書をもって勉強したい、とあこがれていた学校が、あれから数十年たってようやく実現したとき、私たちまっさらの教科書を手にしたときのよろこびは、めぐまれたエリートコースをあゆまれた先生方には、理解できないことと思います。それが、ざら紙にすったプリントであったときの生徒のらくたんを思って下さい。ある生徒さんは、プリントであれば電車の中で恥ずかしくてひろげられない、といい、またある生徒は家でプリントをひろげていたら子供や夫からそれが中学校かといわれたと訴えています。大阪のある中学で生徒が教科書がほしい、と学校にうったえたところ、学校側は、あなたたちにわたしても読めないからと返答してもめたことがあります。それでも再三の要求に生徒に配られた教科書は昼の中学生の一年の教科書でとてもむずかしいものでした。生徒にとってすれば当然、夜間の生徒さんには適した教科書があるものとばかり思っていたのです。基礎の段階の生徒にとって中学一年の教科書は役にたちません。しかし、まに合わせに小学校の教科書をいただいても電車の中でひらくこともできないし、またそれは夜間中学生に適しているとは思えません。夜間中学が大阪に生まれて数年、一番大切な授業につかう教科書がまに合わせであるという現状は、私たち生徒にとって不可解ですし、また行政の怠慢というより差別としか考えられません。行政の指導、並びに予算の措置をすみやかにおねがいいたします。(41)

生徒たちの主張は明確である。「まに合わせ」の既定の小学校の教科書やプリント教材ではなく、夜間中学生に適した教科書がほしいということだ。教師たちは、文科省認定教科書では厳しいので、一生懸命にいろいろなものをプリントしているということを弁解するのであるが、生徒側の思いとかみ合っていないようだ。

教科書に対する夜間中学生の告発が示唆するものは、制度をめぐる問題の一環だという点である。寿烈子は、既定の教科書でも駄目で、行政に夜間中学独自の教科書に対しての予算を要求しているのである。その後の対応というものは、近夜中で「にっぽんご」という教科書を作成し、何シリーズか発行している。ほとんど自費の冊子のようなもので、中身は識字作文や朝鮮民話などが収録されている。その内容にかんしても、教師側が勝手に良かれと朝鮮文学を収録するという権力性については、柿本が経験から鋭く指摘している。

もう一つは、学歴の問題である。「めぐまれたエリートコースをあゆまれた先生方には、理解できない」というように、一般的な学歴取得ルートから排除されてきた経験から訴える。不就学の夜間中学生にとって、教科書は憧憬の対象であり、経験を取り戻す機会でもあった。実際には学歴を取得して新しい仕事に就くわけではないが、日常的経験の中でスティグマとして植えこまれてきた故の主張であったのではないだろうか。

二―三　教師―生徒関係の前提

続いて重要な点として、全夜中大会の資料に繰り返し確認される「教師」というスタンス、さらに「日本人」の姿勢の問題が折り重なっていることの状況をどのように考えていけばよいだろうか。

先述した全夜中第二一回大会の金林の報告、第二二回大会の生徒の訴えへの応答から、教師の一貫した姿勢が読み取れる。金林は、日本の教員免許を持つ「教師」として在日朝鮮人を「教える」ということは、どういうことか？と自問しつつも、「日本の資本主義下に負け」ないためにせめて文字を学んでいると、生徒をすでに従属的な主体に置いた上で、単に文字だけ教えるというのではいけないとし、「彼らをあるいは彼女らを、「あなたたちは朝鮮人なんですよ。」という教え方をしないかぎり、その人たちが本当に自らの生きる力というか、生きる権利を主張することにならないのではないか。…本当に民俗《ママ》の自覚に生きた人たちに強く育てあげるために我々は文字を教え、朝鮮の歴史を教え、文字を教え、そして又日本の歴史を知ってもらう」と主張しているわけである。「第一歩」として始めた「本名呼び」にかんしては、教師集団が「へっぴり腰」や「逃げ腰」になるのではなく、生徒に糾弾されてなおやるというのが「日本人教師」だと。

第二二回大会では、「参考資料」の箇所で、「日本人として反省しなければならない」としつつ、「教師として、せめて学校の中で、対等なところで、日本人、朝鮮人としてつきあいたい。」とか、「民族教育とは、その民族の教師が、民族の言葉で、民族の歴史と文化を教えることである。長栄中のは、民族教育ではない。朝鮮問題を扱っているとは言える。」としている。稲富は、「しかし、やっぱり、日本の日本人として、日本の子供達、これはなにも夜中の教育だけのことではなく、昼間の教育と連結した問題であります。教師としてやっぱり考えていく立場というもの、教師としてどうあるべきかということをたえず追及する姿勢がやっぱり必要」だとして、生徒からの訴えは前提として考えている。

「教師」や「日本人」という立場性の問いから、「民族的自覚」にかかわる実践の試みとして、①朝鮮の歴史、②「本名呼び」、③朝鮮語という三点が具体的に挙げられている。まず、①朝鮮の歴史についてであるが、夜間中学で対象となる生徒は成人で、第二一回大会で黒田が反論するように、「教育以前の生活」を抱えたものばかりであり、まさに「朝鮮史」を体現してきたものである。教科書の内容とも関連してくるが、「民族的自覚」という言葉が象徴するように、〝教えてあげる〟という、根本的な倒錯があるのではないだろうか。「門まで実践」から一九七〇年代以降の在日朝鮮人教育運動の方向転換が、「鋭い反省」[42]から見出されていったが、「民族教育」ではなく「在日朝鮮人教育」への移行は、〝日本人にはできない〟ということと、〝朝鮮人としての自覚を持たせる〟ということの間に分裂が生じており、結局のところ朝鮮人の「主体性」や日本人の「立場性」に依存して、教師の指導性を放棄しようとしない事態が起きていると解釈できる。

次に②「本名呼び」についてである。在日朝鮮人教育の中でも、「本名を呼び・名のる」実践として中心的な課題になってきたものだ。ここに、日本人としてなのか、教師としてなのか、というせめぎ合いや揺らぎというものがあるといえないだろうか。「本名を呼び・名のる」というスローガンが、「教師ないし教育主体の側とコリアンの子どもの側との関係性に言及したもの、いわば自己言及的なもの」(43)であるなら、民族教育は日本人にはできないという明確な地平で、日本人であること、教師であること、都合良く解釈しようとすることもできてしまう。結局、夜間中学では、教師という権威と学校という制度の名のもとに、「本名を名のらせる」という実践になってしまい、実際に商売している成人と子どもでは実態が異なるにもかかわらず、「教育以前の生活」は無視されることになる。

このようなやり取りを背景に、長栄中学では、一九七七年に職員会議で論議した結果「本名使用を原則」とし、一九七九年には週一時間選択教科の中に朝鮮語を設け(44)、他の学校でも民族講師を採用するところが増えていった。三つ目に朝鮮語を挙げているが、実際に教科として設置した例は、多くはなく、教材などに朝鮮語を盛り込んでいくなど限定したやり方ではあった。

ちなみに、第二一回大会で発言している稲富進は、「考える会」の代表を務めており、この時点では、一九七四年から夜間中学に赴任しており、積極的に参加している。教育内容や「本名」への取り組みへの批判に対して、長栄中学の教師が「民族教育ではない」(45)と断言しているところをみれば、「考える会」の方針が反映されていることが分かる。つまり、「考える会」の最初の集会における討議の結果、「明確に日本人教師の手で、在日朝鮮人子弟の民族教育は基本的に不可能」(46)としており、「民族教育」ではなく「民族的自覚」を促すような実践を志向していく過程で、民族講師による民族学級の設置運動や「本名を呼び・名のる」教育実践があったのであり、夜間中学の場合も同様の教育理念を展開していく。

その後、近畿圏の夜間中学における在日朝鮮人教育が定着していくが、これは「考える会」つまり「全朝教」の活動と対応しているといえる。「本名を呼び・名のる」教育実践などは、近畿圏内の夜間中学の機軸となっていった。

ここで、全夜中第二二回大会のテーマが、「生徒の体験から学ぶ」であったことを、もう一度おさえておきたい。夜間中学でも後述するオモニ学校でも、「生徒」が主役であり、「生徒」から学ぶということを共通の認識にしている——もちろん、その実践の反映のされ方には、個別性が存在しているが。

そこで、全夜中第二二回大会の最後に、黒田が、「やっぱり私達の話し合いの中でも、どうしても、先生が強すぎるということです。それに対しての抵抗を感じます」と一言付け加えていることに注視したい。いくら生徒の糾弾を前提にした教師の立場性を唱えられたとしても、「教師」の権力性によって、生徒を主体にしようとする場においても教師の声は大きくなってしまうということを物語っている。「生徒の体験から学ぶ」としつつも、教師が「教師」であり続けること、あるいは、生徒を「生徒」としてしか眼差さないこと、それでは関係性は転換し得ないということなのだ。そのような状況では、生徒にプレッシャーを与えるだけであり、またその関係性を支えている「学校」という制度の中で対等でいたい、ということの不可能性を感じずにはいられない。

ただ、夜間中学には、生徒からの糾弾が、少なくてもこのようにはっきりと記録に残っているという事実は重要な点である。他方、糾弾は受け止めてもなおやるというのが日本人教師だとして教師の姿勢は変わらないと宣言してしまい、実際に生徒の声はかき消されてしまう。さらに、「生徒は理解してほしい」と、教師の実践論理を押し通すかたちで在日朝鮮人教育が成り立つのだが、ただこの時期にさまざまな可能性を含んだ議論がなされたことは注目に値する。一九七七年以降の全夜中の大会の記録を見ると、全体として、七五年・七六年の大会で浮上してきた教師と生徒の緊張関係は掘り下げられるよりも、むしろ水面下に押し込められてしまう。大会で生徒の発言が見られるにしても、明らかに教師の思惑に従っていると思われるものが多くなる。それだけに、七五年・七六年の大会に見られた緊張関係は、夜間中学の実践の底流に流れていた問題を浮かび上がらせたものとして重要である。

三章　在日朝鮮人集住地域における民間識字教室
「九条オモニ学校」の教師たち

前章までは、夜間中学が単純に「解放」とは捉えられない教師―生徒関係をみてきた。夜間中学の教師―生徒関係に見られた問題は、夜間中学だからこそ存在したのか、そもそも学校という空間の中では生じやすい問題なのか、教師が日本人、生徒が朝鮮人という関係の中だからこそ生じたものなのだろうか。こうした問題を解明する手がかりをえて、夜間中学の特徴を相対化するためにも、本章では、在日朝鮮人集住地域で立ち上がった民間の識字教室の動きをとりあげることにしたい。とくに京都市南区東九条地域ではじまった「九条オモニ学校」(以下、オモニ学校)の事例を参照する。後で詳しく述べるが、オモニ学校が、行政への権利闘争に重点を置かず、完全に自主運営していた経緯から、夜間中学との比較検討するに値すると考えた。オモニ学校だからこそ不／可能だった議論とは、果たしてどのようなものだったのだろうか。

本章では、オモニ学校を概説したあと、夜間中学の実践と対照して独自の実践をみていく。史料は夜間中学の場合と異なり、オモニ学校教師たちのインタビューが中心となる(47)。ただし、教師が内外向けに記録した記念誌『九条オモニ学校十年誌――オモニに学ぶ』(一九八九年。以下、『十年誌』)やニュースレターも併用する。

三―一　京都・東九条地域と教会再建運動

まずは、地域の社会的背景とオモニ学校の拠点となった教会をめぐる状況を概括しておきたい。

京都市南区東九条地域は、JR京都駅の南東に広がる地域であり、東九条の北側には京都市最大の被差別部落である崇仁地区(東七条)が存在し、一九二〇年代半ば、東七条と東九条にまたがって朝鮮人居住者が増加した(48)。東山トンネル工事、東海道線の増復工事では、朝鮮人が大量動員され、この工事を契機に東九条は朝鮮人の一大居住区となる(49)。戦後は、一九五九年国際会議場建設決定等に伴い、一九五三年頃より京都駅南側付近に立ち始めたバラックの立ち退きが強行され、その住民が崇仁や東九条へと流入した(50)。さらに、一九六〇年前半の「東海道新幹線工事」による立ち退きによって、東九条への流入はさらに増加した(51)。

この地域に、在日朝鮮人によって一九二七年に設立された在日韓国基督教京都南部教会(以下、南部教会)は、一九四一年に日本の特高警察に強制的に閉鎖させられた(52)。解放後に、同地域の在日一世のキリスト者により一九七六年一一月に南部教会が再建された。この南部教会が、オモニ学校の拠点となることから、以下にその再建の経緯をみておくことにする。

南部教会の再建に三〇年もの歳月がかかってしまったのは、主に財政的な理由によるものであった。すなわち、すでに存在していた在日韓国基督教京都教会（以下、京都教会）からの分会が信徒の減少を懸念して認められず、財政的な援助のなかったことが大きな要因であった。それまでは、地域内の個人宅で礼拝が行われていた。東九条出身でオモニ学校設立メンバーでもある在日二世の信徒の崔忠植《チェチュンシク》氏によると、再建経緯について、京都教会に移った彼の母親たち含む東九条地域住民が、地元で礼拝したいということで、一九五七年か一九五八年くらいから一七年間毎週水曜日の夜に「九条伝道所」として崔忠植氏の自宅で集まるようになったという(53)。そうして始まった水曜日の礼拝で、南部教会復活の想いを持ち、集まった信徒たちで献金してきた。そして、お金がたまったとき、地域の信徒たちが自力で教会の再建を実現させた。

同じく東九条出身の青年会メンバーおよびオモニ学校設立メンバーでもあった在日二世の徐得子《ソトッチャ》氏の両親は、この教会再建運動に熱心に取り組んできた(54)。僅かな収入をほとんど再建のための資金として貯蓄していたそうだ。教会再建と礼拝を守ること、そして子どもたちに信仰を持ってもらうことを望んでいた。しかし、南部教会の再建直後、すぐには礼拝を行うことができなかった事情もあり、むしろ青年会によるオモニ学校が先駆けて取り組まれたようである。在日一世の信徒たちは、こうした青年会の活動を全面的に協力したという。いわばオモニ学校は、教会が認められるための「奉仕活動」の一つとして設けられた側面を持っていた(55)。

同時期、同志社大学の神学部に編入して京都にきていた在日一世の金性済《キムソンジェ》氏は、牧師のいなかった九条伝道所で朝四時から祈りを行っていたという(56)。後に南部教会の副牧師として活躍することになった。信徒は、地域に密着した「魂のシェルター」ができたと歓喜していたが、他方で「[信徒たちは]とにかく熱い説教を欲しがっていて、牧師として選んだのは宣教で日本に来ていた韓国からの牧師を引きとめて、教会に来てもらうことにした。ただ、その牧師は、保守的な牧師で、地域の人でもないし、東九条に関心がなかったので、どこかズレていた」という(57)。一方で、教会の在日青年たちは、社会意識の強いものたちが多く、そういう意味でオモニ学校が在日一世と二世の「接合点」になっていたともいう。

ちなみに、再建当時の南部教会の信徒の写真を参照すると、大半が女性たちであることがわかる(58)。金性済氏によると、教会は、夫からの迫害、つまり家庭内暴力から逃れるためのまさに「シェルター」的な役割になっていた(59)。

三―二　「九条オモニ学校」の開設

南部教会の青年会は、再建された南部教会を盛り上げるためにも、何か有意義な取り組みをしようと議論した。そこで、在日一世のニーズに応えようという目的で、在日一世が日本語の読み書きを学ぶ「オモニ学校」を開設しようということになった。

設立を提案した崔忠植氏は、母親やその関係者および教会関係者の中から、電話(当時の黒電話)のかけ方や孫に絵本を読んであげたいというような要求が起こっていたと振り返っている(60)。ちょうど当時、大阪の生野区で働いていたとき、大阪生野区の教会の牧師をしていた大学の友人が「オモニハッキョ」を始めたという動きがあったという。

在日一世の声をくみ取るとともに、崔忠植氏は、大阪生野区での動きを、南部教会の青年会に伝えた。その際、この地域界隈で部落解放運動に携わり、また教会関係者でもあった小笠原亮一氏に声をかけたことをきっかけに、生野の「オモニハッキョ」へ見学に行くなどして、オモニ学校設立準備会を具体的に立ち上げていった。それが一九七八年くらいのことで、同時に、「在日の問題を一緒に考えていこうやないかという運動が、外国人教育の問題を考える、それが小笠原先生でもあった」(61)ので、オモニ学校の中心を南部教会の青年会が担いつつ、在日青年たちは、小笠原亮一氏をはじめとして、南部教会以外の教会関係者、活動家、学生などにも呼びかけて、さまざまな人が設立準備にかかわったという。京都韓国学園移設運動などの反地域差別運動(62)、「京都在日韓国・朝鮮人生徒の教育を考える会」(63)、韓国政治犯救援運動、部落解放運動などのほか、地域の保育士や学校教師のかかわりもあった。こうした人的交流や問題意識の高まりが、一九七八年「九条オモニ学校」の開設へとつながることになった。

そして、オモニ学校を開設する際に、大事にしていたという点について、崔忠植氏は三点あげている。当然第一に在日一世の女性たちの要望を満たすということ、それと同時に大きかったのが第二に、「在日朝鮮人問題」を、オモニ学校を通して、つまり在日のことを通して、いろいろな角度から社会構造を把握していくということ。第三に、仲間づくりができる、そこには在日だけではなくて、日本の運動家、在日の運動家が、共同でそれを一緒に担っていくということであった。オモニ学校がそうした基盤になることを期待していたという。

しかし、「オモニ学校」の開設は決してスムーズに進んだわけではなかった。開設準備の討議において、在日青年たちは日本語の読み書きを学ぶ場を設けることについて「日帝時代の日本の朝鮮文化抹殺、「一視同仁」という同化政策の歴史を振り返ると、何かこだわりや躊躇というものを拭い去れなかった」(64)という。この準備委員会のメンバーであった青年会の徐得子氏が、その当時の様子を語ってくれた。

南部教会の青年会の一員だったんだけど、南部教会の経緯の中で、オモニハッキョの話が出たときに、私はね、日本人と一緒にやるんがすごく嫌だったんです。あははは(笑)準備段階でね、最終のところまできてたの、いついつから始めると。待ってくれと、私は実は嫌なんだと。なぜかというと私のオモニとアボジは、強制ではないけれども、日本の歴史の中で苦しみを虐げられた部分があって、その日本人になぜ日本語を教えられなあかんねんて。便宜上、たとえば切符を一枚買ったり、役所で手続きをしたり、不自由は強いられている。それは私らが教えたらええやん、在日の青年が。〔…〕

〔同じように考えていた人が〕他にもいたと思うね。ただ、それをちゃんと口に出して言ってしまったんは、早かったんじゃないかな。準備委員会の中で言うしてまったんですよ、最終の〔準備委員会で〕ね、あははは（笑）もうどうしようもない青年ですよ。もっと言うんだったら、早く言ってね。その中に、〔現在の〕旦那もいたと思う。なんてこと言うんだろと、みんな唖然としたと思う。言うんならもっと早くいうべきよね、それはね。

なんか嫌ーって、私はまあ日本を拒絶してきて、その延長でね、オモニハッキョ、一緒にともに日本人と〔在日〕青年ということに対してなんかどっかで納得してなかったんですよ。なんで日本人と一緒にやらなあかんねんて。日本人のその贖罪意識でーこう悪いと思ってるんですよ。あんたがしたんかって、それをね、何であんたが謝る必要があるのかって。もーって。もうー何て言うんですか、あのーさむいぼができるっていうの。嫌悪を感じててね。贖罪ですか、朝鮮人に対して日本人が。一方では差別的な日本社会でさ、急に私たちに近づいてきて、日本人の青年たちが、昔は悪いことして、過去の歴史に罪を犯したとかね、もう嘘臭い。とってもなんかね。(65)

一九五五年生まれの在日二世であった徐得子氏は、排他的な日本社会の中で、幼い頃から日本人への不信感が募っており、その「反動」からとても「頑な」になっていたという。教会青年会メンバーとして携わっていたオモニ学校開設の準備が着々とすすんでいく中で、日本人と一緒にやることの「耐え難さ」をぶつけられずにはおられなかったのだろう。彼女の発言は、また「贖罪意識」を持って参加している日本人たちへの「告発」でもあった。以下は、それに対しての相互の反応が語られている(66)。

反動だったんでしょうね。最終章までできてたんでしょうね、物語りで言えば、私の中で。これ以上はできないというね、その中でオモニハッキョと出会って、んーとした悶々としたものをバーンとぶつけたときに。むちゃくちゃな話なんですけど。そっからですよね、ちょっと楽になったんだけど、全然楽にほんとはなってないんだけどね。

〔…〕私はね、贖罪意識で擦り寄られてくる日本人をほんとに疑ってしまうのね。嘘こけと。あんたがしたんじゃないのに、なんで謝るの。それよりもやることがあるやろ。私たちに近づいてくる前に。そういう時にうちの〔現在の〕旦那がね、「在日問題ではありえない、日本人の問題だ」と、会議の中でスパって。他にも言っている人がいたんだろうけど。生意気だったんですよ、はじめてね、日本人の中で朝鮮人に偉そうにいう青年というのが、彼だけでしたね。生意気だった。実行委員をしてた彼は、テキパキと動いてたし。小笠原さんが、すごい信頼を持っていた人ですね。学生だったんだけど。〔彼は〕なにしろ生意気。でもね、彼の言うことはね、こう確かに私は教会の在日の青年の人たちの中に、ちょっと浸みるものがあったね。はっきりと言うのね、自分たちの問題は自分たちで解決しようや。だけど、あなたたちにもやることはあるでしょって。面と向かっていうのね。ほーって。

ここで、徐得子氏は、後に結婚することになる日本人青年と出会った。彼は、オモニ学校準備段階から小笠原氏とともに中心的に携わっていたメンバーの一人であった。その「告発」を日本人だからといって言葉を呑み込まず応答しようとする日本人の存在は、徐得子氏にとって「生意気」だけど「ちょっと浸みるもの」があったとされている。こうした出来事は、後のオモニ学校における人間関係の基礎ともなり、日本語識字の再考や教師―生徒関係を切り崩していくような識字実践の模索のひとつの契機となったともいえる。

このような中でまず、「日本語学校に甘んじてはいけない」と、「ウリマル（私たちの言葉）さえ奪われたオモニたちの痛み」にも応えるべく、「韓国語クラス」も設けることになった。その上、「「ウリマル＝我らの言葉＝韓国語」を失いつつある二世、三世の青年たちにとっても良い学習の場となるという意義も確認された」という(67)。

三―三　既定の教材をめぐって

では、公教育の制度外にあるオモニ学校では、教科書をめぐってどのような議論がなされたのであろうか。オモニ学校での識字教育の目指すところは、「オモニたちがこれまで身につけてきた日本語の中には社会的政治的な暴力を直接間接に鋭くかつ痛快に風刺する言葉はないだろうか。また民族的な風土、精神を背景しながら、苦境のただ中で自らを慰め、なごませ、立たしめるために利用された日本語、そして日本人には思いもつかない独特のいいまわしはなかっただろうか」(68)というような記述から、彼女たちの日本語の学びを単に「同化」指向と概括せずに教材に気を使ってきたことがわかる。

こうした観点から、朝鮮の言葉と文化の世界と、在日の生活体験に即した自主教材が作成された。当初はむぎ書房出版の『にっぽんご1』（明星学園・国語部、一九六九年）のような既成教材も用いられたが、こうした教材は、日本人の子どもを対象に編集されており、「用例としてあげられている単語や絵が、日本の伝統的な文化や生活に根ざしていて、生徒たちの日常の言葉や生活世界からかけ離れている」(69)とみなされた。そこで、これらの「内容を取捨選択し、用例の単語に韓国語を付加することによって、生徒と教師が相互に教えあい、学びあうことが目指され」(70)、『にっぽんご1改訂版』(制作年不明)が作成されている。これは、「二年間の経験を踏まえて出された最初の自主教材」(71)とされているので、おそらく開設して二年も経たない時期に作成されており、オモニ学校における最初の簡易な冊子形態の教材である。その後も、生徒と教師たちの対話を生み出すような教材を目指して、教師や生徒の作文を用いたプリント教材が作成されてきた。

また、一九八三年には、『선녀와 나무꾼——仙女と木こり』という絵本を作成している。これは、生徒たちが、孫に絵本を読み聞かせることができなかった経験から、民族性を媒介にして孫世代を繋ぐものとして、朝鮮語を併記した朝鮮の昔話の絵本を自主制作したものである。

このように、オモニ学校の教師たちは、生活に必要な日本語を学ぶ生徒たちの現実に応えようとするのと同時に、そのような取り組みから生まれる弊害というものを見据えて、工夫を凝らしてきた。

しかし現実には、生徒たちの中に、小学校の教科書や漢字ドリルを教材にする要求もあり、以下のような課題が指摘されている(72)。

> しかし、教材の内容を深めてゆくことと、オモニたちの中にある漢字の学習を中心とした識字への要求はすれ違うことがあります。オモニたちのなかには小学校の教科書や漢字ドリルを自分の教材にする要求が強くありました。教務部でも検討した結果、三年目頃からは、小学校の四年生以上の漢字のドリルは購入しないという方針を打ち出しました。オモニたちが四年生以上の漢字を覚えることはかなり困難なことであることが分かってきたからです。そのようなことから、先に述べたプリント教材に使用する漢字も小学校三年生までの漢字にとどめていました。オモニ学校は難しい漢字の反復学習に終始するのではなく、オモニと韓国・朝鮮人青年や日本人青年との対話を通した民族性や人間

性の学びの場でありたいと考えたからです。しかし、この方針は教材の準備不足を大きな理由として、オモニたちの要求に負けるかたちで次第に曖昧になっていきました。識字と自主教材に目指された内容の両者を同時にそなえた教材は未だにつくられていないと言わねばなりません。

教師の間では、「直接オモニの口から表現されないさまざまな要求を識字に収束させてきたのは、逆に私たちの側の怠慢だったともいえる」(73)とか、「一歩誤ると「同化促進」につながるという危険性と背中合わせの位置に身を置きながら、たえず課題としてありつづけてきたといえる」(74)と、確認されてきたようだが、教師たちの思いに反して、自主教材をめぐっても生徒との間で思いの「すれ違い」は生じていた。

自主的な識字教室であるオモニ学校では、夜間中学生の主張のような行政に対する予算要求、学歴をめぐる問題というものは主流の課題にはならない。夜間中学生のニーズとは異なっていたからともいえる。しかし、オモニ学校でも既定の教科書やドリルを求める声があった。教師たちも試行錯誤してみるのだが、実際に使用することは難しい状況であり、教師―生徒間の双方が望ましいと考える自主教材の制作は間に合わなかった。その結果、「オモニたちの要求に負ける」とあるように、ここに教師側の認識が集約されているように思う。

つまり、教師―生徒間における教材をめぐる認識が、夜間中学およびオモニ学校においても、埋めきれないズレが共通してある。生徒にとっては、「プリント教材」に拒絶感を抱かせるものでしかないのだ。それを生徒にとっては「まに合わせ」と受けとめ、疎外感や不安感の源泉となっている。不就学・非識字の経験は、当たり前のように教科書を手にしてきた教師とのギャップを生みだしたというわけだ。一方で、教師側は一生懸命に作成した自主教材を良かれと思って提示するところに、まさに「すれ違い」があったといえる。この点では、夜間中学にもオモニ学校にもあてはまる側面が存在したといえるだろう。

三—四 「オモニから学ぶ」ということ

一方、オモニ学校では、教師たちにとっても「学校」だという認識があり、「オモニから学ぶ」ということを理念として、教師たちも生徒から学び、教師という立場を越えた関係性を構築しようと試みている。夜間中学でいう朝鮮の歴史の学習は、オモニ学校では、逆に生徒たちの「渡航史」を聞くという実践に相当するのではないだろうか。学期の終わりごとにもたれる親睦会では、生徒に渡航史や生活史を語ってもらっている。しかし、オモニから「わたしらばっかり、しゃべらさんと先生らも何かしゃべりなさいね！」という提案がなされ、在日／日本人青年側からも語られるようになった。それらの語りが収録された冊子『어머니《オモニ》』第一集（一九八〇年）の「まえがき」（文責は、教務部の金性済氏）には、以下のように経緯が記されている(75)。

> オモニたちに語ってもらう計画は、教師会でたてられた。オモニ学校は単にオモニたちだけが学ぶ場なのではなく、若い韓国人・日本人教師も又、オモニの体験や歴史から学ぶ場なのであると考えたからである。〔…〕／オモニたちに日本語で語ってもらうこと自体、オモニたちに大きな重荷を押しつけていることになるだろう。又、オモニたちが語る話は、オモニたちが体験してきた苦難の氷山の一角にすぎないだろう。オモニたちが語る日本語は小ぎれいな日本語ではない。ためらいがちに話し始められ、そのうちほとばしるかのごとく語り出されるオモニたちの話はオモニたちの内面にゆるがし難く存在している한글（ハングル）と韓国の文化風土の世界のしらべに、しっかり支えられている。

〔…〕／いつしかオモニたちから、「わたしらばっかり、しゃべらさんと先生らも何かしゃべりなさいね！」という提案がなされた。以後、韓国人・日本人教師も語るようになった。その提案は教師たちに非常に重たい問いをつきつけた。オモニたちから話を聞いてきた若い韓国人・日本人青年らの生き方をどう見つめ、又、どう生きようとするのか、オモニたちに逆に問われたのである。

このような生徒の声は、教師たちの関わる姿勢、そして生きざまが問い返されていた。また、生徒たちに一方的に語らせ、晒していいのか、教師たち自身も晒していくべきだと確認されたという(76)。在日青年は、自分たちの経験や思い、アイデンティティの葛藤などが赤裸々に語られ、ときに怒りが込められていた(77)。日本人は、なぜオモニ学校に関わるのか？という問いに基づいた語りが多くみられる(78)。日本人の立場性を表明する機会になっていたと言えるが、いざ実際に日本人が語るとなると難しかったという(79)。これらの語りは、テープ起こしされ、また教材化するというように利用された。

オモニ学校では、他にも教師―生徒間の関係性を変えていくために、たとえば、開校当初、「オモニと教師の間で、「先生、ありがとうございます。」「いえいえ、わたしたちはオモニたちに学んでいるのです。」というやりとりだけしているのでは関係はかわらないのではないか」と、教師たちがオモニ学校に来て学んでいるということを具体的に示し、関係を変えていこうとする一つの試みとして、教師会費二〇〇円を徴収していたことは興味深い(80)。教師がすべてボランティアで運営しているが、さらに教師側もお金を支払うということは、夜間中学の制度とは明確に異なる。

以上のように、オモニ学校が意識してきた「オモニから学ぶ」ということは、日本人がなぜここに来るのか？という根本的な問いへの戸惑い、教師として感謝されてしまうといういびつな関係への違和感、そういったものと日本人教師は向き合わされ、日本人という立場を自覚していく営為であったし、「オモニ」

との関係性を変えていく具体的な試みであったといえる。

ちなみに、夜間中学では重要視された「本名呼び」については、オモニ学校ではほとんど問題にならない。管見の限り、「本名呼び」をめぐって討議されている資料・記録は見当たらない。オモニ学校では、当然のように「本名」つまり朝鮮名を使用していた向きがある。もちろん、商売などの交渉の場で通称名を日常的に使い分けるということがあったと推測できるが、オモニ学校が、南部教会を拠点として、さらにそれは東九条という地域＝生活圏であったということが大きく影響していたのであり、わざわざ問題にならなかったのではないだろうか。その点、夜間中学は、地域や生活圏と切り離されたオフィシャルな空間であったことの文脈差があるだろう。

また、朝鮮語については、先述したように、オモニ学校は準備会での葛藤から、開校当初に「韓国語クラス」を設置し、希望者のみ参加ということになっている。ただし、生徒は「日本語クラス」に殺到し、実際には両方に参加するものは少なかった。


一方で、オモニ学校では、「オモニ」からの糾弾という行為は、具体的にはみられない。日常的に衝突することは個々人間ではあっただろうが、夜間中学のような緊迫した空気というのは、ボランティアたる教師と「オモニ」との関係ではほとんどなかったようである。おそらく、ボランティアで集まったものたちに教えてもらうという空間では、日本人教師たちも自覚していたように、感謝の言葉しか出てきにくかったという事情があったと思われる。むしろ、先に引用したような、在日青年からの「告発」という形で、日本人教師が突きつけるという図式があった。この「告発」が、日本人教師の立ち位置を常に意識させるとともに、教師側の在日青年と日本人青年との対話の場になっていた。オモニ学校における人間関係が、単純に日本人教師と在日朝鮮人生徒という二項対立的な関係にとどまらず、教師間にある在日青年と日本人青年という三者間の幾重もの関係が、オモニ学校の実践を生み出してきた点で特徴的である。

オモニ学校教師たちでまとめられた『十年誌』では、開設からしばらく在日青年と喧々諤々とやり合っていた様子が読みとれる。そのようなやり取りを赤裸々に記録している『十年誌』の構成自体が、オモニ学校関係者のコミットのあり方を象徴しているように思われる。しかし、日本人教師としての「応答」として、ある種の模範的な解答を思わせるようなフレーズもあり、そうした一面性しか顕れてこない。彼／彼女たちが、「告発」や生徒の実態を前に、「贖罪意識」の呪縛から「自己批判」的に主張せねばゆるされない緊張関係があったのだろう。ただし、それらの承認欲求は、日本人教師自らがそこに存立することを正当化する策を探していたとも言え、その意味では、自己閉鎖的な自己批判に留まっていると考えられる。

しかし、夜間中学とも違う場としてオモニ学校のようなオルタナーティブな空間が創られたという点も見逃してはならない。東九条地域で生まれ育った在日青年が教師にもなり得たことは、夜間中学で議論しにくいこともできたのではないだろうか。たとえば、徐得子氏が、オモニ学校開設準備段階で主張した「日本人になぜ日本語を教えられなあかんねん」というシンプルで切実な問いかけが、必ずしも「オモニ」を代弁するものではないとしても、実際に糾弾としてあったことは注目される。

また、一九七〇年代以降の市民運動の流れが、東九条の地域運動にも影響を与え、地域外の「よそ者」が参入することによって、突きつけ合うという同時代性に支えられていた面もあるだろう。ただ「よそ者」とは言え、東九条地域出身でない在日朝鮮人も、その独自の地域性というものが身体化されているわけではないので、少なからず緊張関係はあった。東九条地域とその出身者とのかかわりから、また「学ぼう」という発想が当時生まれていたのではないだろうか。

ただ、地域についてもう少し付け加えるならば、東九条が開かれた空間になり得たと同時に、非常に閉じた親密圏的空間でもあったという側面はオモニ学校の参加者に影響は与えているだろう。オモニ学校に参加する生徒が、反対する夫の目を盗んで、銭湯に行くフリをして通うことがあったり(81)、生徒同士の諍いが起こればどちらかは来なくなる。もちろん、生徒同士の諍いは夜間中学でもよく生じることではあるが、生活圏における支障が致命的ではないことからドライな関係を保つこともできたりする。そういう意味では、他者の存在に理解しようという環境が成り立てば、地域から切り離された「よそ者」との関係の方が気楽でいられるということもあるだろう。

ちなみに、在日青年側の教師が減少するにつれ、告発や糾弾のような出来事もなくなっていくことで、日本人教師と「オモニ」との関係を問い返す作業が次第になされなくなっていった。

終章 「教える―教えられる」という関係性に孕む矛盾

性格の違う史料を比較するのは限界があることを承知した上で、それでもなおこれらの学び場における教師―生徒間の意識のズレの表出の仕方を比較してみた。

どちらの史料も、教師―生徒間の関係性を知るに至るには、十分であるとは言えない。しかし、教師側の主張を読みとる作業を通して、生徒の置かれている状況の条件を明らかにすることはできたのではないだろうか。

まずは、教材をめぐっての教師―生徒間の両者のズレである。教科書やドリルを当たり前のように手にしてきた教師側には、既定の教科書やプリント教材で「まに合わせる」という対応にさらされてきた屈辱感が身体化されているわけではない。生徒側からの告発を受けて、模索していくわけだが、実際に使用した際に生徒の要求や実態にあっていないという問題に常にぶつかることになる。寿烈子が訴えたように、

「まに合わせ」ではなくて、夜間中学生用の「教科書」の作成と認可を行政に要求している点は重要である。ひとまず夜間中学の教師に対して理解を求めようとしているが、単純な教師―生徒という対立だけにとどまらず、行政あるいは国家レベルでの問題構造に踏み込んで批判を斬りこもうとしている。これは、行政・国家に対して、現場の夜間中学教師がどのような態度を取るのか試されていたわけである。教師の主体性とも絡んでくる問題であろう。

教師の主体の問題としては、夜間中学の場合、全夜中大会の記録誌を遡って追っていくと、「長欠者」「不就学者」「登校拒否者」の脈絡では、「救済する」とか「救急機関にする」などの「救済」思想のようなものが根強くあることがわかった。そもそも新学制発布直後に「救済学級」として開設されたところもある。しかし、在日朝鮮人の成人した生徒を対象としたとき、そのような言葉が露骨に出てくることは稀であり、上述したような「育てる」や民族性を「自覚させる」というような言葉に代替される。しかし、この根底にある理念は、共通しているのではないだろうか。すなわち、在日朝鮮人女性生徒を「救済」する存在としての日本人男性教師という枠組みを、それ自体として批判的に考察する志向は総じて弱かった。教師たちは「日本人として反省しなければならない」としながら、結局のところ、「教師として」の指導性を放棄せず、そのことによって「日本人」としての優位性も守ることになってしまっている。そもそも日本人が朝鮮人に対して民族の歴史を教えることで「民族的自覚」を持たせるという発想に孕まれた倒錯性を反省した議論はあまりにも少ない。

オモニ学校の場合は、生徒側からの直接のテクストがないため、やはり教師の眼を通してでの関係性しか浮かび上がってこない。しかし、教師側のテクストのみからでも、教師の葛藤を垣間見ることができたことは、オモニ学校の特性でもあるのだろう。オモニ学校は、公的機関ではないが故に、そこで可能な議論も少なからずあったと思う。一方で、日本人教師たちの「贖罪意識」が指摘されていたように、どのような思いでオモニ学校の実践が支えられていたかということは、今後の課題としておさえておかなければならない。オモニ学校に参加する日本人教師たちの中に「贖罪意識」が実際に存在したかどうかは、本論文では明らかにならなかったが、自己批判的な姿勢がそれらによって支えられていたのなら、そうした営為がこの分野で必要である一方で、個人の内面や実践すらも行き詰る可能性は少なくない。また、それらの意識が、「苦労してきたかわいそうなオモニ」像を対象にすることで、自らを「救世主」として無意識に転化していく危うさもある。もちろん、オモニ学校では、日本人だけではなく在日二世の青年たち教師もかかわっていたが、さしあたってここでは日本人教師に限定している。

だとすれば、ここで、夜間中学の持つ「救済」のロジックと交差する。夜間中学およびオモニ学校は、単に文字の読み書きではない「実践」を追究してきたところに共通点を見出せる。そして、その具体的な試みの一つとして「生徒の体験から学ぶ」や「オモニから学ぶ」というスローガンに込められた教師側の主体性を読みとってきた。しかし、それぞれの試行錯誤から生まれた実践には、「教師」が「教師」であること、「生徒」が「生徒」であることの固定化された関係性が揺るがなかった故に、混乱した識字教育の構造が内在していたといえる。夜間中学では生徒に「民族的自覚」を促そうという試みに目が向き、オモニ学校では「オモニ」という他者の存在による自己の肥大化が「感謝」する関係性を変革することができなかった。これは、「識字」や「学校」の持つ同化と抑圧の側面でもある。教師たちは懸命に「せめて学校の中で対等なところで」——「学校」のみならずあらゆる実践の場で——というのだが、そもそものこのような同化と排除の構造を同時に自己内発的に問わない限り、その領域内での対等さすら議論できないのではないだろうか。

非識字者・不就学者への差別を批判しながら、夜間中学運動・識字運動を行うことの矛盾は、まさに以上のようなところに孕んでいる。しかし、こうした矛盾を噛みしめながら、理論と実践をつくりあげようとしてきた七〇年代以降の議論に、今日にも連なるさまざまな可能性やヒントが示唆されていたのではないだろうか。

ただし、単純に教師―生徒間の境界を引くことが難しい場面は、多々あったと思われる。夜間中学の場合、行政との関係で、オモニ学校の場合、教師と生徒が女性であるかどうか信者かどうか住民であるかどうかなどで学習する主体のあり方は異なっていただろう。今回は、そこまで踏み込んで議論できなかったが、教師―生徒関係以外の境界がどう影響しているかというのは、今後の課題である。

註

（1）高野雅夫『夜間中学生　タカノマサオ――武器になる文字とコトバを』解放出版社、一九九三年。
（2）阿部慶太「大阪市生野区の地域活動三〇年――生野オモニハッキョの三〇年」、イエズス会社会司牧センター機関紙『社会司牧通信』一三九号、二〇〇七年七月二〇日付。http://www.kiwi-us.com/~selasj/jsc/japanese/bulletin/no139/bujp139_10.html（二〇一〇年一〇月五日閲覧）。
（3）在日朝鮮人女性の不就学・非識字の歴史的背景については、金富子『植民地期朝鮮の教育とジェンダー』（世織書房、二〇〇五年）に詳しい。
（4）拙稿「夜間中学に学ぶ在日朝鮮人女性――作文とライフヒストリーにみるポスト植民地問題」龍谷大学大学院経済学研究科修士課程提出修士論文、二〇〇八年。
（5）パウロ・フレイレ（小沢ほか訳）『被抑圧者の教育学』亜紀書房、一九七九年。
（6）J・Eスタッキー（菊池久一訳）『読み書き能力のイデオロギーをあばく――多様な価値の共存のために』勁草書房、一九九五年、一一五頁。
（7）菊池久一『〈識字〉の構造――思考を抑圧する文字文化』勁草書房、一九九五年。

(8)かどやひでのりも、非識字者が差別される構造を「非識字者は、「文字を習得しない・できない」ことの責任を感じ、「文字を習得するように、識字者になれる」ように、「はげまされ」つづける。はれて「識字者になれる」までは、社会生活上の不利益にたえることをしいられる。優勢言語がつかえないひとは、優勢言語の習得をもとめられる。それができないときの不利益は「自分の責任」として甘受させられる」とし、これらの再生産・強化する構造が識字運動の中にもみられると指摘している。さらに、「よみかき能力」を前提とする「現代社会の構成のされかた」が、「識字運動においては、ごく一部分的にしかとりあげられてこなかったこと」が最大の問題だとし、これを問題化すると「識字運動はその同化主義的性格と対決しなければならなくなるために、意識的あるいは無意識のうちに視野のそとへとおいやられてきたのであろう」という（かどやひでのり「識字運動の構造」『社会言語学』IX、二〇〇九年）。

(9)藤島宇内・小沢有作共著『民族教育——日韓協約と在日朝鮮人の教育問題』青木新書、一九六六年八月。

(10)小沢有作「識字の思想（上）」（『月刊社会教育』四〇二号、一九九〇年一月）、「識字の思想（中）」（『月刊社会教育』四〇三号、一九九〇年二月）

(11)徐阿貴「在日朝鮮女性による「対抗的な公共圏」の形勢と主体構築——大阪における夜間中学独立運動の事例から」、お茶の水女子大学ジェンダー研究センター『ジェンダー研究』八号、二〇〇五年。

(12)添田祥史「識字実践における親密圏に関する一考察」『飛梅論集：九州大学大学院教育学コース院生論文集』八号、二〇〇八年。

(13)田中勝文によると、夜間中学の歩みは、各地に夜間中学が開設されていった一九四七年から一九五九年までの第一期、夜間中学の閉鎖が相次ぎ生徒が減少し始める一九六〇年から一九七〇年頃までが第二期、増設運動の成果が結実し生徒が再び増加傾向をみせる一九七〇年以降が第三期と区分できるとしているが（田中勝文「夜間中学問題を通して学校を考える」、日本教育学会編『教育学研究　現代学校論特集』四五巻二号、一九七八年、三二一—三二五頁）、むしろ一九五五年から減少傾向は加速しているので、第二期の開始時期を一九五五年からだとするのが妥当だろう。また、第三期の一九七〇年以降は、生徒層の変容はあるが、学校数・生徒数の変化は比較的少ないので、さらに時期区分することはしなかったが、近年また夜間中学の雰囲気もずいぶん変容してきている。

(14) 松崎運之助『夜間中学――その歴史と現在』白石書店、一九七九年、三八頁。

(15)『第一回　全国中学校夜間部教育研究協議会』(要項)、一九五四年。

(16) 松崎、前掲書、一一〇―一一一頁。

(17) 文部事務次官、厚生事務次官、労働事務次官通達(一九五五年九月三〇日文初中第三七一号、厚生省文児第一八八号、収婦第四四号)「義務教育諸学校における不就学および長期欠席児童生徒対策について」。

(18) 田中勝文、前掲論文、一九七八年、三四頁。

(19) 一九五六年六月、五〇〇人の警察隊を導入して「地方教育行政の組織及び運営に関する法律」を強行採決し、同法により教育委員会の公選制を任命制へと改悪し、教育委員会の性格を大きく変えた。

(20) 勧告文には、「家庭が貧困などのため、昼間就労して夜間通学しているいわゆる「夜間中学校」については、学校教育法では認められておらず、また、義務教育のたてまえからこれを認めることは適当ではないので、これらの学校に通学している生徒に対し、福祉事務所など関係機関との連けいを密にして保護措置を適切に行い、なるべく早くこれを廃止するよう指導すること。」とある(松崎、前掲書、一六四―一六五頁)。

(21) 文部省の態度は夜間中学の生徒の実態が、学齢超過者であることから、「生涯教育」の観点から夜間中学に財政補助する方針に転換した。しかし、この頃の夜間中学が、明文化されてはいないが、学齢超過者対象を条件に開設されたことを指摘しておかねばならないだろう。こうした見解は、現在でもなお引き継がれている。ちなみに、現在の夜間中学の存在意義については、一九八五年一月の参議院議員への中曽根首相(当時)の「義務教育未修了者に対する対策と夜間中学校の充実・拡大に関する質問に対する答弁書」が有力となっている。答弁書では「生活困窮などの理由から、昼間に就労又は家事手伝いなどをよぎなくされた学齢生徒などを対象として、夜間において義務教育の機会を提供するため、中学校に設けられた特別の学級であり、その果たしてきた役割は評価されなければならないと考えている。現在、中学校夜間学級に義務教育未修了のまま学齢を超過した者が多く在籍しているが、現実に義務教育を修了しておらず、しかも勉学の意思を有する者がいる以上、これらの者に対し何らかの学習の機会を提供することは必要なことと考えている。この点については、今後とも生涯教育の観点から配慮する必要があるが、当面、中学校夜間学級がこれらの者に対する教育の場として有する意義を無視することはできない」と述べている（第五二回全夜中大会記念誌、二〇〇四年、二二七―二二八頁）。「生涯教育」の観点は変わらないが、夜間中学に関する法的根拠を否定していない点は注目される。ここで言う法的根拠とは、学校教育法施行令の第二五条「市町村立小中学校等の設置廃止等についての届出」の「五、二部授業を行おうとするとき」だと言える。実際に、この法体系にしたがって運営されている夜間中学もある。

(22) 田中勝文、前掲論文、一九七八年、二六―二七頁。

(23) それ故か、第一八回全夜中大会記録は残っていないが、当時、生徒側で壇上にあがった高野雅夫が自身で編んだ『ルンプロ元年チャリップ――父・母の歴史（うらみ）を受けつげ仇打ち』（発行年不明であるが、おそらく一九七一年と予測できる）に一部テープ起こしされている。

(24) 高野雅夫、前掲書、一九九三年、一六五頁。

(25) 同上。その後、一六年もの沈黙を貫く。

(26) 京都市立郁文中学校二部学級二〇周年記念『二〇年のあゆみと研究』（一九八九年）、二七頁。

(27) 第二〇回全夜中大会『要項・資料』一九七四年、二七―二八頁。

(28) 第二三回全夜中大会『記録誌』一九七六年、四八―四九頁。

(29) 一九七一年に近畿圏の夜間中学の教師で結成された連絡協議会。

(30) 第二〇回全夜中大会『要項・資料』一九七四年、五四―五八頁。

(31) 稲富進編著『ムグンファの香り――全国在日朝鮮人教育研究協議会の軌跡と展望』耀辞舎、一九八八年、三三―三四頁。

(32) 一二月二八日の二つの文部次官通達の一つは「朝鮮人のみを収容する教育施設の取り扱いについて」（文管第二一〇号）、もう一つは「日本国に居住する大韓民国国民の法的地位および待遇に関する日本国と大韓民国との間の協定における教育関係事項の実施について」（文初財第四六四号）である。

（33）市川正昭「一九七二年の大阪の在日朝鮮人教育（原題：義務教育学校と在日朝鮮人子弟――大阪からのレポート）」（原稿は一九七二年に執筆されたもの）、全朝教大阪（考える会）編集『むくげ』一六六号、二〇〇一年八月三〇日付、全朝教大HP http://Kangaerukai.net/166itikawa.htm（二〇一〇年一二月二八日閲覧）。

（34）同上。

（35）公立学校に在籍する在日朝鮮人子弟の教育を考える会（考える会）「二つの名まえで生きる子ら――在日朝鮮人子弟の教育と日本人教師の今日的課題」一九七二年一月、四頁。一九七九年には、「考える会」が発展し、稲富進（当時、天王寺中夜間教員）を事務局長として「在日朝鮮人教育全国協議会準備会」を結成し、第一回全国集会を開催した。一九八三年には、稲富進を代表として「全国在日朝鮮人教育研究協議会」（以下、全朝教）が結成された。「考える会」での活動理念が、受け継がれていくことになる。

（36）「研究発表（2）生徒指導について　テーマ：長欠生徒を通してみた問題点」、第二一回全夜中大会『大会要項・資料』（※実質、「記録誌」的な内容になっている）一九七五年、六三―六九頁。

（37）一九七三年一二月、大阪市立菅南中学校の古本正盈の提起により、近畿夜間中学校生徒交流会として始まったのが前身で、一九七五年一〇月に「近畿夜間中学校生徒連合会」に発展した（稲富進『文字は空気だ――夜間中学とオモニたち』耀辞舎、一九九〇年、一七八頁）。

（38）「第五分科会　生徒の体験から学ぶ」、第二二回全夜中大会『記録誌』一九七六年、八一―八七頁。

（39）『消えた国旗』（だ・かぽの会、一九六六年）は、斉藤尚子作の戦争児童文学。一九三六年の第一一回オリンピックで、日本代表として出場した朝鮮人選手がマラソンで優勝し、その胸の日章旗の写真が修正される事件をモチーフにしている。

（40）おそらく『名を奪われて――ある朝鮮人作家の回想』（サイマル出版会、一九七二年）のことである。リチャード・E・キムの著作を山岡清二が翻訳しており、作家自身の体験をもとに日本の植民地時代の「創氏改名」の記憶が描かれている。

（41）第二二回全夜中大会『記録誌』一九七六年、四三頁。

(42) 趙博「在日朝鮮人教育運動の課題」、岡村達雄『教育の現在　第三巻　教育運動の思想と課題』社会評論社、一九八九年一一月、三一〇頁。

(43) 倉石一郎「教育実践記録における〈生成する語り〉の諸相——在日コリアン生徒に対する書き手の「呼称」の問題を手がかりに」、日本国際理解教育学会『国際理解教育』七号、二〇〇一年六月。

(44) 第三〇回全夜中大会『記録誌』一九八四年、六六頁。

(45) 「第五分科会」、第二二回全夜中大会『記録誌』一九七六年、八四頁。

(46) 公立学校に在籍する在日朝鮮人子弟の教育を考える会（考える会）、前掲資料、一七四頁。

(47) 筆者は、二〇〇八年一二月から二〇〇九年一〇月にかけてオモニ学校開設当初をよく知る方への聞き取り調査を行った。以下の表は、その際、協力してくださった方々情報提供者の概要一覧である（引用の際、②は二回目の聞き取り日時を指す）。本論文のオモニ学校開設経緯については、インタビューに依拠しているところが大きい。しかし、本稿では割愛した証言が多くある。これらの聞き取り調査の成果と考察については、京都大学グローバルCOEプログラム「親密圏と公共圏の再編成をめ

表：九条オモニ学校情報提供者一覧

情報提供者	インタビュー日時①	インタビュー日時②	担当	当時の所属	備考
1) A	2008年12月4日	2010年9月22日	教務部	大学生→寮母	
2) B	2009年10月14日		総務部	高校教師	C氏と一緒に
3) C	2009年10月14日		ベビーシッター	保育士など	B氏と一緒に
4) D	2009年10月19日	2010年10月26日	音楽班	音楽家	
5) E	2009年10月27日		設立メンバー	公務員	
6) F	2009年11月8日	2010年9月30日	設立メンバー＆教務部	神学生	2回目M氏と一緒に
7) G	2009年11月22日	2010年9月23日	教務部	大学生	2回目K氏と一緒に
8) H	2010年3月24日	2010年7月14日	設立メンバー	教会青年会	
9) I	2010年5月17日		設立メンバー＆教務部	高校教師	青森にて病床に
10) J	2010年6月18日		ボランティア	大学生	
11) K	2010年9月23日		設立メンバー＆ベビーシッター	保育士	G氏と一緒に
12) L	2010年9月27日		ボランティア	大学生→「希望の家」	
13) M	2010年9月30日		韓国語クラス教師兼任	神学生夫人	F氏と一緒に
14) N	2010年10月3日		教務部	大学生→教師	
15) O	2010年10月7日		設立メンバー＆副校長	教会→「希望の家保育園」	

注：アルファベット仮名、敬称略。聞き取りを行った日時の順から並べている。

ざすアジア拠点」における「次世代ユニット」の研究プロジェクトにより、来年度別稿で発表する予定である。本書収録（第Ⅵ部）。
(48) 宇野豊「京都東九条における朝鮮人の集住過程（一）――戦前を中心に」、世界人権問題研究センター『研究紀要』六号、二〇〇一年。
(49) 宇野豊「東九条の歴史」、京都キリスト者現場研修委員会『第一回京都東九条現場研修・報告書　東九条に学ぶ――私の課題をさぐる』一九八三年、四―六頁。
(50) 東九条地域生活と人権を守る会『九条思潮　PART5』一九八二年、二頁。
(51) 一方で、一九五一年の崇仁地区を中心に起こった部落解放運動以降、「改良住宅」の建設が行われるが、朝鮮人は国籍条項によって入居が拒否され、それに伴う立ち退きによって在日朝鮮人はより条件の悪い河川敷へと追いやられていく（東九条地域生活と人権を守る会、前掲書、三―四頁。当時、東九条地域は、「劣悪」な住環境により、火災が多発していた。その状態がようやく社会問題化されたのが、革新市政・富井清市長の誕生、地域住民の運動、メディアの報道など社会的条件が整った一九六七年であった（山本崇記「行政権力による排除の再編成と住民運動の不／可能性――京都市東九条におけるスラム対策を事例に」、社会文化研究会編『社会文化研究』一一号、二〇〇九年）。
(52) 南部教会の牧師をはじめとした教会関係者が、「基督者は民族運動者で不逞鮮人であるという名目」で、特高警察に投獄された後、日本内地から追放されている（日本基督教団京都教区「教会と社会」特設委員会在日・日韓小委員会「戦時下の在日韓国人教会――『京都教會五〇年史』より」一九九八年、六頁）。
(53) 崔忠植氏インタビュー、二〇一〇年一〇月七日。
(54) 徐得子氏インタビュー②、二〇一〇年七月一四日。
(55) 金性済氏インタビュー②、二〇一〇年九月二〇日。
(56) 同上。
(57) 同上。

(58) 在日大韓基督教京都教會五〇年史編纂委員『京都教會五〇年史』一九七八年、四七頁。
(59) 金性済氏インタビュー①、二〇〇九年一一月八日。
(60) 崔忠植氏インタビュー、二〇一〇年一〇月七日。
(61) 崔忠植氏インタビュー、二〇一〇年一〇月七日。
(62) 一九六〇年代、北白川校地にあった京都韓国学園(現在、学校法人京都国際学園)が、移転計画を決行する際、移転先の地域住民から激しい反対運動が起きた。二〇年以上の闘いの末、一九八四年、現在の本多山校地への移転を成し遂げた。この移転の支援には、多くの日本人が主体的に関わった。
(63) この会は、京都韓国学園建設運動に関わっていた日本人が、在日朝鮮人教育問題全体を捉えるためにも、日本の学校に通っている朝鮮人児童の問題に取組み始めたのが契機で一九七六年に結成された。後に、「全国在日朝鮮人教育研究協議会・京都」(「全朝教京都」)へと発展していく。同会の中でも、一九七〇年代に急増していた夜間中学の在日朝鮮人女性生徒の教育機会の問題も認識されていたという(福島信夫氏インタビュー、二〇〇九年一〇月二七日)。
(64) 九条オモニ学校『九条オモニ学校十年誌——オモニに学ぶ』一九八九年、七頁。
(65) 徐得子氏インタビュー①、二〇一〇年三月二四日。
(66) 同上。
(67) 九条オモニ学校、前掲資料、一九八九年、七頁。
(68) 『十年誌』には、文責は記載されていなかったが、ニュースレター「九条オモニ学校つうしん」第五号(一九八〇年)に、小笠原亮一の文責で「明星学園「にっぽんご1」の使用経過と問題点」と題して同様のことが論じられている。
(69) 九条オモニ学校、前掲資料、一九八九年、二二一—二二三頁。
(70) 同上、一二二頁。
(71) 同上、一二三頁。
(72) 同上、一八頁。

(73) 同上、四四頁。
(74) 同上、五五頁。
(75) 九条オモニ学校『어머니《オモニ》』第一集、一九八〇年。
(76) 佐伯勲インタビュー、二〇〇九年一〇月一四日。
(77) 高英三「ぼくはうそのつけない朝鮮人であるし、ぼくが朝鮮人であるってことを生きてゆく中で証明してゆく」『어머니《オモニ》』第二集、一九八四年、五—一〇頁。
(78) 蒔田直子「忘れることのできない二人の어머니」（『어머니《オモニ》』第二集、一九八四年）、山岸康男「山岸、僕は実は在日韓国人なんや」（『어머니《オモニ》』三集、一九八六年）など。
(79) 瀬口昌久インタビュー、二〇〇九年一一月二三日。
(80) 九条オモニ学校、前掲資料、一九八九年、三四頁。
(81) 佐伯勲インタビュー、二〇〇九年一〇月一四日。

参考文献（注釈以外）

あべ・やすし「均質な文字社会という神話——識字率から読書権」、「社会言語学」刊行会『社会言語学』Ⅵ、二〇〇六年。

ベル・フックス（清水久美訳）『ブラック・フェミニストの主張——周縁から中心へ』勁草書房、一九九七年。

ベネディクト・アンダーソン（白石さや・白石隆訳）『増補　想像の共同体——ナショナリズムの起源と流行』（ネットワークの社会科学シリーズ）、NTT出版、一九九七年。

朝鮮史研究会編『朝鮮の歴史〈新版〉』三省堂、一九九五年。

鄭早苗（他）編『全国自治体在日外国人教育方針・指針集大成』明石書店、一九九五年。

フランツ・ファノン（鈴木ほか訳）『地に呪われたる者』みすず書房、一九九六年。

G・C・スピヴァク（上村忠男訳）『サバルタンは語ることができるか』みすず書房、一九九八年。

反差別国際運動日本委員会編『マイノリティ女性が世界を変える！——マイノリティ女性に対する複合差別』（IMA

DR—JCブックレット6)、解放出版社、二〇〇一年。

——『立ち上がりつながるマイノリティ女性——アイヌ女性・部落女性・在日朝鮮人女性によるアンケート調査報告と提言』(現代世界と人権21)、解放出版社、二〇〇七年。

原尻英樹『在日朝鮮人の生活世界』弘文堂、一九八九年。

橋澤裕子『朝鮮女性運動と日本』(橋澤裕子遺稿集)、新幹社、一九八九年。

土方苑子『東京の近代小学校——「国民」教育制度の成立過程』東京大学出版会、二〇〇二年。

ホミ・K・バーバ(本橋ほか訳)『文化の場所——ポストコロニアリズムの位相』法政大学出版局、二〇〇五年。

皇甫任著・蒔田直子編集解説『十一月のほうせん花——在日オモニの手記』径書房、一九九〇年。

板垣竜太「植民地期朝鮮における識字調査」、東京外国語大学アジア・アフリカ言語文化研究所編『アジア・アフリカ言語文化研究』五八号、一九九九年九月。

I・イリッチ(東洋ほか訳)『脱学校の社会』(現代社会科学叢書)、東京創元社、一九七七年。

I・イリッチ+B・サンダース共著(丸山真人訳)『ABC——民衆の知性のアルファベット化』岩波書店、一九九一年。

岩井好子『オモニの歌——四十八歳の夜間中学生』筑摩書房、一九八四年。

ジュディス・バトラー(竹村和子訳)『ジェンダー・トラブル——フェミニズムとアイデンティティの攪乱』青土社、一九九九年。

——(佐藤ほか訳)『自分自身を説明すること——倫理的暴力の批判』月曜社、二〇〇八年。

梶村秀樹『朝鮮史——その発展』明石書店、二〇〇七年。

梶村秀樹著作集刊行委員会・編集委員会編『近代朝鮮社会経済論』(梶村秀樹著作集第三巻)、明石書店、一九九三年。

貴戸理恵・常野雄次郎共著『不登校、選んだわけじゃないんだぜ!』理論社、二〇〇五年。

金徳龍『朝鮮学校の戦後史——１９４５—１９７２〈増補改訂版〉』社会評論社、二〇〇四年。

金伊佐子「在日女性と解放運動——その創世記に」(解題　皇甫康子)、『季刊　前夜』第一期四号、二〇〇五年七月夏号。

金時鐘『「在日」のはざまで』立風書房、一九八六年。

木村涼子「フェミニズムと教育における公と私」、日本教育学会『教育學研究』六七（三）、二〇〇〇年。

岸田由美「在日韓国・朝鮮人教育にみる「公」の境界とその移動」、日本教育学会『教育學研究』七〇（三）、二〇〇三年。

李順愛『二世の起源と「戦後思想」――在日・女性・民族』平凡社、二〇〇〇年。

イ・ヨンスク『「国語」という思想――近代日本の言語認識』岩波書店、一九九六年。

小尾二郎『夜間中学の理論と実践――成人基礎教育学習への提言』明石書店、二〇〇六年。

国際識字年推進中央実行委員会編『識字と人権――国際識字年と日本の課題』解放出版社、一九九一年。

駒込武「植民地教育史研究の課題と展望（課題と展望）」、日本教育史研究会編『日本教育史研究』一〇号、一九九一年九月。

――『植民地帝国日本の文化統合』岩波書店、一九九六年。

倉石一郎『包摂と排除の教育学――戦後日本社会とマイノリティへの視座』生活書院、二〇〇九年。

教育を考える会編『教師とは何か』三笠書房、一九七〇年。

三上敦史『近代日本の夜間中学』北海道大学図書刊行会、二〇〇五年。

三浦信孝・糟谷啓介編『言語帝国主義とは何か』藤原書店、二〇〇〇年。

水野直樹編『生活の中の植民地主義』人文書院、二〇〇四年。

本橋哲也『ポストコロニアリズム』岩波新書、二〇〇五年。

元木健・内山一雄共著『識字運動とは――国際識字年を機に』（人権ブックレット18）、部落解放研究所、一九八九年。

――『〈改訂版〉識字運動とは』（人権ブックレット37）、部落解放研究所、一九九二年。

守口夜間中学編集員会編『学ぶたびくやしく　学ぶたびうれしく』解放出版社、二〇一〇年。

守口夜間中学『不思議な力　夜間中学』編集委員会編『不思議な力　夜間中学』宇多出版企画、二〇〇五年。

むくげの会編『身世打鈴――在日朝鮮女性の半生』東都書房、一九七二年。

宗景正『夜間中学の在日外国人』高文研、二〇〇五年。

中村尚司「民際学の課題と方法――全体と部分の架橋」『龍谷大学経済学論集』三七巻二号、一九九七年一二月。

――「書くことの権力性」『現代誌手帖　特集：読むことの再定位――身体・記憶・ことば』四〇巻二号、思潮社、一九九七年二月。

中野敏男「〈戦後〉を問うということ——「責任」への問い、「主体」への問い」、青土社『現代思想　総特集：戦後アジアとアメリカの存在』二九巻九号（臨時増刊）、二〇〇一年七月。

中山秀雄編『在日朝鮮人教育関係資料集』明石書店、一九九五年。

日本の戦争責任資料センター編『シンポジウム　ナショナリズムと「慰安婦」問題　新装版』青木書店、二〇〇三年。

野平慎二「教育の公共性と政治的公共圏」、日本教育学会『教育學研究』六七（三）、二〇〇〇年。

野田陽子『学校化社会における価値意識と逸脱現象』（淑徳大学社会学部研究叢書一二）、学文社、二〇〇〇年。

西村光子『女たちの共同体——七〇年代ウーマンリブを再読する』社会評論社、二〇〇六年。

岡真理『彼女の「正しい」名前とは何か——第三世界フェミニズムの思想』青土社、二〇〇〇年。

——『記憶／物語』（思考のフロンティア）、岩波書店、二〇〇〇年。

——『棗椰子の木陰で——第三世界フェミニズムと文学の力』青土社、二〇〇六年。

大沢敏郎『生きなおす、ことば——書くことのちから——横浜寿町から』太郎次郎社エディタス、二〇〇三年。

女たちの現在を問う会編『全共闘からリブへ——銃後史ノート戦後篇』インパクト出版会、一九九六年。

小沢有作『民族教育論』明治図書出版、一九六七年。

——『在日朝鮮人教育論——歴史編』亜紀書房、一九七三年。

大嶽秀夫『新左翼の遺産——ニューレフトからポストモダンへ』東京大学出版会、二〇〇七年。

パウロ・フレイレ（小沢ほか訳）『被抑圧者の教育学』（A・A・LA教育・文化叢書Ⅳ）、亜紀書房、一九七九年。

齊藤純一『公共性』（思考のフロンティア）、岩波書店、二〇〇〇年。

齊藤純一編『親密圏のポリティクス』ナカニシヤ出版、二〇〇三年。

酒井直樹『死産される日本語・日本人——「日本」の歴史—地政的配置』新曜社、一九九六年。

里見実『学校を非学校化する——新しい学びの構図』太郎次郎社、一九九四年。

——『パウロ・フレイレ「被抑圧者の教育学」を読む』太郎次郎社エディタス、二〇一〇年。

白井善吾『夜間中学からの「かくめい」――学びを創造する』解放出版社、二〇一〇年。

徐京植「母語と母国語の相克――在日朝鮮人の言語経験」『東京経済大学人文自然科学論集』一二六号、二〇〇八年一一月。

宋連玉『脱帝国のフェミニズムを求めて――朝鮮女性と植民地主義』有志舎、二〇〇九年。

絓秀実『1968年』筑摩書房、二〇〇六年。

Susan Himmelweit, The Discovery of Unpaid Work: The Social Consequences of The Expansion of "Work", *Feminist Economics*, Vol.1, NO.2, summer 1995, p.1-19.

舘かおる「歴史認識とジェンダー」、歴史科学協議会編『歴史評論』、五八八号、一九九九年四月。

玉野井芳郎監修『ジェンダー・文字・身体』新評論、一九八六年。

田中宏『在日外国人新版――法の壁、心の溝』岩波新書、一九九五年。

――「帝国日本の残影――その膨張と収縮」、龍谷大学同和問題研究委員会編『高瀬川を歩くⅣ――ウトロと日本の戦後処理』二〇〇六年。

田中勝文「戦前における在日朝鮮人子弟の教育」『愛知県立大学文学部論集――人文・社会・自然』一八号、一九六七年一二月。

田中美津『〈新装改訂版〉いのちの女たちへ――とり乱しウーマン・リブ論』パンドラ（現代書館発売）、二〇一〇年。

塚原雄太『夜間中学――疎外された「義務教育」』社会新報、一九六九年。

辻本雅史・沖田行司編『教育社会史』（新体系日本史一六）、山川出版社、二〇〇二年。

米山リサ『暴力・戦争・リドレス――多文化主義のポリティクス』岩波書店、二〇〇三年。

――「批判的フェミニズムの系譜からみる日本占領――日本人女性のメディア表象と「解放とリハビリ」の米国神話」『思想』九五五号、二〇〇三年一一月。

Yuval-Davis, Nira. Anthias, Floya., *Woman-Nation-State*, Mcmillan, 1990.

W・J・オング（桜井ほか訳）『声の文化と文字の文化』藤原書店、一九九一年。

全国夜間中学校研究会　第五一回大会実行委員会編『夜間中学生――一三三人からのメッセージ』東方出版、二〇〇五年。

VI

在日朝鮮人女性の識字教育の構造

一九七〇―一九八〇年代京都・九条オモニ学校における教師の主体に着目して

［解題］

初出は松田素二・鄭根埴編著『コリアン・ディアスポラと東アジア社会（変容する親密圏・公共圏）』（京都大学学術出版会、二〇一三年）。京都大学に提出した修士論文の一部を独立させて書き深めたものであり、「二章　南部教会再建運動と九条オモニ学校」の部分は修士論文の記述と重複するが、「三章　九条オモニ学校における教師の語り」では教師の語りの分析を日本人の場合と、在日朝鮮人の場合とそれぞれについて詳細におこなっている。著者は、九条オモニ学校において「贖罪意識」にかられた日本人「教師」に対して「生徒」たるオモニが「癒し」をもたらすような関係性を批判的にとらえる一方で、教える―教えられる関係を変革する可能性を指摘し、さらにオモニがキリスト教の「信徒」として教師のために祈るという行為に自律的で積極的な主体としてのあり方を見出している。著者の研究の道筋をかえりみるならば、在日朝鮮人女性が主体でありうる可能性をまず夜間中学の作文などに見出そうとしたことを出発点としながら、その場合の主体性が公教育という制度や教師―生徒関係による大きく規定されているという気づきを経て、公教育の外部における「祈り」という行為においてようやくこの規定性の外側を見出したということになろうか。著者がさらに研究活動を続けていれば、そこにも別な規定性が働いていると考えた可能性もあるが、この原稿が活字化されるのを待たずに他界した（原稿の校正は、京都大学学術出版会編集部と相談のうえで駒込が担当した）。

（駒込）

一章　はじめに　在日朝鮮人女性と識字教育

植民地時代に学齢期を過ごした在日朝鮮人女性の中には、民族・階級・ジェンダーの複合的差別（1）のために就学経験を持たなかった人びとが多い。そうした女性たちが後に夜間中学や識字教室に通うケースが、一九七〇年代以降に増加する。社会的背景としては、一九六〇年代後半になって帰国運動に連動した民族教育運動の高揚が沈静化し始めていった。その一方で、一九六五年の日韓協定調印を契機に韓国籍者への「永住権」付与が行われたことなどが、一九七〇年代以降の在日一世の日本語識字の需要への志向に少なからず影響を与えたと考えられる。

一九七〇年代後半、在日朝鮮人集住地域などで、民間の識字教室が開設された。たとえば、一九七七年七月には、大阪市生野区の日本基督教団聖和教会で「生野識字学校」（現在の「オモニハッキョ」）が始まった（阿部、二〇〇七年）。生野区の先例からヒントを得て、一九七八年四月には、京都市南区の東九条地域でも識字教室「九条オモニ学校《ハッキョ》」（以下、オモニ学校）（2）が開設された。同時期、近畿圏の公立夜間中学でもまた、在日朝鮮人女性の生徒が大半を占めるにいたっていた（3）。

在日朝鮮人女性の識字問題は、今日においてもいまだ解決されておらず、識字教育・実践・運動あらゆる局面で、当面の課題とならざるを得ない。非識字者の実態の把握と、それを踏まえた識字教育実践は急務のこととして、学習者や教師の間で不十分であれ議論がなされてきた。しかし、非識字者を取り巻く錯綜した状況が孕んでいる問題は、しばしば見落とされがちである（4）。たとえば、識字教育は、非識字者にだけ努力を求め続けており、日本語識字優位的な社会への〈包摂〉を招き、（非）識字者の序列を再生産している。また、教える―教えられる関係が固定化され、非識字者は、識字教育の現場においてもやはり権力構造の中に放りこまれる事態を免れていない。では、ここで取りあげるオモニ学校ではどうだろうか、本稿は、識字教育の現場における権力構造をめぐる問題、あるいは非識字者である在日朝鮮人女性たちを規定し続けている権力関係を明確化することを課題としている。

本稿では、上記の課題に迫る試みとして、一九七〇年代という時代に京都に登場したオモニ学校が、どのような学びの空間であり、また出会いの場であったのかを、教師の主体に着目して考察してみたい。対象となる京都・東九条地域のオモニ学校は、在日二世、三世の朝鮮人と日本人によって、在日一世女性たちのニーズに応えるべく始められた。行政から財政的援助を受けずに独立して経営することを貫いてきた民間識字教室である。

オモニ学校が開設された一九七〇年代は、市民運動が多方面で従来の社会運動のパラダイム転換を図り、当事者運動や地域運動などが活発になった時期であった。ウーマンリブのような女性解放運動が展開される一方で、在日朝鮮人問題に対しては日本人の戦後責任や植民地支配責任がようやく問われつつあった。オモニ学校での在日朝鮮人女性の非識字者を取り巻く実践の混沌とした空間の創出過程は、こうした七〇年代的状況が豊かにはらんでいた可能性と、同時にその問題点を開示することになるであろう。当時の議論は、未清算の植民地支配責任を克服することにつながったのか、残された今日的課題に当時の議論では応えきれなかった別の落とし穴があったのではないか、そのような仮説に基づいて考察していきたい。

二章　南部教会再建運動と九条オモニ学校

オモニ学校の歴史の中で、本稿の対象とするのは、設立準備の始まった一九七八年頃から設立を経て一九八五年頃に至るまでの数年である。一九八九年に発行された沿革誌『九条オモニ学校十年誌——オモニに学ぶ』(一九八九年。以下、『十年誌』と略す)以降に沿革誌や活動記録がまとめられていないこと、聞き取り対象者が設立前後のメンバーであること、設立後の数年を経てからは在日青年の参加が減少してオモニ学校の様相も変化したと思われることなどが、その理由である。

以下、オモニ学校開設当初をよく知る方への聞き取り調査に主に依拠しながら、『十年誌』など関連資料も補足的に参照する。表2-1は、筆者の聞き取り調査における情報提供者の概要一覧である。なお引用の際、情報提供者は、すべてアルファベット仮名で記載し、日時についての「②」は二回目の聞き取り日時を指す。

二—一　南部教会再建運動

京都市南区東九条地域は、JR京都駅の南東に広がる地域であり、東九条の北側には京都市最大の被差別

表2-1：九条オモニ学校情報提供者一覧

情報提供者	インタビュー日時①	インタビュー日時②	担当	当時の所属	備考
1) A	2008年12月4日	2010年9月22日	教務部	大学生→寮母	
2) B	2009年10月14日		総務部	高校教師	C氏と一緒に
3) C	2009年10月14日		ベビーシッター	保育士など	B氏と一緒に
4) D	2009年10月19日	2010年10月26日	音楽班	音楽家	
5) E	2009年10月27日		設立メンバー	公務員	
6) F	2009年11月8日	2010年9月30日	設立メンバー＆教務部	神学生	2回目M氏と一緒に
7) G	2009年11月22日	2010年9月23日	教務部	大学生	2回目K氏と一緒に
8) H	2010年3月24日	2010年7月14日	設立メンバー	教会青年会	
9) I	2010年5月17日		設立メンバー＆教務部	高校教師	青森にて病床に
10) J	2010年6月18日		ボランティア	大学生	
11) K	2010年9月23日		設立メンバー＆ベビーシッター	保育士	G氏と一緒に
12) L	2010年9月27日		ボランティア	大学生→「希望の家」	
13) M	2010年9月30日		韓国語クラス教師兼任	神学生夫人	F氏と一緒に
14) N	2010年10月3日		教務部	大学生→教師	
15) O	2010年10月7日		設立メンバー＆副校長	教会→「希望の家保育園」	

注：アルファベット仮名、敬称略。聞き取りを行った日時の順から並べている。

部落である崇仁地区（東七条）が存在し、一九二〇年代半ば、東七条と東九条にまたがって朝鮮人居住者が増加した（宇野、二〇〇一年）。「東海道線の増復工事」では、朝鮮人が大量動員され、この工事を契機に東九条は朝鮮人の一大居住区となる（宇野、一九八三年）。戦後は、一九五九年の国際会議場建設決定等に伴い、京都駅南側付近に立ち始めたバラックの立ち退きが強行され、その住民が崇仁や東九条へと流入した（東九条地域生活と人権を守る会、一九八二年、二頁）。さらに、一九六〇年代前半の東海道新幹線工事に伴う立ち退き強制によって、東九条への流入人口はますます増加した(5)。

戦前期、この地域に居住する在日朝鮮人によって、在日大韓基督教京都南部教会（以下、南部教会）が一九二七年に設立された。だが、戦時下の一九四一年に日本の特高警察により強制的に閉鎖させられた(6)（日本基督教団京都教区「教会と社会」特設委員会在日・日韓小委員会、一九九八年、六頁）。解放後三〇年あまりを経て、同地域の在日一世のキリスト者により一九七六年一一月に南部教会が再建された。この南部教会が、本章の主要な対象であるオモニ学校の拠点となる。そこで、以下にその再建の経緯をみておくことにする。

南部教会の再建に三〇年もの歳月がかかってしまったのは、南部教会の閉鎖以降、分会によって信徒の減少を懸念する教会関係者によりその再建が認められず、財政的な援助のなかったことが大きな要因であった。しかし、東九条地域での礼拝を希望していた地域の信徒たちは、水曜日だけ地域内の個人宅で礼拝を始めた。東九条出身でオモニ学校設立メンバーでもある在日二世の信徒のO氏へのインタビューによれば、一九五七年頃から約一七年間にわたりO氏の自宅が「九条伝道所」として水曜礼拝を担ったという（O氏、二〇一〇年）。その中で、集まった地域の信徒たちは、「将来、南部教会を復活したい」という思いを持ち祈り、少しずつ献金しながら自力で教会再建を実現させた。

同じく東九条出身の南部教会の青年会メンバーであり、オモニ学校設立時のメンバーでもあった在日二世のH氏の両親は、この教会再建運動に熱心に取り組んできた（H氏②、二〇一〇年）。僅かな収入をほとんど再建のための資金として貯蓄していたという。教会再建と礼拝を守ること、そして子どもたちに信仰を持ってもらうことを望んでいた。しかし、南部教会の再建直後、牧師がいなかったためすぐには礼拝を行うことができなかった事情もあり、むしろ青年会による事業が先駆けて取り組まれたようである。在日一世の信徒たちは、こうした青年会の活動に全面的に協力したという。この青年会による事業の一つがオモニ学校であった。いわばオモニ学校は、教会が認められるための「奉仕活動」の一つとして設けられた側面を持っていたわけである（F氏②、二〇一〇年）。

一九七六年に南部教会が再建されると、信徒は、地域に密着した「魂のシェルター」ができたと歓喜していたという（F氏②、二〇一〇年）。再建当時の南部教会の信徒の写真を参照すると、大半が女性たちであることがわかる（在日大韓基督教京都教會五〇年史編纂委員、一九七八年、四七頁）。このことは、偶然だったのか、必然だったのか、個々の経験によって差異があるだろう。ただし、教会再建に女性信徒たちの尽力が大きかったことの背景として、女性信徒が日本社会における民族差別とともに性差別に直面していた事実を指摘できる。それゆえ、教会がまさに「シェルター」としての役割を担っていたことは想像に難くない。

在日一世の信徒たちは、「熱い説教」を求めて、韓国からの宣教師を迎え入れた（F氏②、二〇一〇年）。一方で、教会の青年たちは、社会意識の強い者たちが多く、地域と接触の少ない牧師とのあいだではズレもあった。しかし、それだけにオモニ学校が一世と二世の「接合点」になっていたともいう。

二―二　九条オモニ学校の設立経緯

南部教会の青年会は、再建された南部教会を盛り上げるためにも、何か有意義な取り組みをしようと議論した。そこで、在日一世のニーズに応えようという目的で、在日一世が日本語文字を学ぶ「オモニ学校」

を開設しようということになった。設立を提案したO氏は、以下のように振り返っている。

わたしはここ〔東九条〕で生まれ育った人間なんですね。うちの家族は全部。うちのおふくろが、韓国の、朝鮮の文字は、教会に行ってたから、一生懸命読めてたわけ。もうほんのわずかやけどね。読めてたけども、電話〔当時の黒電話〕がでけへんと、電話が。ぼくらがしっかり電話のかけかた教えるいうても、そんな余裕がないもんだから、学校行ってかえってきて、もう学校行って帰ってきてという状況で、オモニの要求は電話がしたいというのが一番あったんでしょう。同じ教会の人で、電話だけじゃなくて、孫に絵本を読んであげたいとかいうようなうちのおふくろの関係、南部教会の関係者の中にいたわけね。たまたまぼくは、そのとき大阪におったんですよ。大阪の生野区というところにおってね。大阪生野区の大学のともだちが、生野区の教会の牧師をしとって、それがオモニハッキョをするんやいうてね、友だちらとやり始めたんですよ。そんなこともあって、まあ見学に行くようになってね。

（O氏、二〇一〇年）

まず、O氏の母親の生活経験が、彼の意識に大きな影響を与えたようだ。母親は教会での朝鮮語の説教や聖書によって、わずかな朝鮮語文字を読めていたようだが、電話ができないというような、生活上の困難を抱えていた。当時は、黒電話が使用されていたが、その使用方法における障害である。これは、読み書き的な識字というよりも、生活する上でのリテラシー、つまり「機能的識字」と一般的に言われるものである。電話機の使用方法、電話帳の見方、番号の識別など、非識字者にとっては、バリアに満ちた状況があるといえる。そうした身近な非識字体験をはじめ、「孫に絵本を読んであげたい」という在日一世の声をくみ取るとともに、O氏は、生野での動きを、南部教会の青年会に伝えた。その際、この界隈で部落解放運動に携わり、また教会関係者でもあったI氏（当時高校教員）に声をかけたことをきっかけに、生野のオモニハッキョへ見学に行くなどして、オモニ学校設立準備会を具体的に立ち上げていった。

一九七八年頃、O氏の自宅にI氏などが集まって何度かオモニ学校設立の準備会を行ったという。オモニ学校は南部教会を基盤として成立したわけだが、二世の在日青年たちは、I氏をはじめとして、南部教会以外の教会関係者、活動家、学生などにも呼びかけた。そこで、さまざまな人が設立準備に関わることになった。その中には、京都韓国学園移設運動(7)などの反民族差別運動、「京都在日韓国・朝鮮人生徒の教育を考える会」(8)、韓国政治犯救援運動、部落解放運動などのほか、地域の保育士や学校教師の関わりもあったという。こうした人的交流や問題意識の高まりが、一九七八年「オモニ学校」の開設へとつながることになった。

オモニ学校を開設する際に、大事にしていたこととして、O氏は三点挙げている。第一に、在日一世の女性たちの要望を満たすということ。第二に、オモニ学校を通して、つまり在日のことを通して、いろいろな角度から日本社会の社会構造を把握していくということ。第三に、仲間づくりをすること、そこには在日だけではなくて、日本人の運動家、在日朝鮮人の運動家が、共同でそれを一緒に担っていくということ。O氏は第一のことは当然として、第二・第三の点も大きな意味を持っており、オモニ学校がそうした活動の広がりの基盤になることを期待していたという。

このように「オモニ学校」には多様な意味づけが与えられていただけに、その開設は決してスムーズに進んだわけではなかった。開設準備の討議において、在日青年たちは、日本語の読み書きを学ぶ場を設けることについて「日帝時代の日本の朝鮮文化抹殺、『一視同仁』という同化政策の歴史を振り返ると、何かこだわりや躊躇というものを拭い去れなかった」（九条オモニ学校、一九八九年、七頁）という。

日本語を学ぶ場を設けることそのものへの違和感は克服できたとしても、それを日本人と一緒にすることへの違和感が強く意識されることもあった。この準備委員会のメンバーであった青年会のH氏は、その当時の様子を次のように語っている。

南部教会の青年会の一員だったんだけど、南部教会の経緯の中で、オモニハッキョの話が出たときに、私はね、日本人と一緒にやるんがすごく嫌だったんです。あははは（笑）準備段階でね、最終のところまできてたの、いついつから始めると。待ってくれと、私は実は嫌なんだと。なぜかというと私のオモニとアボジは、強制ではないけれども、日本の歴史の中で苦しみを虐げられた部分があって、その日本人になぜ日本語を教えられなあかんねんて。便宜上、たとえば切符を一枚買ったり、役所で手続きをしたり、不自由は強いられている。それは私らが教えたらええやん、在日の青年が。〔…〕〔同じように考えていた人が〕他にもいたと思うね。ただ、それをちゃんと口に出して言ってしまったんは、早かったんじゃないかな。〔…〕なんてこと言うんだろと、みんな唖然としたと思う。言うんならもっと早く言うべきよね、それはね。

なんか嫌ーって、私はまあ〔幼い頃から〕日本を拒絶してきて、その延長でね、オモニハッキョ、一緒にともに日本人と青年と活動するということに対してなんかどっかで納得してなかったんですよ。なんで日本人と一緒にやらなあかんねんて。日本人のその贖罪意識でーこう悪いと思ってるんですよ。「あんたがしたんか」、「何であんたが謝る必要があるのか」って。もうー何て言うんですか、あのーさむいぼができるっていうの。嫌悪を感じててね。贖罪ですか、朝鮮人に対して日本人が。一方では差別的な日本社会でさ、急に私たちに近づいてきて、日本人の青年たちが、昔は悪いこととして、過去の歴史に罪を犯したとかね、もう嘘臭い。とってもなんかね。

（H氏①、二〇一〇年）

一九五五年生まれの在日二世であったH氏は、排他的な日本社会の中で、幼い頃から日本人への不信感が募っており、その「反動」からとても「頑な」になっていたという。教会青年会メンバーとして携わっていたオモニ学校開設の準備が着々とすすんでいく中で、日本人と一緒にやることの「耐え難さ」をぶつけずにはおられなかったのだろう。彼女の主張は、虐げられてきた在日一世の両親たちが、日本人に日本語を教えられることの違和感、実践するならその子どもたちが主体になることであった。

さらに、彼女の発言は、「贖罪意識」を持って参加している日本人たちへの「告発」でもあった。一九七〇年の在日華僑青年たちの「華青闘告発」にも象徴されるように、それまで社会運動の中でも周縁化されてきた民族的マイノリティが声を挙げるに及んで、日本人の左派系の人びとの多くにとって、それまで同じ「プロレタリアート」として「連帯」する対象であった在日朝鮮人も、「謝罪」すべき対象として眼差されるようになりつつあったのである。それは重要な変化であったが、一方的な「贖罪」や「謝罪」の意識は在日朝鮮人に「嘘臭い」という「嫌悪」の思いも引き起こし、両者の関係性にさらなる葛藤をもたらしていたといえる。

以下では、それに対しての相互の反応が語られている。

私はね、贖罪意識で擦り寄られてくる日本人をほんとに疑ってしまうのね。嘘こけと。あんたがしたんじゃないのに、なんで謝るの。それよりもやることがあるやろ。私たちに近づいてくる前に。そういう時にうちの〔現在の〕旦那がね、「在日問題ではありえない、日本人の問題だ」と、会議の中でスパって。他にも言っている人がいたんだろうけど。生意気だったんですよ、はじめてね、日本人の中で朝鮮人に偉そうにいう青年というのが、彼だけでしたね。生意気だった。実行委員をしてた彼は、テキパキと動いてたし。Iさんが、すごい信頼を持っていた人ですね。学生だったんだけど。〔彼は〕

なにしろ生意気。でもね、彼の言うことはね、こう確かに私は教会の在日の青年の人たちの中に、ちょっと浸みるものがあったね。はっきりと言うのね、自分たちの問題は自分たちで解決しようや。だけど、あなたたちにもやることはあるでしょって。面と向かっていうのね。ほーって。(H氏①、二〇一〇年)

H氏は、準備委員会に携わりつつも、「悶々としたもの」を拭い去れなかった結果、先にも引用したように、開設直前にそのことを会議の中で日本人にぶつけたが、この取り乱しは、彼女の人生の「物語」における「最終章」でもあったという。その「最終章」として、この準備委員会において後に結婚することになる日本人青年と出会うことになる。彼は、オモニ学校準備段階からI氏とともに中心的に携わっていたメンバーの一人であった。在日青年による「告発」に対して、日本人だからといって言葉を呑み込まず応答しようとする日本人の存在は、H氏にとって「生意気」と感じられると同時に、「ちょっと浸みるもの」があったという。「贖罪意識」で「謝罪」の言葉だけを述べるだけではなく、たとえ既に流通していた言葉であっても、この状況の中で「在日問題ではありえない、日本人の問題だ」とはっきりと述べた日本人青年の言葉は重みを持ったのだ。

また、準備委員会のメンバーではなかったが、東九条出身の在日二世の高英三氏も、オモニ学校の運動の内実に違和感を抱えていた者の一人であった。彼は、東九条の住民運動や指紋押捺拒否運動、労働組合運動に取り組んでおり、二〇〇三年に四七歳で亡くなった。オモニ学校の歴史上、彼の「告発」もまた重要な出来事として位置付けられる。彼は、一九七九年にオモニ学校の親睦会で以下のように主張した(一九八四年の文字起こし資料より引用)。

自分が、正直いってオモニたちに日本語おしえるっていうのは、なんとなくばからしくもあったし、なぜオモニたちが日本語べんきょうせなあかんのかって、問題もかんじました。やっぱり、なぜかってのは、ぼくたちはウリマル〔わたしたちの言葉〕しゃべれへん中で今、二世、三世ていわれてるぼくたち、ウリマルをかけへんし、しゃべれへんていう中でね、ウリマル学習会に参加したり、クゴ〔国語〕をつかわずにね、日本語をまなぶっていうか、ものすごこう、少なくとも最初、ぼくはゆるせへんきもちがして、なぜオモニたちが今から日本の字をべんきょうせなあかんのやろと、〔…〕もっともっとオモニたちのほんとうのそういう意味で日本語をべんきょうせなあかんといったとき、あのくやしさというのはぜったいある思うんですわ。そのくやしさの中でね、ぼくがかかわりあいもってるということは、そのオモニたちのくやしさを、ぼく自身のくやしさにしていかなあかん

（高英三、一九八四年）

以上のような語りには、在日二世としての立場から「オモニ」たちが日本語を学ぶことの「わりきれなさ」のようなものがにじみ出ている。教師会では、たびたびこのようなテーマをめぐってそれぞれの立場をはっきり表明することが求められていた。「わりきれなさ」が確かに存在する一方で、「オモニのくやしさ」を自分自身のものにしていくという言葉が象徴しているように、在日二世が、在日一世の経験にいかにかかわり自らの経験をそこに重ねるのかという問題の糸口をオモニ学校に見出そうとしていたことも分かる。

上述の準備委員会の討議の結果、「日本語学校に甘んじてはいけない」と、「ウリマル（私たちの言葉）さえ奪われたオモニたちの痛み」にも応えるべく、「韓国語クラス」も設けることになった。その上、「ウリマル＝我らの言葉＝韓国語」を失いつつある二世、三世の青年たちにとっても良い学習の場となるという意義も確認された」という（九条オモニ学校、一九八九年、七頁）。また、生活相談など直接生活にかかわっていくような取り組みも意識されるようになった。

こうした「告発」は、後のオモニ学校における人間関係の基礎ともなり、日本語識字の再考や教師—生徒関係を切り崩していくような識字実践の模索のひとつの契機となったともいえる。それでは、どのような日本人がオモニ学校に集まってきていたのだろうか、そして、どのような在日青年とのやり取りがあったのだろうか、次章でみていきたい。

三章　九条オモニ学校における教師の語り

開設後に集まってきた教師は、もとより正式な教員免許のような資格を持っていたわけではなく、基本的にボランティアとして関わっていた。また後述するように、在日朝鮮人青年が中心となって始まっていたが、開設まもなく日本人青年たちの参加のほうが多くなっていった。以下、両者の語りをみていきたい。

三—一　日本人教師と九条オモニ学校との出会い

以下に紹介していくのは、設立時のメンバー以外で教師の役割を果たすことになった日本人の語りである。まず、開設後数ヵ月を経て参加するようになったA氏は、一九七三年に同志社大学入学後、「ベトナムに平和を！市民連合」（以下略称、ベ平連）の事務所でもあった喫茶店でアルバイトをしていた。当時、ベ平連が取り組んでいた韓国軍事政権下で「政治犯」として捕えられた詩人・金芝河《キムジハ》の救援運動に触れ、はじめてデモに参加した。A氏は、その時の心情を以下のように語っている。

でも、知らないわけ、韓国の歴史とか、朝鮮半島と日本の歴史とか、日本が朝鮮を植民地支配していたとかさ、そういうこと全然わかってないわけ。軍事政権のすごい悪者の国だとか、そこで弾圧されて詩人が殺されそうになってる、なんとかやめさせたいということで行ってるわけね。〔…〕勉強していくうちにどんどんショックが大きくなってきてさ、自分が知らないということについて、知らないできてしまったということについてさ、罪悪感みたいな、そういうものに悩んだというか。

（A氏②、二〇一〇年）

一九七〇年代の「華青闘告発」以降、日本人の立ち位置はますます厳しく問われるようになったと言える。中でも韓国における民主化闘争と日本の市民運動との連帯という課題は当時の学生運動にも影響を与えていたが、A氏が振り返るように、日本と朝鮮半島の歴史的関係が必ずしも正確に捉えられているわけではなかった。A氏は、日本と朝鮮半島の歴史を知らないできてしまった「罪悪感」に悩まされたという。こうした「罪悪感」は、A氏がその後在日朝鮮人問題に取り組む契機となった。

一九七五年一一月、同志社大学に在学する在日朝鮮人学生が、韓国で数名逮捕されるという事件（いわゆる「一一・二二事件」）が起こり、A氏自身にも衝撃が走る。当時、さまざまな救援グループがあり、その中の一人の「政治犯」の救援にかかわっていくことになる。

在日韓国人に会ったことがないわけ。会うときは、いつもこう日本人代表みたいな感じでさ。なんていうのかな、友だちとか日常の中で接して得た友だちじゃない。運動の中で出会うと、いつも突きつけられる側と、差別する側と、そういうことでしか出会えないわけ。やればやるほどに無力感が募るし、政治犯の救援なんてすごくつらいんだよ、すっごいつらいのね。で、やめたいわけ、でも逃げたらそれこそ〔自分への〕裏切りとかね、いろんなことがあってね。

（A氏②、二〇一〇年）

A氏は政治犯の活動を通じて韓国や在日朝鮮人運動にさらに深く携わっていくことになるが、そこでの出会いは、常に「日本人代表」として向き合わされ、突きつけられる関係であり、そこから逃げる事は許されないという厳しい状況に追い詰められていたという。差別するものとされるもの、糾弾されるものとするものという緊迫した関係の渦中にいたことがうかがえる。その後、精神的に追い詰められたA氏は、一年の休学を経て復学後、かつてのアルバイト先の喫茶店で出会っていた牧師たちが開設した生野区の「オモニハッキョ」へ誘われる。最初はためらったが、「おばあさんたちに出会いなさい。あなた誰にも出会ってないでしょ」と牧師に言われて見学してみると、その一回で、はまってしまったという。

最初怖くていけないわけよ。行ってね、何で日本人がとか、日本語なんだとかさ、言われたらとかびくびくしてるわけよ。私が行く資格がないとかさ、すごい思ってるわけよ。で、怖々行ったら、もうそれどころじゃなくて、もう先生足りないからさ、ただ遊びに行って見学の予定だったのが、この人一緒にやって勉強してー！　人足りないんだからー！　とか、とにかくペア組まされて。

（A氏②、二〇一〇年）

A氏は、かつての救援活動に辟易し、その結果、疲労困憊して社会運動に対する恐怖感を抱くようになった。「日本人」だとか「日本語」だとか、そうした糾弾があるだろうと「怖々」オモニハッキョへ行った。「行く資格がない」という意識も、先述した「罪悪感」をまだ克服できていなかったことを示している。しかし、実際は、「それどころじゃなくて」、初日から生徒と「ペアを組まされ」て、識字学習に参加することになる。

こうして生野のオモニハッキョに通いはじめたA氏は、生野で下宿を探しているときに、オモニハッキョで出会った独り住まいの在日一世の女性の家に居候するようになり、生野や在日朝鮮人の生活に深く入り込んでいくことになる。その後、一九七九年頃、京都に戻ることになったとき、ちょうど開設まもない東九条オモニ学校に参加することになる。そして、始まったばかりのオモニ学校を一からつくっていくことにやりがいを見出していく。

次に、A氏に誘われて参加するようになったN氏のインタビューをとりあげることにしたい。彼女は、「クル病」という下肢骨の変形症状を理由として、高校一年生のときに、初めてイジメを受けた経験を持つ。これは非常にショックな体験となったが、イジメから自力で立ち上がっていったという。そして、一九八〇年、同志社大学四回生のときに、障害という自分自身の問題に立ち向かえていないと思い、大学のサークル「障害者解放研究会」（以下略称、「障解研」）に参加するようになった。しかし、障害者という立場性をはっきりさせたいという思いとは裏腹に、「障解研」の参加者は、自分よりも「重度」のものが多かったこともあって、「障害者手帳の交付を受けていない軽度障害者」の彼女は、「障害者扱いされなかった。それに伴って、自分が何者かという「アイデンティティ・クライシス」に陥っていたという。

そんな時、オモニ学校に参加していた在日青年と出会った。その青年は、N氏にとって初めての在日朝鮮人の友人となる。

それまではね、私の発想は、まあ言えば被差別者の発想なんですよ。差別される側の。ところが、P〔注…在日青年、イニシャルは筆者〕に出会ってからは、差別する側の、今度は差別者としての自分に出会うわけなんですよ。だから、手帳の交付を受けられない軽度障害者の自分は被差別者なんだけれども、在日に向かっては差別者なんですよね。で、そういうのがぐっちゃぐちゃになって分からない状態になってて。

むちゃくちゃ恥ずかしかったのが、在日に参政権がないことを知らなかったんですよ。それをPを通じて知って。えっ?て。それまではいっぱし運動してるし、同志社でも文科系のことやってるでしょ、時代が時代やからやってるでしょ。そやし、その二二歳の私が、在日に選挙権がないっていうの知らなかったのは、ものすごく恥ずかしくて、これはあかんと思って。Aさんにハッキョ手伝ってくれと言われたときに、オモニたちに謝りたいというか、土下座をして謝りたいという気持ちでオモニハッキョに行ったんですよ。

そしたら、その謝るつもりで行ったのに、全然ハッキョの雰囲気がそんなんじゃなくて、オモニたちからは、「先生、先生」て呼ばれるわけじゃないですか。ほんで初対面でも一対一でやるからね、最初のころほんとに人がいなかったから。でー「あいうえお」も書いたことないから、当然手をにぎってやるでしょ、えんぴつの持ち方から。〔…〕

私の印象としては、とにかく行ったその日に、あるオモニに字を教えたら、その人には怒られるそれこそひっぱたかられる、土下座しなあかん相手から、「先生、先生」いわれて、それでしかも最初に教えたオモニがなんと初回に身世打鈴《シンセタリョン》〔朝鮮語で身の上話という意味〕が始まってしまって、〔…〕ざーっとしゃべりはったんですよ。ぜんぜんわけがわからなくなって。

(N氏、二〇一〇年)

それまでのN氏は、「被差別者」としての発想で、自己を模索していた。しかし、在日青年に出会って、彼と向き合ったときには、自身は「差別者」になり、その社会的背景さえ何も知らないということに気づかされた。彼女の中における「被差別者」から「差別者」への立場性の転換は、さらなる「アイデンティティ・クライシス」を引き起こし、N氏は混乱に陥った。そこで、「知らない」ということを恥じて「土下座をして謝りたい」という思いから、オモニ学校に参加する決意をした。

しかし、いざ参加してみると、「謝罪」するような雰囲気ではないオモニ学校の活気にのみこまれていく。人手が足りない中で、やはり初日から読み書き学習に参加し、「土下座しなあかん相手」から「先生」と呼ばれ、その上、身の上話が始まってしまい、「ぜんぜんわけがわからない」状態に置かれた。

N氏は、オモニ学校でのこうした出会いを、新約聖書の中にあるイエスのたとえ話「放蕩息子」と重ねて振り返る。「放蕩息子」は、父親の財産の一部を得た息子が、放蕩の旅に出て私財を使い果たし、無一文になって父親の元に戻ってきた時に、父親にひどく怒られるだろうという予想に反して、父親は放蕩息子の無事の帰還を祝福し接吻したという話である。「私にとってみたら、自分がちゃんと怒ってもらって謝って、差別者としての自分をはっきりさせようとして行ったにもかかわらず、オモニたちのほうから出向いてきて、私のことを抱いてくれた」（N氏、二〇一〇年）。N氏に想起させたこのたとえ話によると、「放蕩息子」が自身であり、「父」は「オモニ」であるという関係にあたる。日本人としての「罪」を自覚したN氏は謝罪しようとしたが、「オモニ」は抱きしめて、「赦し」を与えてくれるという経験をしたことになる。

N氏はまた最初の「障解研」で経験した「アイデンティティ・クライシス」との関連で、以下のようにも語る。

> オモニハッキョをきっかけに、そして夜間中学を通ることで、本格的になったオモニとの出会いっていうのは、〔…〕〔障害者として〕宙ぶらりんやというアイデンティティ・クライシスの中にあるとしても、オモニたちの存在はもっとでっかい存在で、そのままの私を映し出す鏡の存在なんですよね。そこに映っているわたしというのは、垣根がなくてぜんぜんいいっていうか、そのままでいいってい

う。ものすごく大きな等身大の自分を映し出す鏡って、わたしはよく表現するんだけど、オモニのことを。自分より完全に大きな存在じゃないと映し出せないじゃないですか。その完全に大きな存在だったわけですよ、オモニというのは。

（N氏、二〇一〇年）

N氏は、一九八一年には夜間中学の非常勤教員、一九八二年には常勤で務めるようになり、夜間中学においても在日一世の女性たちと深いかかわりを持つようになる。「自分より完全に大きな存在」であるからこそ、「等身大の自分を映し出す鏡」になり得る「オモニ」たちとの出会いは、差別―被差別をめぐるステレオタイプなイメージを揺るがすような強烈な経験であった。「ぐっちゃぐちゃ」になったり「宙ぶらりん」であったりする自分でありながら、そうした自分が「そのままでいい」とも思えるような経験が、N氏にとっての「ゆるし」であり、「オモニ」たちがそうした自己を見出すことを手助けしてくれるような「大きな存在」になっていたということが読みとれる。

以上の二人の日本人教師のオモニ学校との出会い方には、「無知」であることからの「罪悪感」から出発しているという共通点が見出せる。しかし、実際は、それどころではなく「先生」と呼ばれて、識字学習として始まったその場の雰囲気に圧倒されてしまう。

こうした日本人教師たちの「罪悪感」は、在日二世のH氏が違和感を覚えた日本人の「贖罪意識」と照応しているともいえる。ただし、「贖罪意識」に駆られてオモニ学校に通い始めた日本人は数多く存在したかもしれないが、その中でA氏やN氏のようにその後も通い続けた人々は単に「贖罪意識」に駆られて行動するのとは異なる経験をした可能性があることを留保しておきたい。「罪」を感じて、そのことへの「罰を受ける」こととは性格の異なる経験――「圧倒される」という経験は、「オモニ」の生活に深くコミットしていくようなあり方や、また「受け入れられる」とか「赦し」といった「オモニ」たちの寛容性に魅了されていくプロセスであった。では、それを契機に、どのような関係性に分岐していくのか、後ほど三―三で検討したい。

三―二　在日朝鮮人教師の九条オモニ学校への思い

次に、在日朝鮮人教師側の語りに焦点を当てる。

一九四七年生まれの在日二世のM氏は、岡山県倉敷の在日朝鮮人集住地域出身であり、在日一世の男性たちを支える女性たちの姿や、小学校での日本人男子生徒からのイジメの経験からトラウマを抱えていた（M氏、二〇一〇年）。しかし、「地域の教会で自尊心を養いながら、祈りを続けていたら、小さい頃の経験が自分をつくっていることが分かり、本音で生きよう」と思うようになり、そんなときに南部教会で神学生として活躍することになるF氏と青年会の交流会で出会う。一九七七年秋、F氏との結婚を機に京都に移り住んだ。ちょうど南部教会が再建されて、オモニ学校の設立準備が行われていた時期である。いろんな立場の人が、オモニ学校に集まっていた様子を語ってくれた。

私は、この地域のものじゃない、よそ者だし、少し距離を置いてみていると、よくみえる。青年や学生たちがよくぶつかっていた、両者は違うから。Hさんは、民族意識の強い人で、〔…〕それに東九条が地元で、言える人であったと思う。少し私たちとも違うの。（M氏、二〇一〇年）

M氏が言及するように、東九条出身か否かで微妙に立場が違うことが分かる。「よそ者」意識は、日本人教師だけでなく、他地域から来た在日朝鮮人教師にもあった。東九条という地域における経験が、このオモニ学校の存在を認めるかどうかの声の大きさにも少なからず影響している。

日本人教師との関係については、F氏とM氏との以下の会話から雰囲気がうかがえる。

F氏：日本人が多かったのは、人間の問題でもある。在日の青年は、オモニハッキョに来て、またここでもかと思う。家族の暗い部分を抱える在日二世としては。一方で、日本人は新鮮さがあったのだろう。

M氏：そこに断絶があるのよね。

F氏：Hの弟は、日本人が何かを分かっているかのようにオモニと接するところをみて、何を分かってると言うねんと、フラストレーションがはじけたり、教師会ではよくあった。

（F氏②・M氏、二〇一〇年）

在日朝鮮人教師の参加が減少していく理由として、前章で紹介した設立メンバーのO氏は「教える先生方は、どっちかいうと、在日ではなくて、日本の人が多かった。在日の青年たちは、忙しいというか、生活に忙しいということもあって、なかなか、なかなか参加しづらかった部分が多いかな」（O氏、二〇一〇年）と言及している。一九八〇年代の東九条地域では、学生も少なく、労働者として生計を支えていく青年が多かったことをふまえると、在日青年たちが継続的にオモニ学校に参加することは難しかったと想像できる。また、「オモニから学ぶ」という日本人教師の語りがちな理念は、すでに身近に在日一世の存在を感じている在日二世の青年にとって、トラウマに触れるところも少なからずあったのだろう。また、日本人教師にとっては、非識字者である「オモニ」との交流が、「無知」を埋めていく「新鮮」なものであることによって、在日朝鮮人教師にはそうした日本人教師の経験との「断絶」が意識される側面もあっただろう。日本人教師との緊張関係でいうと、日本人がチマチョゴリを着て「はしゃいで」いるとか、浴衣を着てくるとか、在日朝鮮人教師たちにとっては、そうした行動への「許せない違和感」があったという。在日朝鮮人—日本人間の緊張関係があったことを証言したM氏は、「いつも喧々諤々緊張が走っていた」と語りながら、「より傷ついたのは、二世だったのよ」と語る。

次節では、こうした問いに日本人教師がどう応えていったのか、また実際にオモニ学校の関係性が両者にとってどのように受け止められていったのかをみていく。

三—三　日本人—在日朝鮮人教師間の関係性と「オモニ」

上記のような在日朝鮮人教師による問いは、日本人教師にとって避けて通ることのできない課題だった。こうした問いに対する「応答」のあり方は、日本人教師間でも話し合われてきた(9)。日本人教師と在日朝鮮人教師との緊張関係により、オモニ学校の試み自体が空中分解してしまう可能性すらもあったが、そうはならなかった。そうした緊張関係に一つの変化をもたらした契機があるとするならば、やはりオモニ学校の主役である「オモニ」の存在が重要なものであったようである。M氏は次のように語っている。

オモニハッキョは、運動ではなかったのよ。権利闘争ではなかった。共同体だった。最初から到達点は見えてなかったし、なかった。喧々諤々でやっていたけど、来る人たちを誰も排除しない。オモニたちのオモニたちとしてのオモニ性はみんなを包んでいたと思う。だから、日本人がきても「なんや日本人が!」とは言わなかったし、線を引かなかった。そうして出会っていた。いくら学生がオモニから学びたいと言っても、オモニに包まれているという感覚があったと思う。それが、オモニハッキョが依って立つ根拠になっていたのではないか。

私たち〔在日二世〕は顔に出てしまうし、攻め合ってしまう。〔…〕だけど、オモニたちの存在がそれを包みこんでしまうから、私たちもそれに依存してしまっていた。いろんな人がオモニでひとつにされてしまう面白さが、オモニハッキョにはあった。

（M氏、二〇一〇年）


M氏は、「権利闘争」ではなく「共同体」であったと語る。それはオモニ学校で学ぶ在日朝鮮人女性たちにとっての「共同体」というだけではなく、参加する教師たちを含めた「共同体」であり、そこには「喧々諤々」とやっていても誰もが「排除」されることはない空間が存在していたということだろう。その鍵となっていたのが、「オモニ性」とも表現される「オモニ」たちの存在であった。決して「日本人」だからと境界を引くのではなく、教師たちの間にあった緊張を包み込んでしまうような雰囲気があったというのだ。M氏も、青年たちの間に「断絶」があったとしても、「オモニでひとつにされてしまう面白さ」という感覚を持っていた。しかし、そこに「依存してしまった」とも語る複雑な想いも垣間見ることができる。

M氏の配偶者であったF氏も、全体に包まれていったそこに「赦し、贖罪があった」（F氏②、二〇一〇年）と語っている。ここで、「オモニに包まれる」「赦し」「贖罪」というキーワードが浮かび上がってくる。実際、日本人教師側がどのようにそのことを受け止めていたのだろうか。

前節で取り上げたN氏は、以下のように語る。


わたしが今日最初に言った「ゆるしてほしい」というのは、「贖罪」とはまた違いますねー。それは、どっちかといえば、無知のほうで、だからソクラテスでございますね（笑）。「知らないことが罪である」というソクラテス的な意味で「ゆるしてほしい」のであって。キリスト教の贖罪というような意味合いでの「ゆるされたい」というようなことは、あくまでオモニは人間なので、そういうことは求めてないと思うけれども、ただオモニハッキョの活動の場の原点が教会である。〔…〕「教会」というキーワードは抜けないでしょー。だから、Fさんが象徴的やったけれども、まあ言えば、その場所は「ゆるし」から始まるというのかな。その場所は、「ゆるし」から始まる場所ということは言えるよね。それは暗黙のうちに創ってくれてはったんやと思う。わたしは出来上がってから行ってるから、草創のことはわからへんねんけども。日本人と朝鮮人が共同で創るということもそうやしー大阪と違ってね。〔…〕宗教的な意味での「ゆるし」というか、「和解」?「ゆるし」じゃなくて、「和解」から始まるかな。

（N氏、二〇一〇年）

N氏において一般的な意味合いにおける「ゆるし」と宗教的意味合いを含む「ゆるし」の意味合いは区分けられているらしい。「無知」に対する「謝罪」を求めてオモニ学校へ参加した当初の想いは、単純な「ゆるし」を求めるものであったが、継続的なかかわりの中で、F氏が言及した「赦し、贖罪」とオーバーラップするような、「『ゆるし』から始まる場所」というイメージが生じている。そして、それは「和解」をもたらす空間となり得たということでもあるとN氏は表現している。

また、オモニ学校が開設されて間もない頃、学生のときに寮の先輩に誘われて参加した日本人教師G氏は、後にクリスチャンになったのだが、次のようなオモニ学校での経験を語っている。

オモニ学校で有名なLさん〔注：オモニ学校の生徒、イニシャルは筆者〕ていうのは、韓国教会のクリスチャンとして本当によくできた人でね、ほんとに柔和でいつでも人を励まして日本人の僕らに優しくいつも笑顔で支えてくれていた人なんだけど、そのオモニが自分の娘が「日本人と結婚したらどうする」と聞かれたら「お前を殺して私も死ぬだけだ」、と。それくらい激しいところを生きてこられた。そういうのを可能にしたのは何かというと、その人は、信仰を持っているからだなとつくづく教えられるところがあるんですよね。〔…〕

〔苦しい生活の中で、〕なんともいえない人間的な温かみを持って接してくれる人がいるんですね、中にね。それは一体なんでそういうことができるのかなと不思議に思ったときに、たとえばLさんのように、苦しいところを越えながら、でもやっぱり自分は最終的に日本人を赦せると、赦すと、そうやってオモニ学校にかかわってくれたというのが、信仰のリアリティみたいな、赦しのリアリティを感じれる場だったわけですよ。一緒に学んだオモニがすべてクリスチャンだったわけではないけど、そういう人たちの言葉の端々に出る説得力というかなー。それは、牧師さんが説教でなんとかではない、その人の支えられてきたものが出るみたいな。その人自身の生き方が、泥の池の中に蓮が綺麗に出てくるみたいなね、そういうのに触れながら教えてもらえるというかね。だから、結局、なぜ日本人の青年たちが多くかかわったかというと、オモニの人間的な温かさだと思うんですよ。単なる温かさではない、人間がここまで奪われながら、足蹴にされながらでも、人間は温かくなれる。壊そうと思っても壊せないものがあるということを教えられる。日本人の青年は、疲れてやってくるんだけど、帰りにはオモニにたちに触れると元気をもらって帰る。

（G氏②、二〇一〇年）

G氏のオモニ学校での体験は、当時参加していた日本人青年の様子を的確に指摘しているように思う。G氏の出会った、日本人である自分たちを笑顔で受け入れてくれた「オモニ」がもたらしたものは、「単なる温かさではない、人間がここまで奪われながら、足蹴にされながらでも、人間は温かくなれる。壊そうと思っても壊せないものがあるということを教えられる」ということであった。日本人青年たちは、そうした「オモニ」に接していくことで、「元気をもらって帰る」という。M氏は「オモニでひとつにされてしまう」と述べていたが、参加者が結びつく拠り所は「オモニ」であったと解釈できる根拠となる語りでもあろう。オモニ学校の教師が、識字実践において単に「教える」側に安住できる存在ではなく、逆に「教えられる」存在であるという関係性の転換の可能性がそこにはあった。ただし、一方で、疲労した日本人青年たちが「元気をもらって帰る」こと、その中でもしも自分の娘が日本人と結婚したら娘を殺して自分も死ぬというような、いわばあって当然だが自己抑制していたような彼女たちの癒しきれない思いは表現の場を失う。そのことをうっすらとでも感じる在日二世の青年たちは「オモニ」を「癒し」をもたらすものとして無意識に搾取してしまっている日本人の存在に苛立つ。そうした限界性が同時に孕まれていることも無視できない。

しかし他方で、以下に紹介するような関係性も存在した。N氏は、一九八六年から子宮がんと卵巣がんの闘病生活に入っており、その過程で一九九一年に洗礼を受けているのだが、彼女にとっては、信仰の面でもオモニ学校の存在が欠かせないものとなっているようだ。

〔担当した〕一、二人目のオモニがクリスチャンなんですよ、南部教会の。それでも聖書を読めるので、ある程度の日本語力を持ってはったんですよね。そのオモニが、オモニハッキョにくる目的はただ字を学ぶだけじゃなくて、キリスト教の宣教というような意味もあったんやねー、きっと。お茶とか飲むときの話で、「先生はなんか信じてる宗教ありますか」とか言ったら、「私はありません」というでしょ、「無神論者です」ていうやん。「何も信じてないんやったら、祈ります」とかってさ、オモニが勝手に「先生がクリスチャンになりますように」って、お祈りしはるわけ、そっから。

（N氏、二〇一〇年）

時を経て、卵巣がんにかかったことをきっかけに、死について考えるようになり、N氏は、I氏が当時牧師をしていた北白川教会で洗礼を受けることになった。

オモニの側からいえば、オモニが、この先生は信仰を持ってないから、信仰を授けたいと思って祈り続けたという、それで祈り続けたらクリスチャンになったっていうのがあるから、オモニにしてみたらすごい果実っていうのかな、というのがあって、私も実際にオモニに祈っていただいたおかげで信仰を得たと思っているし、だからすごく感謝してるし。オモニハッキョは、わたしにとっては信仰的な面でも、三四歳で受洗するので、後にだけれども、今現在のわたしに繫がっていく、北白川教会にもつながっていくというものになっていくんですよ。

（N氏、二〇一〇年）

在日朝鮮人一世の女性たちは、文字の読み書きだけを目的にしてオモニ学校に通っていたわけではない。N氏がクリスチャンとして「果実」であったということは、「贖罪意識」解消のための手がかりに矮小化してしまわないようなコミュニケーションの形成過程があったのではないだろうか。この信徒としての「オモニ」が、「包み込む」行為主体としてのみならず、在日オモニたちが、朝鮮人教師と日本人教師たちの持つ「オモニ」像を越えた、より自律的で積極的な主体であったことを示している。

本稿では、オモニ学校の主役であるはずの「オモニ」ではなく、あえて教師たちに着目すると最初に述べたが、やはり衆多としての「オモニ」の存在を抜きにしては、在日朝鮮人と日本人朝鮮人の関係性や実践の実態も明らかにならないといえる。

四章　おわりに　識字教育構造と教師の関係性

以上のように、オモニ学校における教育現場のとくに日本人教師・在日朝鮮人教師の関係性のあり方について考察してきた。こうした議論や場づくりに、地域や教会を基礎にしていたことや、民間識字教室であったこと、一九七〇年代という流れを汲んでいた同時代性が規定していたことは興味深い。ただ、オモニ学校は在日一世にとっての「共同体」であったと同時に、識字をはじめとした具体的な生活の問題を抱える場であったことに留意しなければならない。

日本人教師たちの想いが、「贖罪意識」から出発していたことは、植民地支配に由来する社会構造を戦後反省してこなかった日本人の社会運動を前提にすれば、この時代の一つの新しい表現だといえる。したがって、日本人教師の「贖罪意識」というものが、結局、内向きの自己満足的なものに終わってしまったのか、それとも、自らを変えながら新しい関係性をつくっていくきっかけとなったのか、この点については、オモニ学校との関わり方によって流動的であったとしても、ただ沈黙し、ただ謝罪するだけではない新しい関係性の構築への志向が底流としてあったといえよう。しかしそうした「贖罪意識」に対し反発した在日朝鮮人教師との硬直した緊張関係は依然としてあった。

他方で、教師として参加している在日朝鮮人教師と日本人教師の間の溝を埋めるかのように、「オモニ」の存在で全体が「包み込まれる」雰囲気があり、それが「和解」の場として意識される瞬間もあった。「癒し」の対象としての「包み込むオモニ」像に依存することで、在日朝鮮人女性を対象にした識字教育の現場における教師たちが、そこに存在することの承認を欲求してしまう。また、信仰という宗教的空間の中で、そのイメージは、「赦し」の遂行をより強く促され、「オモニ」たちの経験や想いは複雑で変化していくにもかかわらず、ある種のステレオタイプ化されたふるまいを強いられることにもつながる。日本人教師たちの「贖罪意識」は、「包み込むオモニ」像を拠り所にすることによって、「オモニ」が「和解」をもたらす存在のようにまつり上げられてしまうことの危うさを持ち合わせていたと言える。このことは、識字さらにいえば日本人の植民地支配責任論の構造的問題の落とし穴でもあろう。

ただ、オモニ学校に深くかかわるなかで、そのような関係性に留まらないコミュニケーションのあり方も存在していた可能性が秘められていたことは事実であろう。つまり、識字教育の客体・受け手とだけイメージされがちな彼女たちが、教師のために「祈る」行為を通して積極的な主体になっているという事実は、そのことを単純にネガティブな現象とみなすこともできない。

一方、一九八〇年代以降在日二世青年の参加が減少していくにつれて、「告発」を契機としたやり取りは見られなくなり、開校当初のオモニ学校の雰囲気は変容していく。そうした意味で、七〇年代に詰め切れなかった議論が、今日の課題として残り続けているといえるだろう。在日朝鮮人成人女性非識字者を規定する社会構造を変えるには至っていないし、経験や記憶が共同体の主体によってステレオタイプに陥って思考停止状態になることがしばしば起こる。また、本稿は、教会という宗教的な場が拠点になっていることによって可視化される〈救う―救われる〉という関係性における課題への考察は、上記の問題を解決する視点としても重要であろう。

謝辞

インタビューを受けてくださった、また資料を提供してくださった、元オモニ学校スタッフ・関係者やご協力してくださった皆さまに対して、この場を借りて御礼申し上げます。

参考文献

阿部慶太「大阪市生野区の地域活動三〇年――生野オモニハッキョの三〇年」イエズス会社会司牧センター機関紙『社会司牧通信』一三九号、二〇〇七年（二〇一〇年一〇月五日取得 http://www.kiwi-us.com/~selasj/jsc/japanese/bulletin/no139/bujp139_10.html）。

東九条地域生活と人権を守る会『九条思潮 PART5』、一九八二年。

かどやひでのり「識字運動の構造――同化主義・能力主義の再検討によるコミュニケーションのユニバーサルデザイン」『社会言語学』9号、一七―四二頁、二〇〇九年。

金富子『植民地期朝鮮の教育とジェンダー――就学・不就学をめぐる権力関係』世織書房、二〇〇五年。

高英三「ぼくはうそのつけない朝鮮人であるし、ぼくが朝鮮人であるってことを生きてゆく中で証明してゆく」（語り自体は、一九七九年一二月）、九条オモニ学校『어머니（オモニ）』二号、五―一〇頁、一九八四年。

九条オモニ学校『九条オモニ学校十年誌――オモニに学ぶ』一九八九年。

日本基督教団京都教区「教会と社会」特設委員会在日・日韓小委員会「戦時下の在日韓国人教会――『京都教會五〇年史』より」、一九九八年。

宇野豊「東九条の歴史」京都キリスト者現場研修委員会『第一回京都東九条現場研修・報告書 東九条に学ぶ――私の課題をさぐる』四―六頁、一九八三年。

――「京都東九条における朝鮮人の集住過程（一）――戦前を中心に」世界人権問題研究センター『研究紀要』六号、四三―八〇頁、二〇〇一年。

山本崇記「行政権力による排除の再編成と住民運動の不／可能性――京都市東九条におけるスラム対策を事例に」社会文化研究会編『社会文化研究』一一号、一五九―一八一頁、二〇〇九年。

在日大韓基督教京都教會五〇年史編纂委員『京都教會五〇年史』一九七八年。

註

(1) 金富子(二〇〇五年)は、植民地期朝鮮の朝鮮人女性の不就学について、民族・階級・ジェンダーを分析軸に検証している。在日一世の女性の経験も、そうした背景と少なからず重なっていることから、参照に値する。

(2) 本文中、「オモニ学校」と正式名称に合わせて表記しているが、朝鮮語で「オモニハッキョ」と発音する。聞き取り引用文では、インフォーマントの語り口に合わせて「オモニハッキョ」と叙述している。

(3) 公立の夜間中学は、新学制発足後、学齢期の「長欠児童」の保障として、各中学の責任下ではじめられた。一九六六年一一月に行政管理庁のいわゆる「夜間中学早期廃止勧告」が出された後、元夜間中学生たちが、夜間中学増設運動を展開したことを契機に、義務教育保障や非識字の問題を社会に周知させた。運動の結果、予想に反して、学齢を超過した在日朝鮮人をはじめとするさまざまな生徒が夜間中学に集うことになった。

(4) かどや(二〇〇九年)は、非識字者に対する差別を再生産・強化する構造が、識字運動の中にもみられると指摘している。

(5) 一方で、一九五一年の崇仁地区を中心に起こった部落解放運動以降、「改良住宅」の建設が行われるが、朝鮮人は国籍条項によって入居が拒否され、それに伴う立ち退きによって在日朝鮮人はより条件の悪い河川敷へと追いやられていく(東九条地域生活と人権を守る会、一九八二年、三―四頁)。当時、東九条地域は、「劣悪」な住環境により、火災が多発していた。その状態がようやく社会問題化されたのが、革新市政・富井清市長の誕生、地域住民の運動、メディアの報道など社会的条件が整った一九六七年であった(山本、二〇〇九年)。

(6) 南部教会の牧師をはじめとした教会関係者が、「基督者は民族運動者で不逞鮮人であるという名目」で、特高警察に投獄された後、日本内地から追放されている(日本基督教団京都教区「教会と社会」特設委員会在日・日韓小委員会、一九九八年、六頁)。

(7) 一九六〇年代、北白川校地にあった京都韓国学園が、移転計画を決行する祭、移転先の地域住民から激しい反対運動が起きた。二〇年以上の闘いの末、一九八四年、現在の本多山校地への移転を成し遂げた。この移転の支援には、多くの日本人が主体的にかかわった。

（8）「考える会」とは、京都韓国学園建設運動にかかわっていた日本人が、在日朝鮮人教育問題全体を捉えるためにも、日本の学校に通っている朝鮮人児童の問題に取組み始めたのが契機で一九七六年に結成された。後に、「全国在日朝鮮人教育研究協議会・京都」（「全朝教京都」）へと発展していく。「考える会」の中でも、一九七〇年代に急増していた夜間中学の在日朝鮮人女性生徒の教育機会の問題も認識されていたという（E氏、二〇〇九年）。

（9）『十年誌』には、一九八三年に「韓国語クラス」に参加していた日本人の作文における差別発言事件のことが記録されており（九条オモニ学校、一九八九年、六五頁）、そのことを契機に一九八四年に「日本人交流会」が開催され討議している。当時の討論が「日本人交流会における確認と報告」としてまとめられている（九条オモニ学校、一九八九年、五一—五二頁）。「①オモニ学校に関わる日本人としての前提」として「民族的・民主的諸権利を奪っている日本国民の一人であることを痛みをもって告白する」ということ。「②生きた学びであるということ」では、「われわれはオモニ学校において、オモニたちと関わることをゆるされ、生身の話から、オモニたちの生活と思いの一端を知る場が与えられてきた。そしてこのオモニの経験を、われわれ自身いかにうけとめ、各自の持場へどの様に持ちかえるかという点に、われわれの「学び」の内実が問われている」。②とも関連して「③学校であるということ」、そして「④オモニ学校との関わりで見えてくること」においては「日本人の差別性」、最後の「⑤オモニ学校の中にあって続けていくこと」では、「日本人としてどの様に応えるべきかという課題」について言及している。

本書に寄せて

在日朝鮮人女性の「主体性」を論じるということ

駒込 武

あるいは大学教員の「職業病」かもしれないが、山根実紀さんが京都大学大学院に在学していた時期、「指導教官」として原稿を読んでいた時には、文章表現上の不十分なところばかり気にかかり、「この資料からここまでは言えないのではないか……」とか口うるさいコメントをいちいちつけて返していた。ところが、本書に収録された文章を通読してみて、課題意識の切実さ、対象に肉薄しようとする思考の深みに圧倒された。それぞれ何度も読んだことのある文章のはずなのに、なぜか新鮮だった。ようやく「職業病」的なおせっかい意識を逃れて読むことができたせいかもしれない。だが、それだけでもないように感じる。全体を通して読んでみることで、山根さんによる模索の一貫性がようやく見えてきたからではないかという気もする。どのような一貫性か……。

山根さんにとって中心的な研究対象は、夜間中学における在日朝鮮人女性の学びだった。識字率九九・八パーセントの社会において、多くの在日朝鮮人女性は、朝鮮人であるがゆえに、そしてまた貧困者であるがゆえに、さらには女性であるがゆえに、教育を受ける機会から構造的に疎外されてきた。民族と階級とジェンダーという複合的な要因によって学ぶ機会を奪われてきた女性たちが、一九七〇年頃から、夜間中学で日本語による文字の読み書きを学び始めた。夜間中学は、公立中学校の校舎を利用して、公務員たる教師が教える点では公教育の一部でありながらも、「夜間の義務教育は制度上許されない」という文部省の方針のために制度的に曖昧な位置に置かれ続けてきた。夜間中学にボランティアとしてもかかわっていた山根さんは、在日朝鮮人女性にとってこの空間がもった意味を思考の出発点とした。

龍谷大学に提出した修士論文（本書第Ⅱ部）を作成する過程では、京都市の洛友夜間中学で在日朝鮮人女性の書いた膨大な作文をパソコンに打ち込んですべてテキスト化していた。その中には、植民地支配や戦争の経験にかかわる、重要な個人史的記述も含まれていた。たとえば、戦争中に「未婚の女の子は、ちょうようにひっぱられるとのことでした」という文章である。これひとつをとっても、一般的な文書史料では見出しがたい貴重な証言ともいえる。「ちょうよう（徴用）」という言葉が平仮名で記されていることも、徴用を企てる側と徴用される側の世界の落差を示すものとして重要である。こうした証言をつないでいけば、当事者目線の「在日朝鮮人女性の生活史」を書くことができそうであった。実際、山根さんが龍谷大学在学中に記した「オモニがうたう竹田の子守唄」（本書第Ⅰ部）は、そうした研究に向けての助走としてみることもできる。

だが、山根さんは、もっぱら歴史を描く「材料」としてだけ作文を読むのではなく、むしろそれを書くという行為が在日朝鮮人女性にとって持つ意味に着目することになった。たとえば、膨大な作文のなかには、「生徒」としての在日朝鮮人女性が、「せんせい、ありがとう」として、「教師」――その大半は日本人の男性である――への感謝の思いを記したものが少なくなかった。その文体は、あたかも「子ども」が「大人」に対して感謝するようなものにパターン化されていた。なにかおかしくはないか？　夜間中学における識字教育の機会が貴重であるのはもちろんだとしても、なぜ百戦錬磨の生活者ともいうべき在日朝鮮人女性が、あたかも「子ども」のように、先生に感謝しなければならないのだろうか？　そもそも彼女たちから識字の機会を奪ってきたのは、日本人の男性が中心となってつくりあげた社会制度なのではないか。生活のために日本語の読み書きが求められるのは確かだけれども、なぜ識字の対象がハングルではなく、もっぱら「あいうえお」でなくてはならないのか？

こうした疑問は、ライフヒストリーとして個々の在日朝鮮人女性によって語られる内容の深みと、ステレオタイプな文章表現との落差への気づきを通して深められていった。たとえば、ある在日朝鮮人女性が、夜間中学の修学旅行先の旅館で部屋の冷蔵庫にビールもジュースもない等こぼしたところ、教師から「学校の生徒やからしょうがないねや」とさとされる。その際の憮然とした感覚は語られることはあっても、作文に書かれることは、まずない。さらにはライフヒストリーのなかでも、夫婦関係のもつれなど語られないこともたくさんある。その「沈黙」の深みに気づいた時、在日朝鮮人女性の書いた作文は生活経験の表現であるばかりでなく、「教師」との関係性の表現でもあるのではないか、という問いが浮かび上がってくることになる（本書第Ⅲ部・第Ⅳ部）。

　こうした問いに向かい合う中で、山根さんは「教師」たる人びとが自らの権力性をどのように自省しえたのかと問いを立て直し、全国夜間中学校研究大会における議論を読み解く方向に向かった。たとえば一九七〇年代に夜間中学の「教師」が在日朝鮮人の「本名呼び」を求める実践において、「生徒」たる在日朝鮮人女性の実際的な生活経験が置き去りにされている姿を浮き彫りにした。他方で、当時夜間中学の「教師」だった金城実さん――今日では彫刻家として知られる――が、「沖縄人」として夜間中学が「同化教育」の場になっていないかという自省的な問いを発したことや、「生徒」たる寿烈子《スヨルジャ》さんが、夜間中学用の教科書がなく、「まに合わせ」の教材であることを告発した事実を捉えた。こうした告発や葛藤が見える形であらわれたことは、夜間中学の可能性を示すものなのではないか。次第に告発や葛藤が見えにくくなっていくことこそが、むしろ問題なのではないかと思考を展開していった（本書第Ⅴ部）。

　その上で、こうした夜間中学における教師―生徒関係を相対化するために、民間の識字学級である「九条オモニ学校《ハッキョ》」との比較研究を展開した。オモニ学校では、夜間中学とは異なり、教師のなかに在日朝鮮人女性も含まれていた。また、日本語の識字実践が「同化」になってしまっていないかという自省から、生活に必要な日本語を学ぶための教材にハングルを併記する工夫もなされた。こうした民間の識字学級との対比を通じて、夜間中学は、やはり公教育の一部であることの制約が大きいことを明確にした（本書第Ⅴ部）。

　もっとも、オモニ学校を単純に理想的な空間として描きだしたわけでもなかった。夜間中学に比するならば、確かに教える者と教えられる者との関係が固定化されることはなかった。ただし、ボランティアとして教える日本人「教師」が、「オモニ」から学ぶという姿勢を明確にし、「オモニ」と接することで元気をもらえるという喜びを語るにつけて、本当にそれでよいのか、「癒し」をもたらす存在として「オモニ」を無意識の内に搾取しているのではないかという、という問いに直面することにもなった。それは、問いを投げかける側にも、投げかけられる側にとっても厳しいものであった（本書第Ⅵ部）。

山根さんの鋭い感受性は、「解放」と見える空間のなかにも存在する「抑圧」に対して、これ以上ない敏感さで反応していた。しかも、行政というような大文字の権力ばかりでなく、日本人—朝鮮人、男性—女性、教師—生徒のように身近な権力関係に鋭敏であった。その鋭敏さは何よりも自分自身に対して向けられており、性差別主義の上に居直る、男性中心主義的な世界のあり方に強い憤りを抱きながらも、民族的な差異を考慮の外に置いたまま「女性」だからということで「オモニ」に共感してしまってよいのかというためらいを内包していた。そのためらいを保ちながら、在日朝鮮人女性たちの「主体性」を描いていくことが、山根さんの研究に一貫した主題であったような気がする。

この場合の「主体性」とは、たとえば、「家事のできない夫の心配」をさておいて夜間中学に入学することで「常に抑えられ従属させられていた」立場を克服しようとする意思を意味する。ただし、生活上の必要から朝鮮語ではなく日本語の読み書きを学ばざるをえないという点では、それは「留保付きの主体性」だというように、その「主体性」はいつも限定的であるというジレンマのなかにある（本書一〇〇頁）。

この「主体性」をめぐる問題についてさらに深い洞察を展開したのが、「「暴力」に向き合うこと、そしてその主体について」と題するレポートである（本書一九四頁）。「教師」たる者——そこで名指されているのは、さしあたりこの文章を書いている筆者である——が授業のような場面において、その授業の参加者は「暴力」を何かを知らないことをほとんど無意識の内に前提としながら、「暴力」とは何かを教えようとすることの「傲慢」を鋭くついている。実際に「暴力」にさらされた者は、あるいは現にさらされている者は、それを「暴力」として語ることができない。「それは暴力である」と語ることのできるのは、実は「暴力」をさしせまった形では経験してはいない者である。山根さんは、そのような事態に見られるある種の倒錯を認識しながら、「暴力」にさらされた者の「主体性」がどのような形でありうるのかということを考え続けていたように思う。

在日朝鮮人女性は夜間中学のような場において日本語の読み書きにかかわる「主体性」を獲得しながら、同時に、自らが経験してきた「暴力」をめぐる、自身の「主体性」を剝奪され続けていたのではないか。「暴力」をめぐる経験について、誰かが代わって語ることはできない。だが、当事者の語れない「暴力」を誰かが語らなければ、「暴力」はなかったことにされてしまう……。このほとんど解決不能とも思えるアポリアの前にたたずみながら、山根さんは、そこからの出口を見つけようとしてもがいていたようにも思う。

かすかな出口のようにも見えたのは、本書第Ⅵ部最後の「祈り」をめぐる記述である。九条オモニ学校に学ぶ「オモニ」たちが、信仰をもたない日本人教師に対して「先生がクリスチャンになりますように」と勝手に祈り続け、のちにこの人物が実際に北白川教会で洗礼を受けることになる（本書二九〇頁）。祈るという行為において「オモニ」はいわば「自律的で積極的な主体」である。他方、ふだん「自律的で積極的な主体」たろうとする日本人教師は、この祈ってもらうという場面において客体である。自らを客体とすることは、暴力にさらされる経験とも紙一重である。だが、日本人教師の側が客体となることにより、そこには質の異なる関係性が切り拓かれている。はたしてそれを「赦し」という言葉で語ってよいのか迷いながら、山根さんは、とても大切な問題が横たわっていると感じていた。加害者としての日本人が朝鮮人に許してもらうというよりも、そうした次元を越えて個人が個人として出会える場所が、祈るという行為を通じて天からの恵みのように切り拓かれる……。そうした世界の可能性を信じてしまってよいのかためらいながらも、その可能性を否定してしまうならば、祈りにおける「オモニ」の「主体性」をも否定することになってしまう……。山根さんが最後に逢着した問いであったように思う。「なんだか教会でするような話になっちゃったね。オモニ学校がそもそも教会を拠点としているのだから当然か…」といいながら、「赦し」というコンセプトについて――これを「許し」と表記すべきか、「ゆるし」と表記すべきかを含めて――、山根さんと議論したときのことを、今でもよく記憶している。

本書におさめられた論文の先にどのような展開が待ち構えていたのか。それは誰にもわからないが、中断された作業がたくさんあったことは確かである。

二〇一〇年に日本学術振興会に提出した研究計画書では、夜間中学とオモニ学校を対比するばかりではなく、一九六〇年代の民族団体系の成人学校の朝鮮語識字教育も射程に入れようとしていた。正規の民族学校では学ぶ機会の持てなかった在日一世の女性にとって朝鮮語の識字はどのような意味を持っていたのか、朝鮮民主主義人民共和国への「帰国運動」の盛衰とそれはどのように関係していたのか。こうした問いは、一九七〇年代に夜間中学に入学する在日朝鮮人女性が増加した事態の前史としても必須と考えられていた。

全国夜間中学校研究大会の分析も、京都大学の修士論文（本書第Ⅴ部）には本文四万字という文字数制限があることもあって、実際におこなった作業のごく一部しか論文には盛り込めていない。その作業の中で何人もの重要な人物に逢着しており、たとえば夜間中学は「同化教育」の場となってしまっていないかと語った金城実さんの現在の居所を確かめ、沖縄に尋ねてインタビューする予定だった。

日本教職員組合についても調べようとしていた。山根さんの感覚では、夜間中学の教師は総じて他者を「救済」する存在という立ち位置について総じて疑問を持たなかった、あるいは持てなかった。その背景として、「彼ら」が教育界における圧倒的なマイノリティであったことに着目していた。すなわち、文部省はもとより日本教職員組合も夜間中学に対して無関心だった。そうした無関心が、少数者としての夜間中学教師独特の心性をつくりあげたのではないか、一九七〇年前後の日教組の議論に即して検討していた。

さらに、より原理的な次元では、「暴力」にさらされた者の「主体性」を他者が論じるとはどのようなことなのか、という問いが残されている。「暴力」について論じることが他者の搾取につながりがちだとしたら、これを越える関係性をどのように築いていけるのか。「祈り」や「赦し」というコンセプトは、この問題にどのようにかかわりうるのか。

いずれも問いのままに投げ出されている　ただ、ぎりぎりに自らと他者を問い詰めた末に新しい地平に到達しようとしていた点に着目するならば、山根さんの研究は決して未完ではなく、すでに完結したひとつの世界を形作っているようにも思える。

ひとりでも多くの読者にこの書物が届き、ひとりでも多くの読者が山根実紀さんの直面していた課題をより深く共有できるようになることを願い祈りたい。

山根実紀と日朝運動

板垣竜太

この小稿は本書の解説文ではない。また、編者という特権を利用して、紙幅を割いて山根実紀（敬称略）の個人的な想い出を書こうというものでもない。本書は、彼女の研究論文など、一定程度まとまった文章を中心に編んだものだが、その結果、夜間中学とオモニ学校についての論考が中心となり、私としては意外なことにも、彼女が熱心に取り組んでいた朝鮮学校、在日朝鮮人問題、日朝関係に関わる運動（以下、「日朝運動」と略称する）のことがやや後景に退いていることに気づいた。山根実紀の研究を突き動かしていたものは、さまざまな運動への関与を切り離しては理解しえない。そこで本書の補遺として、私が知っていることや、彼女がニュースレターやブログなどで日朝運動に関連して書いたものなどを交えながら、その一端を紹介しておきたい(1)。

山根実紀は、日朝運動に関わるようになる前、龍谷大学の学部生時代には、フェアトレード関連の活動を活発におこなっていた。龍谷大で学生サークルとしてJIT《ジット》（自分の生き方への問いかけ）を立ち上げたり（二〇〇四年）、さらにその頃できた全国的な学生団体FTSN（フェアトレード学生ネットワーク）の関西支部を発足させてその代表となる（二〇〇五年）など(2)、旺盛に活動していた。当時書いたブログ記事などを瞥見すると、世界の貧困や紛争には、日本に住む「私たち」も責任があると考え、身近な変えられるところから変えていこうと飛び回っている様子を垣間見ることができる。こうした関心から、アフリカ政治論の川端正久ゼミで書いたコンゴのコルタンというレアメタル産業に関する卒業論文（本書には収録していない）では、「日本人の生活」がコンゴの人々に与える影響や「消費者の責任と企業の責任」を批判的に考察している(3)。このような他者の困難に対する自らの責任をめぐる視点、身近なところから立てる問い、運動のつくり方や走り回り方、さらに団体やイベントの名称の付け方まで、この時期の活動にその後の彼女の志向性の原型があるように思われる。

その後、いつ頃からどのように朝鮮学校を中心とした日朝運動に関わるようになったかは正確には分からない。彼女が関わった日朝運動としては、私の知るかぎり、少なくとも「日朝友好学生の会」(以下「学生の会」と略すことがある)、「朝鮮学校を支える会・京滋」(以下「支える会」)、そして独自に立ち上げたものとして「FACE project」、「ハナから～日朝友好プロジェクト」がある(他にもあったかもしれない)。それらの活動に、彼女は主に二〇〇六～一〇年にかけて関わっていた。

京都では、それ以前から学生主体の日朝運動にかなりの蓄積があった。一九九四年から「民族学校出身者の京大への受験資格を求める連絡協議会」(民受連)が朝鮮学校の国立大学受験資格という問題を中核に活動していたし、二〇〇二年には九月の平壌における日朝首脳会談を一契機として「日朝友好京都学生の会」が立ち上がった(4)。それらは、その中心軸に在日朝鮮人大学生によって構成される在日本朝鮮留学生同盟(留学同)があり、関心をもって積極的に関わる日本人学生とともに運動を進めていた。山根は「日朝友好京都学生の会」の集まりに二〇〇五年から顔を出していたようだが、当時はまだフェアトレードの運動に活動の中心があり、学生の会の会議に参加する余裕はなく、イベントに単発的に参加する程度だったという。二〇〇六年三月には京都・滋賀、大阪、兵庫の同様の運動をつなぐ「日朝友好関西学生の会」(5)が立ち上がるが(私はその発足集会で講演した)、そのときにも参加していない。こうした運動に本格的に関わるようになるのは、龍谷大の大学院(経済学研究科、指導教員は田中宏)に進学し、FTSN関西の代表を交替した二〇〇六年度に入ってからのようである。

二〇〇六年五月、京都朝鮮第三初級学校のチャリティ・コンサートが同志社大学で開かれ、私(共同実行委員長)はゼミ生と一緒に参加したが、その際に、日本人学生と在日朝鮮人学生が朝鮮学校について調べ、パネルにまとめたものを展示する企画も同時におこなった。パネルを作成する段階で山根が参加していた記憶はないが、コンサート終了後、この展示をもとに七～一一月にかけて各大学で連続展示企画「朝鮮学校　過去―現在―未来」が進められ(6)、そのときには既に龍谷大の代表として積極的に関わっていた。同年の夏には日朝友好関西学生の会の日本人側代表が佐藤大(京都大学)から山根実紀に交替していたが、このパネル展はそれとは半ば独立的に実行委員会形式で進められた。それは日朝運動において、在日朝鮮人側には留学同という全国的な組織がある一方、日本人側にはそうしたものがなく広がりにも欠けており、日朝問題に関わる何らかの独自の日本人学生ネットワークをつくりたいという発想から生まれた動きであった(7)。

この流れから二〇〇七年一月に発足したのが「FACE project」(以下「フェイス」と略すことがある)である。「カオとカオが見える」「モンダイに向き合う」とのキャッチフレーズが表紙に付されたニュースレター創刊号で、山根自身はそのコンセプトを次のように説明している(本書二六～二七頁を参照)(8)。

FACE projectは、京都の日本人学生を中心に2007年1月に結成されました。朝鮮学校との関わりから、日本人の問題としてどのように〝向き合って〟いかなければならないのか、もっと〝顔の見える関係〟を広く創れないか、と数人の学生の声から立ち上がりました。

問題に向き合う(責任)、身近なところからはじめる(日常性)、人をつなげる(ネットワーク)といった彼女の志向性がよく出ている。その最初の企画は、阪神教育闘争(一九四八年)を題材にしたマダン劇(劇団タルオルム)の公演(二〇〇七年四月)であった。公演は大盛況(二二〇人の参加)であったが、そのことを伝えるニュースレターのなかでは、劇中の「朝鮮人はまだ闘っている?」という台詞に反応し、それをどう受け止めるかという問題意識の方を強調している。

二〇〇七年の山根の活動はきわめて旺盛である。私が知る二〇〇七年の活動だけでも、広島での「日朝友好スタディーツアー二〇〇七」(学生の会、二月)、大阪朝鮮高級学校のグラウンドの土地をめぐる裁判や滋賀朝鮮学園への警察の強制捜査(二〇〇七年一月)問題を軸に仲間と立ち上げた「ハナから～日朝友好プロジェクト」(9)(二〇〇七年三月～、本書一二八～一三〇頁所収)、シンポジウム「シンポジウム 朝鮮学校の今――知ろう、考えよう、支えよう」の司会(支える会、五月)(10)、映画「ウリハッキョ」上映会(支える会、七月)(11)、「日朝友好学生の会」代表団としての訪朝(八月)(12)、京都朝鮮第三初級学校四〇周年フェスティバルへの出展(フェイス、九月)(13)、京都朝鮮第三初級学校四〇周年「フレンドシップ・コンサート」での板垣ゼミの聞き取り調査への参加とパネル展示（一〇月）などに関わっていた。また、この頃に各地でできた「日朝学生の会」の、とりわけ日本人学生どうしをつなぎ、議論の場をつくるためのコーディネートでも駆け回っていた。こうした活動の最中にも夜間中学でボランティアを続けながら、修士論文（本書第Ⅱ部）を書いていたのである。

二〇〇八年にも学生の会を中心として、シンポジウム「京都・滋賀の民族教育～四・二四教育闘争六〇周年を迎えて～」（実行委員会、四月）、丹波マンガン記念館フィールドワーク（学生の会、七月）、「朝鮮民主主義人民共和国を訪ねて～訪問記～」（学生の会、一二月）、「日本と朝鮮半島の〈次代〉を創る学生フォーラム２００８ in 関西」（学生の会、一二月）などに関わっていた。ただ、二〇〇八年度の京都大学大学院博士課程の入試に落ちたことを契機に、研究と運動のバランスを考え直すようにもなったようで、ややペースが落ちた印象もある。この春頃から、「性・階級・民族」について複合的に考える研究会（複眼的という意味で「トンボの会」という名称になった）を、ほんやら洞（二〇一五年焼失）や京大を拠点にはじめてもいた。

この二〇〇八年度には、私が京都朝鮮第一初級学校を学生と調査する社会調査実習の授業（一コマ通年）を組むが、そこで山根にアシスタントとして手伝ってもらった。本書（一三〇～一三八頁）に一部収めてあるが、彼女が一九六〇～九〇年代にオモニ会（母親の組織）で活動した女性たちに学生とともにインタビューして共同執筆した章は、抽出が難しかったため収録していない。少しだけ担当執筆箇所を引用すれば、次のとおりである。

ただ、創設期（一九六〇～七〇年代）のオモニは、在日朝鮮人一世あるいは二世世代前半にあたるので、高齢化によってインタビューすら難しくなっている。今回のインタビュー調査では、〔C〕教諭の大変なご尽力により、インフォーマントを探してくださったが、体調不良のために受けていただけないこともあった。また、自身の話を語るということに、躊躇される方も少なくない。インフォーマントにたどり着くまでが、大きな課題だったと言ってもよいだろう。一九九〇年代、戦争被害者などが語り始め、「証言の時代」とも呼ばれているが（徐・高橋２０００）、いまだ語ることのできない、「沈黙」が存在しているのだ。

このように、話を聞くことも容易でない状況のなかで丹念にインタビューし、時代による違いをまとめながらも、次のような共通点をも見いだしていた（誤字などは直した）。

以上、四つの相違点を挙げたが、依然として制度的差別が孕んでいる日本社会で、朝鮮学校を運営・普及していく（うえでの）財政面・労働面・精神面での負担は過去から現在まで潜在し続けている。このことは、オモニたちの結束力や活力を立ち上げなければならない本質的な問題となる。こうして駆り立てられたオモニたちの主体性は、常に朝鮮学校を中心としたコミュニティを支えてきた。

このように、オモニたちが「自然」に結束するのではなく、日本社会の差別構造が規定する状況において、彼女らが「主体的」に朝鮮学校を支えるという見解を提示している。

二〇〇九年に京大の大学院（教育学研究科修士課程）に入ってからの活動は、私自身が後半から在外研究で一年間京都を離れたこともあって、それほど知らない。新歓企画「八瀬フィールドワーク」（学生の会、五月）、「生活の中の朝鮮を感じる 東九条フィールドワーク」（学生の会、六月）、「行ってみよう！ 滋賀の朝鮮学校へ＆シンポジウム」（支える会、六月）、公開学習会「日朝友好運動の歴史と展望」（学生の会、七月）などの企画に関わっている。

このころ山根は、それまでの日朝運動への積極的関与の過程で蓄積してきた、さまざまな悩みを抱えていた。海外にいた私に送ってきた相談メール（二〇〇九年一〇月）には、具体的な話は抜きに、「組織と個人が一緒にやることの難しさとか、ジェンダーやセクシュアリティの観点でのフラストレーションなど、「日本人」の主体性とか立場性について悶々とした感情が渦巻いて」いて爆発しそうだと記されていた。と同時に、まだ何が問題なのか言語化できていないので、真剣に考えながら少しずつ文章化していきたいとも記してあった。実際、同年一二月、彼女はペンネームで「切り刻まれる私」というブログを立ち上げ、その都度考えたことを書いていくことになった(14)。その「はじめに」には次のように書かれている。

私が、運動の中で、常に問うてきた、自分が何者か？どこに立っているのか？という問い。最初は、ほんとに単純に「日本人であること」でした。在日朝鮮人運動に強い影響を受けてきた私は、今でもその立場性を自覚的に負いつつ、しかし限界も感じつつ…。いったんその立場性を固定化し議論しなければならない場面はめちゃくちゃ多いし、そういう現実があるけども、一方で取りこぼしてきたことも多いと思うのです。その狭間で悩んだり、どちらか一つの選択を迫られたり…。自分自身がそうであったように、他者に対しても同じように振舞ってきた。あらゆる関係性の中で、自己と他者が入れ替わったりする。ときには、自分自身が切り刻まれるような感覚にさえ陥る。そんな日常を、丁寧に刻みつつ、自分という存在と、社会を繋げていけたらと思います。

そこでは日朝運動だけではなく、映画や漫画の批評などを含めて、さまざまな内容が綴られることになった。

このブログを立ち上げた直後、山根が「日本人であること」を再び引き受けて向き合うべき事件が起きた。二〇〇九年一二月四日、レイシスト集団が京都朝鮮第一初級学校を襲撃したのであった。事件を知った彼女は、何かしなければとの焦燥感に駆られ、知り合いに呼びかけ、京都朝鮮第一初級学校と第三初級学校を訪問し、メッセージカードとクリスマスプレゼントを渡した。しかし、こうした素早い動きをしながらも彼女は自問していた（一二月八・一五日のブログ）。自分は怒った、しかしこれは「私は彼らとは違うってことを証明したいという欲望だったのではないか」。子どもたちを激励したいと思っていったが、自分はそんな立場にあるのか、「私は、感謝されに来たのか」。

そうした自省を繰り返しながらも、山根は動き続けた。一二月二二日に京都会館で開かれた緊急集会（支える会）にも関わり、フェイス・プロジェクトとしてアピールをするとともに、声明文を出した。その声明文では、襲撃した在特会メンバーらを「特殊」な存在として、かれらだけを批判しておけばよいというような姿勢を厳しく批判している。

この暴挙をはたらいたものたちは、今日の日本社会の風潮のなかで出てきたものです。さらに同様の行為をはたらくものたちを増やそうとさえ意図しています。排外主義だとして批判されるそれらの暴力は、多かれ少なかれ私たちの中にあるものではないでしょうか。例えば、法体系そのものが差別的であるにも関わらず無意識に追従してしまっていたり、歴史や民族教育に対して無関心のままでいることは、排外主義につながっていきます。

今回の事件は、それを克服できていない私たちの弱さを映し出す「鏡」でもあることを、私たちは深く反省しています。どんなに沈痛な思いを抱いたとしても、私たちは忘却や沈黙によって加害者の立場に立ちこそすれ、被害者の立場に立つことはないのです。日本社会において自分たちの置かれている状況を認識するのに、これ以上決定的なことはありません。

このように「私たちの中にある排外主義を克服するために」、日本社会を変えていく必要を訴えている(15)。

その後間もなく、こうした「下」からの排外主義と軌を一にするように、「上」からの排外主義が朝鮮学校にのしかかってきた。いわゆる「高校無償化」制度からの朝鮮学校の排除の動きである。まだ政策がどちらに転ぶか分からなかった二〇一〇年三月中旬、山根は知り合いに呼びかけて、京都市役所前でビラまきをおこなったりした。三月二八日に円山公園で開催され九〇〇人の参加者があった「朝鮮学校への攻撃をゆるさない!三・二八集会」には、フェイスとして参加し報告をおこなった。

ただ、二〇〇九年頃から彼女の心身には不調が起きつつあった。それに並行するように日朝運動の場でも不安定になってしまうようなことが何度かあり、結局彼女は組織的な活動からは身を引いた。運動そのものに参加するのがしんどくなったものの、それでも運動が既に彼女の生活の一部となっており、少しよくなるとまた動き出す、しかし何か条件が重なるとまた体が強ばってしまう、という状況であった(二〇一〇年六月の私信による)。本書所収の二本のエッセイ(一九一～二〇三頁)も、そうした状況で考えたことを記したものであった。

といっても読者が誤解を持たないように最後にどうしても補足しておきたいことは、山根が朝鮮学校を中心とした日朝運動から心も体も離れてしまったわけでは全くなかったということである。二〇一二年二月二九日に開かれた「朝鮮学校と民族教育の発展をめざす会・京滋」（愛称「こっぽんおり」）結成記念集会に彼女は来ており、裏方として動いていた。私としては、久しぶりに運動の場で見た彼女の姿であった。まだしんどいので「復帰」とまでは言えないが少しずつ参加していくつもりだと語っていたし、「こっぽんおり」のスタッフメーリング・リストにも入った。私が最後に彼女と話したのは、同年四月二五日に開かれた京都朝鮮学校襲撃事件裁判の口頭弁論の場であった。研究も少しずつ進んでいると言っていたし、私がその直後の連休中に訪朝するという話をしたところ、「いいなあ、私も行きたい」などと語っていた。鈍感な私はだいぶ調子がよくなったのだなと安心していたが、実のところ苦しい心身をひきずって来ていたのであろう。

私は、その後、彼女の訃報を聞いたとき、信じられない思いで、なぜ亡くなったのかを考えようとした。しかし、しばらくして気を取りなおし、そうではなく、彼女が生きていたとき何に向き合い、何に悩み、何をしようとしていたかを考えることの方が大事だと思うにいたった。本書はその産物であり、本稿もまたそのことを考えるためにあらためて整理したものである。山根実紀の向き合った問題を、「私たち」の問題とするために。

註

（1）ただ、私自身、京都に来たのが二〇〇四年であり、また彼女を知ったのは二〇〇六年以降のことなので、よく分からない部分は人に聞くなどして補った。この点について、特に佐藤大、金賢一、朴利明の諸氏に感謝申し上げる。

（2）それぞれ当時のブログが残っている。ＪＩＴはhttp://jitlife.exblog.jp/、ＦＴＳＮ関西はhttp://ftsnkansai.exblog.jp/。

（3）「タンタル産業と企業の社会的責任」（『法学論集―学生論集―（龍谷大学）』第二五巻、二〇〇六年）。

（4）当時の「日朝友好京都学生の会」のウェブサイトが残っている（http://www.geocities.jp/kj20021012/）。

（5）二〇〇九～一一年頃の日朝学生の会については、ウェブサイトが残っている（http://nittyou.blog.shinobi.jp/）。

（6）七月に京都大学と龍谷大学（カフェ樹林）で展示をおこない、一一月には京都大、同志社大、立命館大、京都外国語大、龍谷大学などで開催した。この展示は新聞記事にもなっている（『朝日新聞』二〇〇六年一一月五日）。なお、展示に合わせて、板垣ゼミが制作したドキュメンタリー「チェサミ!」も上映していた。
（7）二〇〇五年に中国などで起きたいわゆる「反日デモ」をきっかけに、東アジアの若者が出会って腹を割って話せる場が必要だという趣旨のもと、二〇〇六年から「東アジアユースキャンプ」という企画がはじまった。山根は、その第一回（二〇〇六年八月、大阪）、第二回（二〇〇七年、京都）の実行委員会に関わった。この企画については、枚方市の市民情報誌『LIP』（二〇〇六年九月号、二〇〇七年九月号・一〇月号、http://love-dugong.net/lip/）を参照。
（8）FACE project『ふぇいす』第一号、二〇〇七年七月。ブログもある（http://blog.goo.ne.jp/face-project）。なお、この学生団体と演劇上演については、『京都新聞』（二〇〇七年四月二六日）、『朝日新聞』（二〇〇七年四月二九日京都版）に写真入りで紹介された。
（9）ブログがある（http://blog.goo.ne.jp/hana-kara）。その設立趣旨には、「植民地主義の歴史と向き合い、「ハナから」日朝関係を捉え直し、在日朝鮮人の権利の保障、そして日朝国交正常化に向けて日本の若者主体で立ち上が」ったと書かれている。
（10）このシンポジウムをもとに『法学セミナー』（二〇〇七年七月号）に「民族教育権のいま」という特別企画が組まれ、私がその当日の内容をもとに小文を書いた。
（11）同志社大学で開催された「ウリハッキョ」上映会（二〇〇七年七月）には実に七〇〇人を超える観客が来たが、DVD不調のためうまく上映できなかった（九月に無料の再上映会をおこなった）。山根は会場アナウンスで謝りつづけ、私も終了時に客の前で頭を下げ、その晩は関係者でやけ酒を飲んだのをよく覚えている。
（12）『朝鮮新報』（二〇〇七年八月二一日）の記事のなかにインタビューがある。
（13）『ふぇいす』第二号（二〇〇八年）。
（14）「切り刻まれる私」はまだ見ることができる（http://d.hatena.ne.jp/kiimiki/）。
（15）「支える会」のメーリング・リストでも、山根は早いうち（一二月七日）から、「私も「在特会」だけを特殊なものとして扱ったり、未熟さを嘲笑うことは、日本社会が内在している暴力や、日本人の責任を曖昧にしてしまうと思います。そういう意味で、彼らは私の「鏡」だと思わざるを得ません」と立場を表明していた。なお、『インパクション』（一七四号、二〇一〇年）の特集「雑色のペスト　現代排外主義批判」の座談会に出席した山根は、同様の旨を述べている。

あとがきにかえて

岡　真理

識字学級に通うオモニたちにとって読み書き、なかんずく日本語の読み書きとは何なのだろう。人間とは、その本質において表現する存在である。それが人間の本質ならば、表現するという営みには基本的に喜びがともなう。第Ⅰ部で言及されている郁文中学夜間学級の文化祭には私も見学に行き、「おたまさんのおかいさん」を観た。主役のおたまさん役の女性の、森光子を彷彿とさせるような達者な役者ぶりに舌を巻いた。時代や境遇が違えば女優になっていてもおかしくないと思った。彼女にとっては舞台で大勢の観客の前で「役者として」自己表現するということは、大きな喜びであっただろう。それほど舞台の上の彼女は堂々として輝いていた。

同じ舞台に中国残留孤児だった女性もいた。異邦の大陸で、中国語を母語ならぬ（養）母語として育ち、「帰国」した日本で、彼女にとっては「外国語」にも等しい母語の、読み書きだけではなく日本語を話すことそれ自体を学んでいた。話し言葉の日本語を「母語」にも等しい表現言語とする在日の女性たちとは違って（「おたまさん」の芸達者ぶりは、彼女が識字学級の生徒ではあっても、話し言葉の日本語を自己表現言語として生きてきたからこそだ）、舞台の上の彼女は必死になって台本の文字を追っていった。「おたまさん」のように達者な演技で拍手に包まれはしないが、しかし、群読の一員として舞台に立ち役を全うしたことは、彼女にとって大きな達成であっただろう。あの舞台に立つことの意味は、舞台に立った女性たち一人ひとりの境遇ごとにそれぞれ異なっていたにちがいない。

本書にはオモニたちの作文、彼女たちの聞き書きをまとめた文章、そして第Ⅲ部では金井さんの語りが紹介されている。彼女たちの生の軌跡については、まさにそれを聞き取るために実施された聞き書きから多くを知ることができるが、しかし、目的に即して要点を整理し、冗長な部分を削り、話し言葉を書き言葉に改めて再構成されたその文書は、彼女たちの自己表現ではない。彼女たち一人ひとりが自らの生をいかに生きたのか、その生きられた経験がいかなるものであったのか、それを知るには、彼女たち自身が習い覚えた文字を一個一個綴った作文もまた、適切なテクストにはなりえない。そもそも彼女たちによって生きられた経験は、識字教育で彼女たちが獲得したことばをはるかにしのいでいるからだ。それは、彼女たち自身の話し言葉による闊達な語りを通してこそ豊かに表される。第Ⅲ部の金井さんの語りはそれを見事に表している。

オモニたちの作文は、彼女たちがそこに綴ったことばから、彼女たちによって生きられた経験がいかなるものであったかを読み取るためのテクストではないが、それらのことばを綴るという営みが、彼女たち一人ひとりにとってどのような意味を持つのか、ということを考えることは、彼女たちそれぞれがいかなる生を生きてきたのかを私たちが知るよすがとなるものだ。文化祭の舞台に立つことの意味が主演の「おたまさん」と中国残留孤児であった群読の彼女とでは異なるように、自らの体験をことばにして綴るという営みが意味するものも、人それぞれ異なっているだろう。

人間、知らなかったことを知ること、できなかったことができるようになることは単純に嬉しく、喜ばしいものだ。また、人間にとって何かを表現するというのも楽しいことだ。話し言葉とは異なる言語モードを学習し、それを自分で読んだり書いたりして実践してみる、ことばを使って自分で自分を表現するという営みは、彼女たちにとっては初めての経験であり、それがたとえ歴史的には侵略者の言語であろうと、楽しいことでもあっただろう。中産階級の主婦なら、料理やお洒落や手芸やインテリアで自己表現をするかもしれない。インテリ女性なら自分の書き物で自己表現するだろう。だが、彼女たちの境遇を考えるなら、文字の読み書きだけでなく、自らを表現するという機会それ自体が多くの場合、奪われてきたのだ。いや、スピヴァクに倣って言えば、本当は彼女たちも彼女たち自身のやり方で自らを表現しているのだが、その「声」を私たちが聞き取ることができないのだ。だから、こう言ったほうがより正確だろう。彼女たちは、「私たち」にそれと分かるやり方で自らを表現するという機会を奪われていたのだと（金井さんがなぜ、みなから「女優のようだ」と言われるのか、その理由は記されていないが、彼女はみながそのように言いたくなるような何らかの形で、つねに自分を表現していたのだとも考えられる。識字学級に対して彼女が淡泊なのも、もしかしたらそんなところにも理由があったのかもしれない）。

第Ⅵ部で著者は「オモニのくやしさ」という在日二世の高英三氏のことばを引いているが、「国語」を奪われた朝鮮人のオモニたちが日本人教師から日本語の読み書きを学ぶということに内包された植民地主義の歴史性といった問題と同時に（あるいはそれ以前に）、「文字を綴る」という営みを楽しみや喜びとしていたオモニたちもいたはずだ。事実、第Ⅱ部で紹介されている作文には、「週二時間の勉強がとても楽しく思いました」と書かれている。オモニたちがそれを楽しみ、喜んでいたからと言って、識字教育に孕まれる植民地主義の歴史性や関係性という問題が消え去るわけではないが、そうした問題が存在するからと言って、彼女たちが現にそれを楽しみ、喜びとしていたことを無視していいわけでもない。著者の主要な関心は、在日のオモニたちによって生きられた彼女たちの生の経験そのものよりも、オモニたちの日本語の識字教育という営みの諸側面に孕まれた植民地主義的な関係性を抽出し指摘することにあり、それゆえに自身の問題関心から選択的に「くやしさ」という言葉に注目しているが（しかし、オモニ自身が「くやしい」と語っているわけではない）、彼女たちの「主体性《エージェンシー》」を論じるのであれば、彼女たちにとってなぜ日本語の読み書きを学ぶことが楽しかったのか、それが意味するところを深く掘り下げて考えてほしかった。第Ⅰ部の冒頭を著者は、在日の集住地域と被差別部落が隣接する地域で育った著者の母の話から説き起こしているが、そんな母の生の記憶を分有する著者だからこそ、オモニたちそれぞれの生において「読み書きする」という営みがいかなる意味をもっていたのか、彼女たちの語りを通して繊細に肉薄することができたかもしれない、と思う。

植民地主義の歴史的暴力とその後も継続する今日的な植民地主義的暴力によって、否応なく「加害者」と「被害者」、「差別者」と「被差別者」に分断されている者たちが、その分断を乗り越えて「友」となり、未来のあるべき社会を築いていくためには、私たちは何をしなければならないのか。第VI部のオモニハッキョをめぐる論考で紹介されている日本人と在日朝鮮人の教師たちの証言はそのことを教えてくれる。

歴史の暴力に引き裂かれた在日と日本人が出会い、ぶつかり合い、悩み、葛藤し、試行錯誤を繰り返しながらつながり、オモニたちを中心にひとつの共同体がつくられていく。娘が日本人と結婚するなら娘を殺して自分も死ぬと語るオモニもいるが、同時に、そこで出会った日本人青年と結婚する在日二世の女性もいる。オモニハッキョは未来のあるべき社会の形を私たちが展望するためのさまざまな可能性を内包した営みであったことが彼、彼女らの証言からうかがえる。そして、在日、日本人を問わず、多くの者たちが証言しているのは、その営みの中心にオモニたちがいたことだ。在日と日本人がぶつかりあいながら一つの共同体をつくっていく、その実践の中心に、歴史の傷を抱えた日本語の読み書きを、歴史の傷を負ったオモニたちが学ぶという営みがあったということ。オモニハッキョというひとつの共同体を可能にしたのがオモニたちの存在であったのだとしたら、オモニたちの何がそれを可能にしたのだろうか。そこには彼女たちの主体性、あるいは自己表現があったはずだ。それは、日本語の読み書きを彼女たちが学ぶということとどのように関係していただろうか。ひとつだけ言えること、それは、日本語の読み書きを学ぶことがオモニたちにとって喜びでなかったとしたら、オモニハッキョが新たな関係性によって人々がつながる可能性に満ちた共同体とはならなかったであろうということだ。

加害者と被害者に分断され歴史の傷を刻印された者たちが、その分断を乗り越え、傷を乗り越え、この社会で新たな関係性を築いていくこと、それは、アクティヴィストでもあった著者がその活動を通して追求してやまなかったことだ。オモニたちが日本語の読み書きを学ぶ場は、無意識、無自覚な植民地主義的関係性や権力関係が（再）生産される場だけではない、著者が人生を賭して追求した、私たちが目指すべき社会の可能性を秘めたものとしてあったということ。著者自身はその両義性を指摘するにとどまっているが、第VI部の論考が私たちに教えてくれるのはそのようなことだ。それは著者の研究のひとつの大きな到達点であり、著者が私たちに遺してくれた大切な贈り物である。

五年前の夏、遺品整理を手伝うために、京都の実紀さんの住まいを訪ねた。勉強部屋の本棚の、ちょうど目線の当たりにスピヴァクの著作と並んで拙著が数冊、置かれていた。実紀さんとは折々、会って酒席をともにしていたが、研究について詳しく話をしたことはなかった。今、話をするなら、私はここに書いたようなことを伝えるだろう。

最後になりましたが、ポストコロニアルの暴力にその身を曝しながら、魂を削るがごとく思考を紡いだ実紀さんの闘いを受け止め、この出版不況にもかかわらず、二つ返事で本書の出版を引き受けてくださったインパクト出版会の深田卓社長、そして実紀さんの闘いの軌跡を遺すために、昼夜を惜しまず編集の労をとってくださった同出版会編集者の須藤久美子さん、お二人なくして本書の刊行はありませんでした。心より御礼申し上げます。

二〇一七年一一月一八日記

山根実紀　年譜

作成・中村一成

1983年1月、神戸市中央区生まれ
1998年3月、私立神戸山手女子中学卒、演劇部に所属していた
1998年4月、私立仁川学園高校入学、軽音楽部に所属、ベースギターを担当
2001年3月、私立仁川学園高校卒業
2001年4月、龍谷大学法学部国際コミュニケーション学科入学
2004年2月、アジアやアフリカで少年兵や埋設地雷の問題、平和教育などに取り組む国際協力NPO「テラ・ルネッサンス」（京都市）でインターン（3月末まで）。終了後は同NPOのスタディーツアーでカンボジアを旅する
2004年春、龍谷大学で、フェアトレードを中心テーマに世界の貧困や環境問題について考えるサークル「JIT～自分の生き方への問いかけ」を友人たちと設立、代表となる
2004年11月、東京の大学生らの団体「フェアトレード学生ネットワーク（FTSN）」の関西支部「FTSN関西」の代表に
2005年6月、FM79・7でラジオカフェ番組「学生フェアトレードステーション」を開始
2005年12月、FTSN関西主催フェアトレードイベント『CUE～きっかけ Communication Unites the Earth』を開催する
2006年1月、女性野宿者の「おしゃべり会」に参加、野宿者の権利運動に取り組み始める
2006年1月、大阪市による靭公園のテント強制撤去への抵抗運動に関わる
2006年3月、龍谷大学法学部国際コミュニケーション学科卒業。卒論テーマは「タンタル産業と企業の社会的責任」。携帯電話の部品に使われる希少鉱物タンタルを巡る問題について論じた
2006年3月、宇治市の在日朝鮮人集住地域「ウトロ地区」を初訪問する。学部卒業に伴いFTSN関西を引退
2006年4月、龍谷大学大学院経済学研究科入学
2006年6月、中村尚司ゼミの恒例行事「高瀬川を歩く」（龍谷大学同和問題研究委員会の調査）で京都・伏見の改進地区に入る
2006年6月、「夜間高校」教員への聴き取り
2006年6月、在日高齢者を対象にしたデイケアセンター「エルファ」を初訪問
2006年7月、フレンドシップコンサートの流れで始まった朝鮮学校に関する大学巡回パネル展「朝鮮学校 過去—現在—未来」（～11月）で龍谷大代表を務める
2006年7月、FMわいわい「ヨボセヨ」に出演
2006年8月、東アジアユースキャンプを企画、運営
2006年9月、京都市立洛友中学二部学級（夜間中学）で学習補助ボランティアに参加、聴き取りを始める
2006年12月、「日朝友好関西学生の会」主催「日本と朝鮮半島の『次代』を創る学生フォーラム」（於・東京）を日本側代表として企画・運営

2006年12月、朝鮮総連への強制捜査や万景峰号入港禁止措置に抗して抗議デモ

2007年1月、朝鮮学校と交流する学生のネットワーク「FACE project」(以下・FACE)を立ち上げる。かねてから構想していた「日本人学生を中心に朝鮮学校の歴史や現状を学び継続して活動できる団体設立」を具体化したもの。朝鮮学校見学会や学習会、劇団タルオルムのマダン劇『4·24の風』公演(4月)などに取り組む。

2007年2月、大阪・長居公園のテント強制撤去に抗議して現地に

2007年2月、「日朝友好関西学生の会」(以降・「学生の会」)主催「日朝友好スタディーツアー2007」開催(於・広島)

2007年2月、この年になってもやまない朝鮮総連への相次ぐ強制捜査などに抗して「在日朝鮮人に対する不当弾圧・人権蹂躙に反対する京都学生抗議行動」を呼びかけ。25日に市内でデモ

2007年2月、前月に大阪府警が強行した滋賀朝鮮初級学校への強制捜査に対する抗議をコミュニティサイトmixiで呼びかける。大阪朝高のグラウンド返還訴訟に続く「公」による学校弾圧の「先鋭化」に危機感を募らせていたことが伺える

2007年3月、「ハナから〜日朝友好プロジェクト」の立ち上げに参画する。強制捜査を受けた滋賀朝鮮初級学校関係者への聴き取り調査や、大阪朝高グラウンド立ち退き裁判の不当性を訴える各大学や東大阪市での街頭アピール、署名活動などを行う

2007年3月、生活上の必要から釜ヶ崎解放会館を住所に登録していた労働者たちの住民票が市当局の職権で削除された、いわゆる「住民票抹消問題」に関連し、大阪市役所前での抗議の座り込みに参加する

2010.11.13

2007年5月、シンポジウム「朝鮮学校の今〜知ろう、考えよう、支えよう」(於・同志社大)で司会をつとめる

2007年6月、コリアン・マイノリティ研究会第48回例会で「「FACE project」「ハナから〜日朝友好プロジェクト」の活動を通して—日本人の責任と主体的行動を考える—」と題して報告

2007年7月、「朝鮮学校を支える会・京滋」主催『ウリハッキョ』上映会の企画、運営。機材トラブルで上映不能になるアクシデント(後に無料上映会を実施)

2007年8月、朝鮮民主主義人民共和国を訪問する

2007年9月、前年から関わっていた神戸市立丸山中学西野分校で特別授業

2007 年 9 月、「京都朝鮮第三初級学校 40 周年フェスティバル」に「FACE」として出店
2007 年 10 月、「フレンドシップコンサート」の企画、運営に携わる
2007 年 12 月、「学生の会」主催「日本と朝鮮半島の『次代』を創る学生フォーラム 2007 in 関西」開催
2008 年 1 月、朝鮮史研究会関西部会例会で「夜間中学で学ぶ在日朝鮮人女性—作文とライフヒストリーに投影するポスト植民地問題—」として報告
2008 年 2 月、改進地区の恒例行事「ふしみ人権のつどい」に参加
2008 年 2 月、京都大学大学院教育学研究科の博士後期課程編入試験を受験するも不合格。これを契機に社会運動と学業との比重を見直す
2008 年 3 月、大阪で活動する朝鮮学校支援団体などによる市民集会「今こそつながろう！ 朝鮮学校との交流でみえたもの—出会いと共生 手をつないで、前にともに（アプロハムケ）—朝鮮学校ってどんなとこ？」（於・生野区民センター）に参加、共催団体の一つ「ハナから～日朝友好プロジェクト」のメンバーとして発言
2008 年 3 月、龍谷大学大学院経済学研究科修了
2008 年 4 月、京都大学大学院教育学研究科の研究生に
2008 年 4 月、コリアン・マイノリティ研究会 第 58 回例会で「夜間中学に学ぶ在日朝鮮人女性—作文とライフヒストリーにみるポスト植民地問題」の題で報告
2008 年 4 月、「京都・滋賀の民族教育～四・二四阪神教育闘争六〇周年を迎えて」（同集会実行委主催、於·同志社大）に「学生の会」として参加
2008 年 5 月、友人たちと「トンボの会」（民族・階級・ジェンダーを複眼的に考える会）を立ち上げ、「ほんやら洞」を主会場に月一ペースで例会を持つ
2008 年 12 月、「学生の会」主催「朝鮮民主主義人民共和国を訪ねて～訪朝記」
2008 年 12 月、「日本と朝鮮半島の『次代』を創る学生フォーラム 2008 in 関西」開催
2009 年 4 月、京都大学大学院教育学研究科修士課程入学
2009 年 5 月、「学生の会」主催「京都の日朝関係史をたどって、日朝学生で交流をしよう」（京都市内でのフィールドワーク）
2009 年 7 月、「学生の会」主催「日朝友好運動の歴史と展望」（於・同志社大）
2009 年 8 月、韓国へ語学留学（約 1 ヵ月）
2009 年 12 月、ブログ「切り刻まれる私」をはじめる

2011.12.19

2009年12月、「在日特権を許さない市民の会」による京都朝鮮第一初級学校への襲撃（12月4日）を事件の二日後に知る。友人、知人たちと同校、京都朝鮮第三初級学校を訪問、メッセージカードなどを手渡す
2009年12月、事件を受けた緊急集会（於・京都会館）で、FACEを代表して登壇。「排外主義だとして批判されるそれらの暴力は、多かれ少なかれ私たちの中にあるものではないでしょうか。例えば法体系そのものが差別的であるにもかかわらず無意識に追従してしまっていたり、歴史や民族教育に対して無関心のままでいることは、排外主義に繋がって行きます」などと発言
2010年3月、高校無償化からの朝鮮高級学校除外に対して、友人・知人に“早起き街頭宣伝”を呼びかけ、京都市役所前でビラを撒く
2010年3月、「民族差別・外国人排斥に反対し、多民族共生社会をつくりだそう！朝鮮学校への攻撃をゆるさない！3.28集会」で、FACEとしてアピール。「すべての在日・滞日外国人が民族性や文化を尊重しともに生きていく、真の多民族共生社会をつくろう」と訴える
2010年5月、日本学術振興会特別研究員（DC2）への申請、研究テーマは「在日朝鮮人女性の識字をめぐる構造―1970年代以降の夜間中学に着目して―」
2010年8月、語学研修で韓国へ
2010年12月、日本学術振興会特別研究員（DC2）への採用が内定
2011年3月、京都大学大学院教育学研究科修士課程修了
2011年4月、京都大学大学院教育学研究科博士課程後期に進学
2011年10月 心身の不調のために教育史学会第55回大会における報告をキャンセル、事実上の休学（休学届は出さずに、ただ授業などは出ないこととした）
2012年1月、最後の韓国行（～2月まで）、釜山や済州島を巡ったとみられる
2012年2月、「朝鮮学校と民族教育の発展をめざす会」（こっぽんおり）の結成集会に参加、スタッフ的役割を担うなど、復調の兆しをうかがわせる
2012年4月、事実上の復学
2012年4月、京都朝鮮学校襲撃事件の民事訴訟を傍聴支援
2012年5月、「沖縄に連帯する5・13京都のつどい」（於・円山野外音楽堂）に参加。
2012年6月、守口三中で催された高野雅夫氏を囲む会に出席
2012年6月、逝去

年表作成にあたっては、大野裕紀子さん、草京子さん、栗田佳典さん、佐藤大さん、瀬戸徐絵里奈さん、外川正明さん、朴利明さん、藤井幸之助さん、中村尚司さん、蒔田直子さん、山根一恵さん（五十音順）、にご協力いただきました。改めて感謝申し上げます。ブログやツイッターの書き込みなども参照し、著者の多岐に渡る活動と研究の軌跡を可能な限り収録しようと努めましたが、私の調査不足で抜け落ちたことも多々あるかと思います。ご了承ください。（中村）

［著者］

山根 実紀

1983年神戸生まれ。龍谷大学法学部卒業後、同大学大学院経済学研究科、京都大学大学院教育学研究科に進学。朝鮮学校や在日朝鮮人に関する運動に参加しながら、在日朝鮮人女性の識字に関する研究をおこなう。2012年逝去。詳しくは巻末年譜を参照。

［編者］

山根実紀論文集編集委員会

板垣竜太（同志社大学教員）
岡真理（京都大学教員）
駒込武（京都大学教員）
中村一成（ジャーナリスト）

オモニがうたう竹田《たけだ》の子守唄《こもりうた》　在日朝鮮人女性《ざいにちちょうせんじんじょせい》の学《まな》びとポスト植民地問題《しょくみんちもんだい》

2017年12月25日　第1刷発行

著　　者　山根 実紀
編　　者　山根実紀論文集編集委員会
装　　幀　宗利淳一
発 行 人　深田 卓
発　　行　株式会社 インパクト出版会
東京都文京区本郷 2-5-11　服部ビル 2F
Tel 03-3818-7576　Fax 03-3818-8676
impact@jca.apc.org　http://www.jca.apc.org/~impact/
郵便振替　00110-9-83148

©Miki Yamane, 2017

印刷・製本　モリモト印刷